REGINA STÜRICKOW

KOMMISSAR GENNAT ermittelt

DIE ERFINDUNG DER MORDINSPEKTION

ELSENGOLD

Inhalt

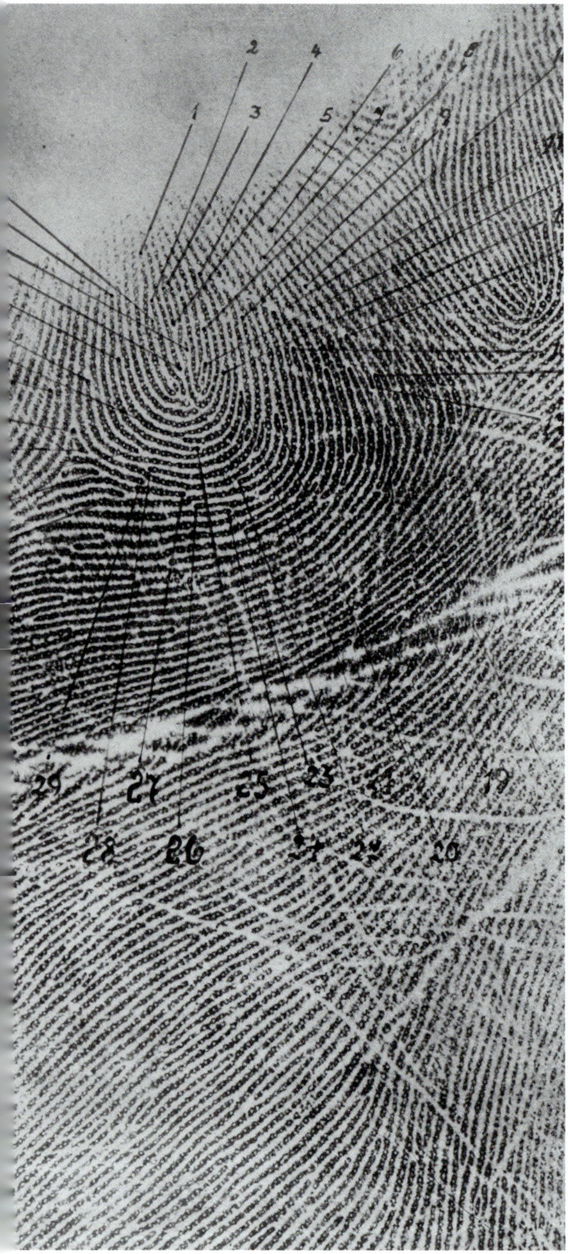

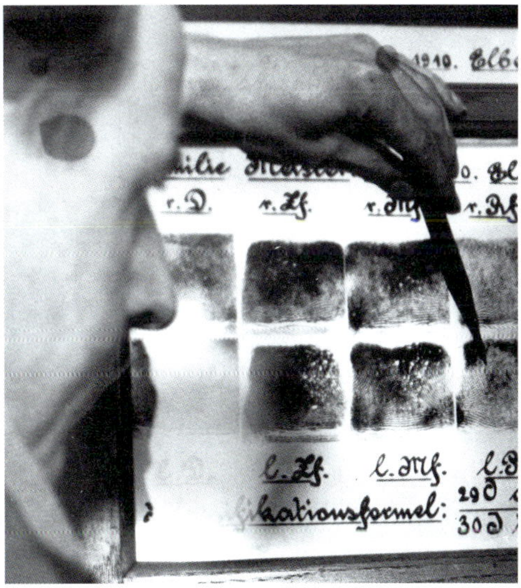

Vorwort

Im Herbst 1998 erschien mein Buch „Der Kommissar vom Alexanderplatz“. Es war der erste Versuch, eine Biografie Ernst Gennats zu schreiben, des genialsten Kriminalisten Berlins und Deutschlands. Gennat hat die Arbeit der Kriminalpolizei in den Zwanzigerjahren revolutioniert und die 1926 von ihm ins Leben gerufene Mordinspektion im Berliner Polizeipräsidium am Alexanderplatz bis weit über die Grenzen Berlins und Deutschlands hinaus berühmt gemacht.

Bis zum Erscheinen dieses Buches war der im doppelten Wortsinn schwergewichtige Kommissar weitgehend in Vergessenheit geraten. Nur in historisch interessierten Kreisen der Kriminalpolizei und bei Polizeihistorikern war der Name Ernst Gennat noch ein Begriff. Seither hat sich eine ganze Armada von Autoren von dem wiederentdeckten Kommissar inspirieren lassen. In einer Vielzahl historischer Kriminalromane, die im Berlin der Zwanzigerjahre spielen, taucht Ernst Gennat in jüngster Zeit wieder auf, ebenso in Fernsehkrimis und Dokumentationen. Der erste Filmemacher, der sich von Gennat fasziniert zeigte, war der Regisseur Fritz Lang. In seinem Film „M“, der erst später den Untertitel „Eine Stadt sucht einen Mörder“ erhielt, diente Gennat als Vorbild für den von den Ganoven hoch geschätzten Kommissar Karl Lohmann, verkörpert von Otto Wernicke. Im Vorfeld

des Films soll Fritz Lang über längere Zeit in Gennats Mordinspektion recherchiert haben. Als reale Vorlage für den Fall des Kindermörders Hans Beckert, gespielt von Peter Lorre, diente indes kein Berliner Kriminalfall, sondern der Fall des Düsseldorfer Serienmörders Peter Kürten.

Die ersten Kriminalromane, die den Chef der legendären Mordinspektion zum Vorbild genommen haben, stammen aus der Feder des Journalisten und Schriftstellers Hans Georg Bentz (1902–1968). Bentz ging nach dem Abitur als Volontär zur „Vossischen Zeitung" und begann, wie jeder Reporter, der seinerzeit „etwas werden" wollte, als Polizeireporter. Er lernte Gennat kennen und ging schon bald in dessen Büro ein und aus. Bentz machte schnell Karriere: Schon mit 27 Jahren wurde er Chefredakteur der „Berliner Morgenpost". Nach dem Zweiten Weltkrieg arbeitete er als Journalist in München und machte sich einen Namen als Autor zahlreicher Unterhaltungsromane. Ende der Fünfziger-, Anfang der Sechzigerjahre schrieb er auch vier Kriminalromane, in denen er seinem alten Freund ein Denkmal setzte: „Kriminaldirektor Türks schwerster Fall", „Das fremde Gesicht", „Schneller als der Tod" und „Der Dicke und die Mafia". Alle Romane tragen den Untertitel „Roman einer Mordkommission". Protagonist der vier Romane ist der Chef der Mordinspektion, Kriminaldirektor Otto Edgar Türk, der unverkennbar die Züge Ernst Gennats trägt.

Dreharbeiten 1931 zu Fritz Langs Film „M": Otto Wernicke in seiner Rolle des Kriminalkommissars Karl Lohmann

Für das vorliegende Buch habe ich die Texte von „Der Kommissar vom Alexanderplatz" überarbeitet und neue Fälle hinzugefügt. Sie alle orientieren sich an den Polizeiakten, hier und da habe ich Details frei ergänzt. Dieses Buch enthält auch neue Bilder, darunter einige, die bisher noch nie veröffentlicht wurden. „Kommissar Gennat ermittelt" zeigt die Arbeit des berühmtesten Berliner Mordermittlers unter drei Regimen: im Kaiserreich, in der Weimarer Republik und zur Zeit des Nationalsozialismus. Die Legende Ernst Gennat lebt bis heute fort.

Regina Stürickow

Die Berliner Mordinspektion, vermutlich Anfang der Dreißigerjahre. Gennat steht in der Mitte, seine Sekretärin Trudchen Steiner sitzt vorne, 4. v. l.

Der Dicke von der Mordkommission

Versetzen wir uns zurück in das Jahr 1921, in die feuchtkalte Nacht vom 6. auf den 7. Dezember. Ein Taxi hat uns soeben zu dem gewaltigen roten Backsteinbau des Polizeipräsidiums am Alexanderplatz gebracht, zur Gruner-/Ecke Dircksenstraße, dem einzigen der Öffentlichkeit zugänglichen Eingang. Wir wollen Anzeige erstatten. Hat man uns doch, während wir im „Kindl-Bräu" am Kurfürstendamm zu Abend gespeist haben, unsere funkelnagelneue Horch-Limousine, die wir in der Joachimsthaler Straße geparkt hatten, geklaut. Seit einiger Zeit sind die Autoschieberbanden eine wahre Plage geworden!

Ein Schaukasten im Polizeipräsidium präsentiert Fotos unidentifizierter Leichen

Zum ersten Mal betreten wir die „Zwingburg der Gerechtigkeit", unseren Berliner „Scotland Yard". Wir passieren eine Reihe von Schaukästen, die eine grausige Fotoausstellung präsentieren: unbekannte Tote, aufgespürt im Gestrüpp irgendeiner Parkanlage, in verwahrlosten Abrisshäusern, aus der Spree oder einem Kanal gefischt – erschossen, erdrosselt, vergiftet, manchmal bestialisch zerstückelt –, darunter unzählige, die niemand vermisst. „Das ist", schreibt der Schriftsteller und Journalist Joseph Roth, „die grausame Ausstellung der grausamen Stadt, in deren asphaltierten Straßen, graubeschatteten Parks und blauen Kanälen der Tod lauert, mit Revolver, Knebel und betäubendem Chloroform."

Obwohl uns der Portier den Weg zum zuständigen Dezernat genau beschrieben hat, verirren wir uns in den scheinbar endlosen, grau getünchten Gängen. Verunsichert blicken wir uns um. Wir stehen vor einer gläsernen Flügeltür mit der Aufschrift „Morddezernat". Unvermittelt fällt unser Blick in einen langen Gang. Ein wohlbeleibter Mann im grauen Raglanmantel und mit schwarzer Melone kommt uns stampfenden Schrittes entgegen. Unter dem offenen Mantel ein zerknitterter Anzug, von dem man annehmen könnte, dass sein Träger ihn auch im Bett nicht ablegt. Eine Hand tief in der Hosentasche vergraben, in der anderen ein kleiner Koffer. Seinem Begleiter brummt er kurz etwas zu. Wir schnappen nur die Worte auf: „Wielandstraße 12 ... wohl 'n Raubmord ..."

Dieser Koloss von einem Mann ist Kriminalkommissar Ernst Gennat. Schon zu Lebzeiten gleichermaßen Legende und Original, entsprach er in keiner Weise dem Klischee des engstirnigen preußischen Beamten. Gennat war vielmehr eine „Type" mit ausgeprägten Marotten und ein Berliner wie aus dem Bilderbuch. Der Journalist und Hobbykriminalist Franz von Schmidt beschrieb ihn wie folgt:

„Er sah die Welt nur vom kriminalistischen Standpunkt aus an, misstraute jedem – war deshalb auch Junggeselle –, kam aber auch jedem, ob Raubmörder oder Innenminister, mit der gleichen Jovialität entgegen. Seine Kollegen behandelte er gern mit der väterlichen Güte, die man leicht schwachsinnigen Kindern gegenüber anwendet. Und doch war er ein phantastischer Kamerad besonders denen gegenüber, die so taten, als sähen sie nicht, welche Mengen an Kuchen und Schlagsahne er sich so nebenbei heimlich aus der Schublade angelte und in seinem Amtszimmer, seiner wahren Heimat, zusammenaß. Damals hatte der Dicke schon mindestens ein Doppelkinn, später waren es derer drei oder vier."

Gennat war die unumstrittene Nummer eins in der Mordkommission. Er hatte, wie ihm seine Kollegen anerkennend bescheinigten, die „unbestechliche Spürnase des geborenen Kriminalisten", verfügte über eine geradezu „unheimliche Kenntnis jedweder Mörderpsychologie" und galt als genialer Beobachter, der in jeder Situation die Ruhe bewahrte, nie aus der Fassung geriet und zudem, was seine Kollegen besonders schätzten, „bildhaft und launig" erzählen konnte. Von den einen wurde er liebevoll „Papa Gennat" genannt, von den anderen ehrfurchtsvoll „Buddha der Kriminalisten" oder scherzhaft „der volle Ernst".

Dabei fehlte ihm alles, was für die damalige Öffentlichkeit einen interessanten Kommissar ausmachte: Mit gutem Aussehen, imposanter Männlichkeit oder extravaganter Kleidung konnte er beim besten Willen nicht aufwarten. In den späten Jahren seiner Karriere war er wegen seines beträchtlichen Übergewichts nicht einmal mehr in der Lage, Treppen zu steigen, und ermittelte demzufolge ausschließlich aus seinem Dienstzimmer heraus.

Erich Frey, einer der prominentesten Strafverteidiger der Weimarer Republik, würdigte den Mordspezialisten Gennat als „einen der interessantesten Männer, die je in Deutschland Verbrechen verfolgt haben". Den legendären Ruf als Ermittlungsbeamter verdankt Gennat seiner Ausdauer, seinem fantastischen Gedächtnis und seinem scharfen psychologischen Blick. Diese Eigenschaften ermöglichten es ihm, über 90 Prozent seiner Fälle aufzuklären.

Gennat selbst stellte sein Licht gern unter den Scheffel. Fragte ihn jemand nach seinem Erfolgsrezept, winkte er ab und erklärte lapidar, es sei keineswegs immer kriminalistisches Geschick, das zur Aufklärung eines Verbrechens führe, sondern vielfach nur eine gehörige Portion Glück.

Seine überaus profane Schwäche für Kuchen blieb niemandem – auch nicht seinen „Kunden" – verborgen. So passierte es mehr als einmal, dass Gennat auf der Fahrt zum Tatort den schwarzen Wagen der Kriminalpolizei, „Mordauto" genannt, vor einer Konditorei halten ließ und sich erst einmal verproviantierte. Der bereits erwähnte Franz von Schmidt erinnert sich in seinem 1955 erschienenen Buch „Vorgeführt erscheint. Erlebte Kriminalistik": „Unser schwarzer Wagen sah wohl etwas unheimlich aus, aber als wir drei – der Chauffeur war auch in Zivil – jetzt friedlich Kuchen essend und die Finger leckend im Schneckentempo weiterfuhren, hat wohl keiner der uns nachgrinsenden Passanten Wesen und Ziel unserer Fahrt erraten."

Ernst August Ferdinand Gennat wurde am 1. Januar 1880 in Plötzensee, seinerzeit noch ein Gutsbezirk im Kreis Niederbarnim, geboren. Im Jahr zuvor war hier das „Neue Strafgefängnis" für 1400 Gefangene ergänzt mit komfortablen Wohnungen für das Gefängnispersonal und die Justizbeamten fertiggestellt worden. Zu den ersten Bewohnern der Anlage gehörten der Oberinspektor der Strafanstalt, August Gennat, und seine Frau Clara Luise, geborene Bergemann. Clara Luise war eine hervorragende Klavierspielerin und wäre gerne Konzertpianistin geworden, ihrer Familie zuliebe verzichtete sie jedoch auf eine eigene Karriere, gab aber Klavierstunden.

Über Ernst Gennats Kindheit und Jugend sind keine Einzelheiten überliefert. Bekannt ist nur, dass er nach der Volksschule das Königliche Luisen-Gymnasium in der Turmstraße 87 in Moabit besuchte: eine für ihre Zeit fortschrittliche Lehranstalt, die zu den ersten in Preußen gehörte, an der ab 1896 auch Frauen das Abitur ablegen konnten. Gennat machte hier im September 1898 sein Abitur. Noch im selben Jahr zog die Familie nach Charlottenburg in die Schloßstraße 35. In der Wohnung im ersten Stock wird Gennat – versorgt von Mariechen, der spindeldürren Haushälterin, die schon seinen Eltern den Haushalt führte – bis zu seinem Tode wohnen bleiben.

Erst im Oktober 1901 schrieb sich Gennat an der Berliner Friedrich-Wilhelms-Universität für das Fach Jura ein. In den drei Jahren zwischen Abitur und Studium absolvierte er vermutlich seinen Militärdienst. Beruflich hatte er ursprünglich wohl eine militärische Karriere angestrebt, jedenfalls vermerkte er in der Universitätsmatrikel in der Rubrik „künftiger Beruf": „Militär". Nach acht Semestern, im Juli 1905, verließ er die Universität ohne Abschluss.

Über Gennats Eintritt in den Polizeidienst, der vermutlich 1904 erfolgte, lassen sich keine genauen Angaben machen. Am 30. Mai 1905 soll er seine Prüfung zum Kommissar abgelegt haben und schon am 1. August ernannte man ihn zum Kriminalkommissar. Wie die Prüfung aussah, ist ebenfalls nicht bekannt, denn eine geregelte Ausbildung gab es seinerzeit nicht.

Schon früh war Gennats Interesse an allem Kriminalistischen und Juristischen erwacht. Bereits als Primaner hatte er Gerichtsverhandlungen besucht, wann immer sich die Gelegenheit geboten hatte. Zudem war er in jungen Jahren durch die Tätigkeit seines Vaters in der Strafanstalt mit der sozialen

Blick in die Schloßstraße in Richtung Schloss Charlottenburg, um 1915

und wirtschaftlichen Misere der untersten Bevölkerungsschichten vertraut geworden, mit den armseligen Lebensbedingungen in den Arbeiter- und Arme-Leute-Vierteln im Norden und Osten der Stadt. Jenes Wissen um die Not in der ständig wachsenden Metropole hatte sein soziales Gewissen geschärft und war zweifelsohne einer der Gründe, weshalb er als Kriminalkommissar seine „Kundschaft" stets fair behandelte. Oft bildete sich zwischen ihm und seinen „Kunden" ein geradezu vertrauliches Verhältnis. „Kriminalistik ist zu einem großen Teil Kunst der Menschenbehandlung", pflegte er zu sagen, und diesem Grundsatz blieb er stets treu.

War er auch gewissermaßen ihr natürlicher Feind, so zollten sie ihm dennoch Achtung und Anerkennung. Ein ehemaliger Zuchthäusler, den Gennat schon mehrmals hinter Schloss und Riegel gebracht hatte, bekannte 1929 offenherzig: „Er versteht es, uns so zu fassen, dass wir ihm die Wahrheit sagen und statt verstockt zu sein, erzählt man bei einer Zigarette manches, was man vielleicht lieber für sich behielte."

Ernst Gennat in seinem Büro im Polizeipräsidium am Alexanderplatz

Kleinkriminellen pflegte er ins Gewissen zu reden: „Glaube mir doch, mein Junge, Verbrechen lohnen sich nicht. Und wenn du komische Figur glaubst, du wärst für uns zu intelligent, dann denk daran, dass sämtliche Zuchthäuser voll sind von Leuten, die sich auch einmal für genauso klug hielten, wie du dir jetzt vorkommst. Außerdem werden schon deine Bräute, Freunde und Hehler dafür sorgen, dass aus dir auf diese Art kein reicher Mann wird.“

Gennat sah den Täter immer auch als Opfer. So vermied er es, einem Delinquenten mit Vorwürfen zu begegnen. Einmal begrüßte er einen gerade festgenommenen Täter, der sein Überfallopfer mit einer Schlinge erdrosselt hatte, in seinem typischen freundlichen Ton, nahm dessen Arm und sagte: „Seh'n Se, schön, dass Se nu' da sind. Nu' erzähl'n Se mal, wie Se das mit der Schlinge gemacht haben. Se brauchen keine Angst vor uns zu haben, wir sind alle nette Leute, und Ihnen wird viel wohler sein, wenn Se sich ausgesprochen haben."

Die Vernehmungen pflegte Gennat im freundlichen Plauderton zu führen, wobei er seine Ausdrucksweise, die vom gepflegten Hochdeutsch über schnoddriges Berlinisch bis hin zum ruppigen Gaunerjargon variieren konnte, seiner jeweiligen „Kundschaft" anpasste. Der ihm gegenübersitzende Übeltäter vergaß so schon einmal, dass er verhört wurde, und erzählte Dinge, die er, wie der ehemalige Zuchthäusler versicherte, gar nicht hatte preisgeben wollen.

Gennats Bruder war übrigens Staatsanwalt in Moabit, weshalb er zu sagen pflegte: „Die Verbrecher, mit denen ich zu tun habe, bleiben sozusagen in der Familie. Ich fange sie ein, mein Bruder, der Staatsanwalt, verknackt sie, und schließlich heißt sie mein Vater in Plötzensee willkommen."

Hatte Gennat einen Täter schließlich so weit, dass dieser ein Geständnis abzulegen bereit war, schickte er seine Sekretärin mit einem unauffälligen Fingerzeig aus dem Zimmer. Der Vernommene sollte volles Vertrauen haben können und sich durch nichts gehemmt fühlen.

Manchmal, so erinnert sich Bernd Wehner, einer der fähigsten Mitarbeiter Gennats in den Dreißigerjahren, brach „der Dicke" bei einem Verhör mitten im Satz ab und schlief über seinen Papieren ein. Er fuhr dann aber beim Aufwachen mit seiner Frage an genau der Stelle fort, wo er aufgehört hatte. Die Vernommenen waren stets irritiert, wenn sie feststellen mussten, dass dem schlafenden Gennat die Geschichte, die sie ihm gerade erzählt hatten, keineswegs entgangen war. „Das ungeheure Gehirn des Dicken", so Wehner, „registrierte auch, wenn er schlief."

Seine Sekretärin, die mollige und stets freundliche Gertrud „Trudchen" Steiner, war die gute Seele der Mordkommission, die nicht nur an ihrer Schreibmaschine saß, sondern auch Kaffee kochte, Portwein einschenkte und ihrem Chef die obligaten Kuchenberge auf den Tisch stellte. Fräulein Steiner, die Gennat gewichtsmäßig in nichts nachstand, aber eher eine Schwäche für Deftiges hatte und deshalb „Bockwurst-Trudchen" genannt wurde, vergötterte ihren Chef.

Das Wort „Privatleben" hatte Ernst Gennat längst aus seinem Vokabular gestrichen. Die Kriminalistik war für ihn Beruf und Leidenschaft zugleich. Für Frauen blieb in diesem Leben ebenso wenig Platz wie für andere Interessen. Allenfalls setzte er sich mal ans Klavier. Sein Büro war sein eigentliches Zuhause. Fast täglich saß er bis spät in die Nacht, einge-

An Gennats Sekretärin Gertrud „Trudchen“ Steiner (Bildmitte) kam kein Besucher vorbei.

hüllt in den blauen Qualm einer dicken Zigarre, auf seinem abgewetzten grünen Sofa vor einem Berg von Akten und einem nicht weniger imposanten Berg Kuchen. Wenn ihm dann plötzlich mitten in der Nacht bei der Lektüre einer Ermittlungsakte etwas mehr oder weniger Wichtiges einfiel, erhob er sich schwerfällig, ging an seinen Schreibtisch, griff zum Telefon und klingelte, als sei es selbstverständlich, einen seiner Kommissare aus den Federn. Doch niemand wäre je auf den Gedanken gekommen, ihm die nächtliche Ruhestörung übel zu nehmen. Im Gegenteil: War es nicht geradezu eine Ehre, von dem berühmten Gennat aus dem Bett geholt zu werden?

KOMMISSAR GENNAT IM KAISERREICH

Ein Taucher sucht im Auftrag der Berliner Kriminalpolizei in der Spree nach gestohlenem Schmuck, 1914.

Ernst Gennat und die Kriminalpolizei im Kaiserreich

Man kann nur darüber spekulieren, warum Ernst Gennat sein Jurastudium nach acht Semestern abbrach und somit auf eine Karriere als Richter oder Staatsanwalt im Staatsdienst oder auch als Strafverteidiger verzichtete. Verließ er die Universität, weil er sich als jugendlicher „Prozessbeobachter“ und als Sohn des Direktors einer Strafanstalt ein Bild von der zum Teil stümperhaften Arbeit der Kriminalpolizei gemacht hatte? Und hatte er sich zu diesem Zeitpunkt bereits das Ziel gesetzt, die Kriminalpolizei, insbesondere die Mordermittlungen, von Grund auf zu reformieren und zu modernisieren? Fragen wie diese bleiben unbeantwortet, denn alle Versuche der Kriminalhistoriker, Gennats Personalakte aufzufinden, sind bisher erfolglos geblieben.

Es scheint jedoch festzustehen, dass Ernst Gennat 1904 mit 24 Jahren in den Polizeidienst eintrat, am 30. Mai 1905 als Kriminalanwärter seine Prüfung zum Kommissar ablegte, zwei Tage später zum Hilfskommissar und am 1. August 1906 zum Kriminalkommissar ernannt wurde.

Im Berliner Polizeipräsidium fand sich der junge Gennat unversehens in einer illustren Gesellschaft, nannte man doch den roten Backsteinkoloss am Alexanderplatz spöttisch „Adelsklub“.

In der Kaiserzeit gab es kaum einen Kriminalbeamten, der nicht von Adel war. Die überwiegende Mehrheit der Beamten im höheren Dienst rekrutierte sich zum einen aus Offizieren, die in der Regel aus finanziellen Gründen den Militärdienst quittiert hatten, sowie aus Abkömmlingen mehr oder weniger verarmter Adelsfamilien, die aufgrund ihrer misslichen wirtschaftlichen Lage ebenfalls eine Karriere im Staatsdienst anstrebten. Wenn auch das Gehalt eines Kriminalkommissars relativ bescheiden ausfiel, garantierte die Beamtenstellung wenigstens finanzielle Sicherheit. Der Werdegang des Kriminalkommissars Hans von Tresckow, einem der Lehrmeister Gennats, der sich mit seinen 1922 erschienenen Erinnerungen „Von Fürsten und anderen Sterblichen“ einen Namen machte, ist ein zeittypisches Beispiel: Nach dem Tod seines Vaters konnte der junge von Tresckow sein Studium der Rechts- und Wirtschaftswissenschaften in Königsberg nicht mehr finanzieren und bewarb sich, eher der Not als der Überzeugung gehorchend, im Januar 1889 für den höheren Polizeiexekutivdienst beim Polizeipräsidium in Berlin, das sich zu dieser Zeit noch am Molkenmarkt 1, unweit des Nikolaiviertels befand. Erst einige Monate später wurde das neue Präsidium am Alexanderplatz bezugsfertig.

Kriminalkommissar Hans von Tresckow, einer von Gennats Lehrmeistern in der Kaiserzeit

Das Berliner Polizeipräsidium war erst im Zuge der preußischen Reformen entstanden, jenen Staats- und Verwaltungsreformen, mit denen das von Frankreich unterworfene Preußen seinen Wiederaufstieg einleitete. Die Berufung des ersten Berliner Polizeipräsidenten Karl-Justus von Gruner durch König Friedrich Wilhelm III. am 25. März 1809 gilt zwar als offizielles Gründungsdatum des Polizeipräsidiums, sein Domizil am Molkenmarkt bezog es jedoch erst 1822.

Rund fünfzig Jahre später, unmittelbar nach der deutschen Reichsgründung 1871, war das Präsidium der ehrgeizigen Kaiserstadt längst zu klein geworden. Ein neues repräsentatives und Ehrfurcht gebietendes Gebäude, möglichst in der Mitte der Stadt, musste her. Ein Grundstück war schnell gefunden: das Gelände einer nicht mehr genutzten Heilanstalt und des ehemaligen „Ochsenkopfes", des einstmals berüchtigten Arbeitshauses am Alexanderplatz. Seit Mitte des 18. Jahrhunderts wurden in dieses düstere Gemäuer Obdachlose, die des Nachts in die Fänge der Polizei geraten waren, zur Zwangsarbeit eingewiesen. 1877 verlegte man das Arbeitshaus dann nach Rummelsburg.

Nach dem Abriss der nunmehr leer stehenden Gebäude begann die Stadt Berlin 1885 mit dem Neubau des Polizeipräsidiums nach den Plänen des Baustadtrates Hermann Blankenstein. In der zweiten Jahreshälfte 1889, nach nicht einmal vier Jahren, war es bezugsfertig. Der überdimensioniert wirkende vierstöckige Backsteinbau mit seinen acht Innenhöfen, einem glasüberdachten Mittelhof und einer überdachten Reitbahn für die berittene Schutzmannschaft hatte eine Grundfläche von ungefähr 16 000 Quadratmetern. Die Baukosten beliefen sich auf etwa 5,5 Millionen Mark. Eines der beiden großen Portale lag in der Alexanderstraße, das andere in der Dircksenstraße, die bis 1902 den Namen „An der Stadtbahn“ trug, gegenüber den Stadtbahnbögen. Hier befand sich auch der Haupteingang. Neben dem Polizeigefängnis, das für 328 Männer und 94 Frauen ausgelegt war, beherbergte der Komplex komfortable Dienstwohnungen mit Erkern und Balkonen, die einen Blick auf den Alexanderplatz boten. Im Zweiten Weltkrieg wurde das Polizeipräsidium fast völlig zerstört. Nur die Kriminalpolizei fand in einem relativ unversehrt gebliebenen Gebäudeteil vorübergehend Platz, bis die Ruine in den Sechzigerjahren im Zuge der Verbreiterung der Grunerstraße abgerissen wurde. Etwa an der Stelle, an der sich das Polizeipräsidium befand, erhebt sich heute das Einkaufszentrum Alexa. Nur noch eine unscheinbare Gedenktafel auf dem Mittelstreifen der Grunerstraße erinnert an das alte Polizeipräsidium.

Als Gennat 1904 zur Kripo kam, gab es noch kein Morddezernat im eigentlichen Sinne. Zwei Jahre zuvor aber, im Sommer 1902, war bereits eine erste organisatorische Reform verwirklicht worden. Die uneffektive Arbeit der Kriminalpolizei besonders bei Kapitalverbrechen, also Mord oder Mordversuch, drängte nach Veränderungen.

Das Polizeipräsidium am Alexanderplatz auf einem Ende des 19. Jahrhunderts entstandenen Holzstich

Mit dem Aufstieg Berlins zur Weltstadt war auch die Zahl der Verbrechen sprunghaft angestiegen. Doch die Polizei war den Verbrechern hoffnungslos unterlegen. So häuften sich nicht nur Diebstahl, Prostitution, Raub und Raubmord, auch die Vergehen an Kindern nahmen in beunruhigender Weise zu. Immer wieder wurden Leichen oder Leichenteile aus der Spree oder dem Landwehrkanal gefischt. Gewaltverbrecher hatten die besten Chancen, ungeschoren davonzukommen. Die Öffentlichkeit, durch die Presse bestens informiert, nahm regen Anteil. Die Zeitungen konkurrierten zum Teil mit zwei oder sogar drei Ausgaben täglich um die Leserschaft. Sensationsmeldungen und Berichte über Verbrechen steigerten die Auflagen.

Die Polizei hatte indes nur wenige Fahndungserfolge zu vermelden und erntete nicht selten Spott und Hohn. Polizeipräsident Ludwig von Windheim versuchte, mit einer Reihe von Dienstanweisungen gegenzusteuern: Die erste vom 3. Juli 1902 zur „Bearbeitung von Kapitalverbrechen“ sollte Organisatorisches regeln. Erstmals wurde innerhalb der Kriminalpolizei ein sogenannter Mordbereitschaftsdienst eingerichtet, um zu jeder Tages- und Nachtzeit sofort Beamte an den Tatort schicken zu können. Nach der neuen Dienstanweisung hatte der Reviervorstand im Falle eines Kapitalverbrechens umgehend die Kriminalpolizei zu alarmieren. Jedes Revier erhielt ein Verzeichnis von Kriminalbeamten, die in Bereitschaft waren. Je nach Bedarf wurde dann ad hoc eine Mordkommission gebildet. 1900 war es bereits gelungen, Gerichtsärzte für einen Bereitschaftsdienst heranzuziehen.

Bis dahin hatte die Kripoleitung immer erst im Bedarfsfall damit begonnen, geeignete Ermittler zu suchen, sodass es mitunter Stunden dauerte, bis die Kriminalpolizei am Tatort eintraf. Die Folge: Eine Reihe von Kapitalverbrechen blieb ungeklärt. Dass die Kriminalbeamten des Kaiserreichs keine Koryphäen waren, lässt sich auch mit ihrer mangelhaften Ausbildung erklären: Eine Polizeischule, das Polizeiinstitut Charlottenburg, wurde erst 1927 gegründet. Seinen Sitz hatte es im westlichen Stülerbau an der Schloßstraße, in dem heute das Museum Berggruen seine Schätze zeigt.

Die Aufklärung eines Falles scheiterte oftmals am unsachgemäßen Vorgehen der Beamten. Versteht es sich heute bereits für den Laien von selbst, am Tatort nichts anzurühren oder zu verändern, musste dies den damaligen Ermittlern noch eingeschärft werden. Immer wieder kam es vor, dass die Revierkriminalpolizei einen Tatort derart unsachgemäß behandelte, dass man zum Entsetzen der später eintreffenden Mordkommission von einer Verwüstung sprechen konnte. Wie es sich für brave preußische Polizisten gehörte, schafften sie erst einmal Ordnung: Lag der Tote auf einem kalten Fliesenboden, wurde er auf ein Sofa gelegt, vielleicht sogar noch benutzte Gläser weggeräumt und Möbelstücke, die in einem Kampf umgestoßen worden waren, wieder ordentlich hingestellt. Fand man einen Toten in einem Waldstück, suchten unzureichend ausgebildete Beamte die Umgebung planlos ab und vernichteten wertvolle Spuren. Mit einer Dienstanweisung allein war dieses stümperhafte Verhalten, das den sonst so besonnenen Gennat immer wieder zur Weißglut brachte, nicht zu beheben.

Die Dienstanweisungen wurden ständig überarbeitet und erweitert. Seit Beginn seiner Laufbahn engagierte sich Ernst Gennat für die Verbesserung und Modernisierung des Mordbereitschaftsdienstes. So gehörte er auch der „Interessengemeinschaft der Kriminalbeamten von Groß-Berlin" an. Diese Gemeinschaft war äußerst aktiv und legte dem Polizeipräsidium im April 1919 einen Entwurf über neue Richtlinien für den Mordbereitschaftsdienst vor. Gennats Handschrift ist hier bereits zu erkennen. In einer Verfügung vom 26. Juni 1919 zur „Regelung des Mordbereitschaftsdienstes" nahm Kripochef Oberregierungsrat Hoppe die Vorschläge auf und verfügte unter anderem:

Theoretischer Unterricht in der Charlottenburger Polizeischule, 1931

„Dem Mordbereitschaftsdienst gehören als ständige Vertreter an: a) der Leiter der Kriminalpolizei, b) der Leiter des Erkennungsdienstes mit Beamten, c) zwei Photographen, d) der Gerichtsarzt, e) der Polizeichemiker, f) der Vertreter der Staatsanwaltschaft. Dazu treten jeweils zur Bearbeitung der eigentlichen Kapitalsache g) zwei Kriminalkommissare, h) ein Kriminaloberwachtmeister (oder Bezirksoberwachtmeister), i) drei Kriminalwachtmeister, k) zwölf Beamte des Fahndungsdienstes (einschl. zwei Führern), von denen sich sechs an den Tatort und sechs zum nächsten Polizeirevier zu begeben haben, l) außerdem ein Beamter des Dauerdienstes mit der Utensilientasche und Lampe. Außer diesen Beamten werden bei Mordalarm noch die Vertreter der Presse durch das Wolff'sche Telegraphenbüro […] sowie der Polizeiberichterstatter Steinberg […] benachrichtigt."

Darüber hinaus wurde festgelegt, wie der Tatort abzusichern war und wie sich die Beamten zu verhalten hatten. Demnach war „das Ablegen des Überziehers und sonstiger Gegenstände wie Hüte, Stöcke, Aktenmappen am Tatort selbst" strengstens untersagt. Das Ablegen dieser Gegenstände hatte an einem besonderen Ort, notfalls unter Bewachung eines Beamten zu erfolgen.

Die polizeilichen Ermittlungen stießen auch noch an andere Grenzen: So waren – als ein Beispiel von vielen – Giftmorde zu einer regelrechten Modeerscheinung geworden, denn der Umgang mit Giftstoffen jeglicher Art wurde erschreckend sorglos gehandhabt. Buchstäblich jeder konnte problemlos starke Betäubungsmittel und tödliche Chemikalien, sogar arsen-, strychnin- und zyankalihaltige Schädlingsbekämpfungsmittel, in Drogerien erwerben. Andererseits war die Gerichtsmedizin noch nicht in der Lage, jeden Giftmord zweifelsfrei nachzuweisen. Auch Schusswaffen konnte man für relativ wenig Geld kaufen, sogar in Warenhäusern.

Eine „gute alte Zeit", in der selbst in dunkler Nacht noch jedermann einsame Straßen durchstreifen konnte, ohne Gefahr zu laufen, überfallen zu werden, gab es nicht. Die vielgepriesenen idyllischen gesellschaftlichen Verhältnisse der Kaiserzeit, als lediglich kleine Gauner und Betrüger, respektive Hochstapler und Heiratsschwindler ihr Unwesen trieben, existieren allenfalls in den Köpfen nimmermüder Nostalgiker. Wenn auch die Kriminalität vor dem Ersten Weltkrieg nicht jene Dimensionen erreichte, die sie in den Zwanzigerjahren erlangen sollte, so unterschieden sich doch die Probleme, die die Kriminalpolizei zu bewältigen hatte, nur wenig von denen späterer Zeiten.

Vornehmlich war es die ständig wachsende Kinder- und Jugendkriminalität, die der Polizei ernsthafte Sorgen bereitete – eine Entwicklung, die hauptsächlich Großstädte und Industrieregionen betraf. Selbst erfahrene und hartgesottene Kriminalisten waren bisweilen über die Abgebrühtheit verblüfft, mit der Minderjährige Diebstähle und Einbrüche verübten.

Zu den Eigentumsdelikten kam die wachsende Zahl der von Kindern und Jugendlichen begangenen Rohheitsdelikte: Raubmorde, schwere Brandstiftungen und Anschläge auf Eisenbahnstrecken gingen immer häufiger auf ihr Konto. Eifrige Pädagogen meinten, die Hauptursache für die fortschreitende Verrohung der Jugend im sich rasch wandelnden Freizeitverhalten ausmachen zu können: in der Lektüre billiger Detektiv- und Abenteuerromane, die es in jeder Bahnhofsbuchhandlung in großer Auswahl für wenige Groschen zu kaufen gab, und mehr noch in dem neuen Medium Film, das gerade die Jugend wie ein Magnet anzog.

Immer wieder waren in zeitgenössischen Publikationen Berichte über den moralischen Verfall der „Kino-Kinder" zu lesen, die einen beachtlichen Teil ihrer Freizeit in den wie Pilze aus dem Boden schießenden Lichtspielhäusern zubrachten. Die „Kinematographie" galt als die jugendgefährdende Einrichtung schlechthin und wurde von ihren Kritikern als „Volksgefahr" und Hauptursache für den allgemeinen Sittenverfall verteufelt.

War die Kriminalität seit der Jahrhundertwende wirklich so dramatisch angestiegen? Mangels verlässlicher Statistiken kann darüber nur spekuliert werden. Sicher ist jedoch, dass die Presse inzwischen auch in Deutschland die Publikumswirksamkeit von Sensationsmeldungen erkannt hatte. Die Leser verschlangen förmlich ausführliche Berichte über Verbrechen, beson-

Blick in die Flucht der Hinterhöfe der berüchtigten Mietskaserne „Meyers Hof“ in der Ackerstraße im Wedding

ders über Mordtaten. Schon um die Jahrhundertwende erschienen die ersten sogenannten „Kriminalzeitschriften“, die ausschließlich über Kriminalfälle berichteten. Dabei waren Zweifel an der Authentizität der in diesen Publikationen geschilderten Fälle durchaus angebracht: Hier wurde bisweilen kräftig geflunkert und so mancher „spektakuläre Kriminalfall“ der vermeintlichen Sensation halber kurzerhand erfunden.

Gennats beruflicher Werdegang vollzog sich in einer Periode des sozialen, wirtschaftlichen und kulturellen Umbruchs. Die Folgen der fortschreitenden Industrialisierung stellten alle bis dahin gültigen Werte infrage. Ende des 19. Jahrhunderts war Berlin auf dem Weg zur Weltstadt. Der als Gründerkrach bekannte Einbruch der Finanzmärkte von 1873 und die anschließende Depression waren überwunden. Von 1849 bis 1871 hatte sich die Einwohnerzahl auf 826 000 verdoppelt, bis 1877 war sie auf eine Million und bis 1900 auf rund 2,7 Millionen angewachsen. Aus der verträumten Residenz war eine der modernsten Metropolen Europas geworden. Ab Oktober 1891 verbrachte der amerikanische Schriftsteller Mark Twain einige Monate in Berlin und schrieb: „Die Hauptmasse der Stadt macht den Eindruck, als sei sie erst vorige Woche erbaut worden, der Rest sieht aus, als wäre er sechs, vielleicht sogar acht Monate alt.“ In den Jahren 1895 bis 1913 boomte die Industrie, und in den Vororten entstanden immer neue Fabriken. Zuwanderer aus den nord- und ostdeutschen Provinzen strömten massenhaft in die Stadt und hofften, in den ständig expandierenden Industriebetrieben Arbeit zu finden. Diese Massenzuwanderung stellte die Stadt vor ungeheure Probleme.

Das Berlin von 1905 glich kaum noch dem der Jahrhundertwende, und schon 1910 hatte sich das Stadtbild erneut gewandelt. Besonders im Tiergartenviertel und im sogenannten Neuen Westen entstanden breite Straßen und Alleen, hochherrschaftliche Villen sowie Wohnhäuser mit prunkvollen

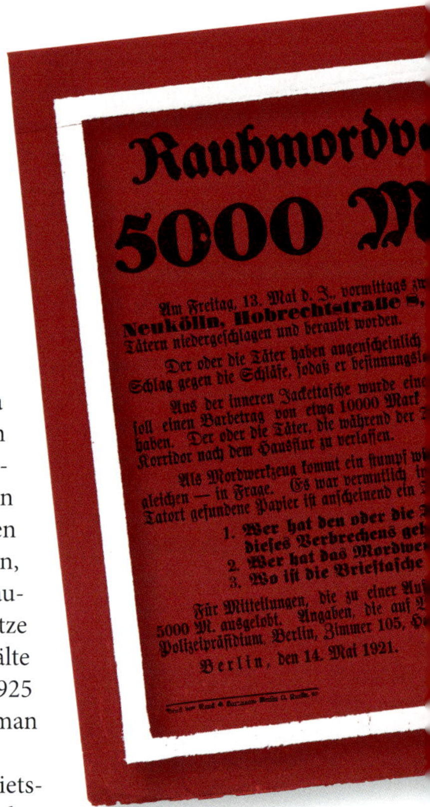

Mit Plakaten ruft die Polizei die Bevölkerung zur Mitarbeit auf.

Fassaden und prächtigen, marmorverkleideten Treppenhäusern. Die komfortablen Wohnungen verfügten über allen nur erdenklichen Luxus, über elektrisches Licht und Zentralheizung. Hier etablierte sich eine neue Berliner Gesellschaft: die Neureichen, die millionenschweren Spekulanten, die den Bau der elenden Arbeiterviertel zu verantworten hatten.

Denn die ausufernde Bodenspekulation führte besonders in den nördlichen und östlichen Randgebieten der Stadt zu einer in Europa einzigartigen städtebaulichen Verdichtung. Um die schmalen, aber tiefen Grundstücke möglichst profitabel nutzen zu können, entstanden die berüchtigten Mietskasernen, die verrufenen „Schwindsuchthöhlen“ mit ihren Seitenflügeln, Quergebäuden und engen Höfen, deren Mauerwerk im Hochsommer unerträgliche Hitze ausströmte, im Winter hingegen die bittere Kälte speicherte. Erst die neue Bauordnung von 1925 führte eine hintere Baufluchtlinie ein, womit man dem Bauen in die Tiefe endlich Einhalt gebot.

Doch bis dahin waren längst gigantische Mietskasernenviertel aus dem Boden gestampft worden, die sich vom Schlesischen über den Stettiner Bahnhof bis weit nach Moabit und in den Wedding ausdehnten. In den Quergebäuden und Seitenflügeln bestanden diese licht- und luftlosen Wohnungen meist nur aus Stube und Küche. Die Toilette befand sich in der Regel zwischen zwei Etagen und wurde von allen Mietparteien des darüber und darunter liegenden Treppenabsatzes benutzt. Im schlimmsten Falle gab es für alle Mieter nur ein Plumpsklo auf dem Hof. In der Gegend um den Schlesischen Bahnhof waren viele Mietskasernen nicht einmal an die Kanalisation angeschlossen. Abends spendeten nur Petroleumlampen ein trübes Licht, Gasbeleuchtung galt hier noch als Luxus.

Oft hauste eine aus sechs oder mehr Personen bestehende Familie in solch einer Wohnung. Die wenigen Quadratmeter teilte sie dann noch mit Untermietern sowie Schlafburschen und Logiermädchen, jenen ungeliebten „Mitbewohnern“, denen man kein Zimmer, sondern nur eine „Schlafstelle“ für ein oder zwei Mark Miete in der Woche zur Verfügung stellte.

Das Zusammenleben zahlreicher Kinder und Erwachsener auf derart beengtem Raum hatte zum Teil verheerende Auswirkungen. Besonders die Schlafburschen, deren Geld so manche Familie dringend benötigte, waren nicht immer ehrliche und rechtschaffene Leute und vergingen sich nicht sel-

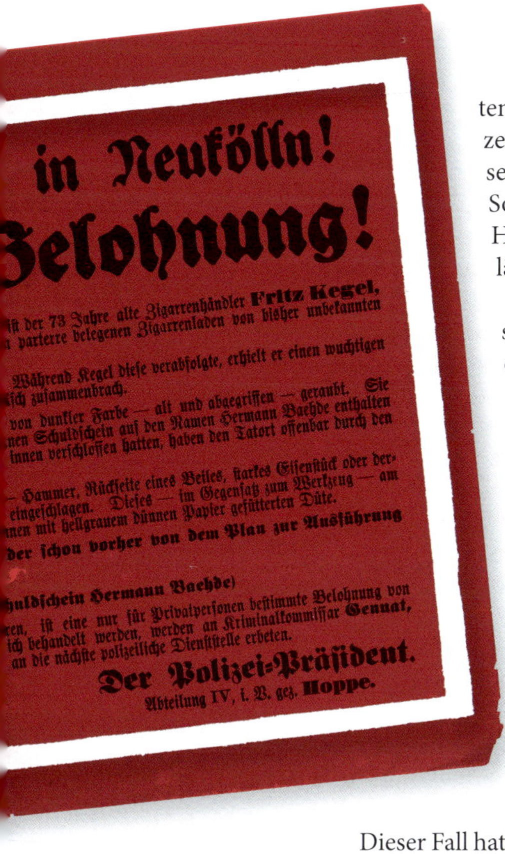

ten an den Kindern ihrer Wirtsleute. Anzeige zu erstatten wagte kaum jemand – sei es aus Angst vor Racheakten oder aus Sorge um finanzielle Einbußen, die der Hinauswurf des Schlafgängers zwangsläufig zur Folge gehabt hätte.

Tagtäglich spielten sich in diesem sozialen Umfeld unglaubliche Familientragödien ab, ausgelöst durch Gewalttätigkeit und Alkoholmissbrauch. Leidtragende waren stets Frauen und Kinder. Doch derartige Vorfälle blieben nicht ausschließlich auf die verrufenen Mietskasernenviertel beschränkt. Um sich und ihre Kinder vor ihrem gewalttätigen und ständig alkoholisierten Ehemann zu retten, hatte 1913 in Berlin-Steglitz eine Portiersfrau ihre fünf Kinder im Alter zwischen einem Monat und fünf Jahren nacheinander in der Badewanne ertränkt und anschließend versucht, sich auf die gleiche Weise das Leben zu nehmen. Dieser Fall hatte zwar in der Öffentlichkeit eine lebhafte Diskussion darüber ausgelöst, wie eine Familie vor einem trunksüchtigen Vater zu schützen sei, eine Lösung des Problems brachte sie indes nicht.

Die widrigen Lebensverhältnisse in den heruntergekommenen Arbeiterbezirken ließen nicht nur soziale Unruheherde entstehen, die jeden Augenblick zu explodieren drohten, sondern bildeten auch den Nährboden für die ständig wachsende Kriminalität.

Die roten Fahndungsplakate gehörten zum Alltag, und die Berliner studierten sie eifrig. Diese sogenannten Mordplakate mit schwarzer Frakturschrift und weißer Umrandung ließ das Polizeipräsidium nach jedem Kapitalverbrechen an die Litfaßsäulen kleben, um so die Bevölkerung zur Mitarbeit an der Aufklärung aufzurufen.

Doch Kriminalfälle, ganz gleich, ob sie aus der Kaiserzeit, der Weimarer Republik oder aus den ersten Jahren des Nationalsozialismus herrühren, sind im Rückblick weitaus mehr als reine Sensationsgeschichten, denn sie spiegeln die Sozialgeschichte der Stadt in eindrucksvoller Weise wider. Namentlich die detaillierten Tatortberichte, die die Wohnverhältnisse bis ins kleinste Detail schildern, sowie die Tatortfotos – nicht etwa die grausigen Bilder verstümmelter Leichen, sondern die Fotografien der Wohnungen – bieten einen einzigartigen Einblick in die Lebensbedingungen der ärmeren Bevölkerungsschichten.

Von Wasserleichen und Polizistenmördern

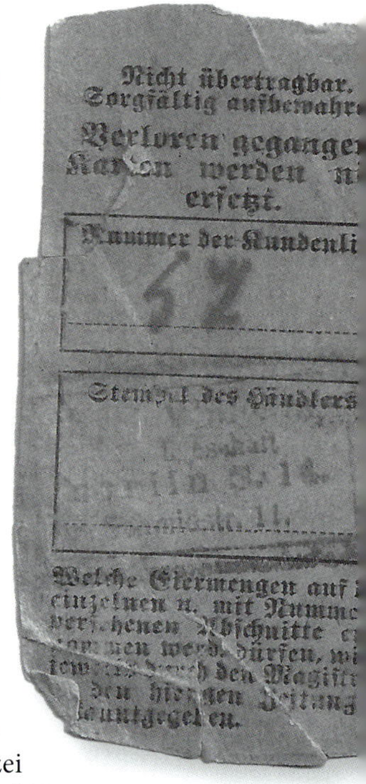

Vorder- und Rückseite einer Berliner Lebensmittelkarte von 1920

Mit welchen Fällen Ernst Gennat in seinen Anfangsjahren bei der Kriminalpolizei betraut war, ist nicht überliefert. Aus dem noch vorhandenen Aktenbestand gehen die Namen der Ermittler nicht immer hervor. Man darf aber spekulieren, dass er in den ersten Jahren nicht nur bei Tötungsdelikten ermittelte, sondern bei Verbrechen aller Art. Ob Morde, Raubüberfälle, Einbrüche, Diebstähle, Sexualdelikte oder Betrügereien, der junge Ernst Gennat sammelte auf allen Gebieten der Kriminalität Erfahrungen. Diese Kenntnisse verschärften aber auch seine Zweifel an der Effektivität der Polizeiarbeit in der bestehenden Form. So empörte er sich etwa 1906 über das dilettantische Vorgehen seiner Kollegen bei der Suche nach dem Raubmörder und Ausbrecherkönig Karl Rudolf Hennig, der vor den Augen der Beamten flüchtete und zunächst unauffindbar blieb. Wochenlang beherrschte dieser für die Kriminalpolizei äußerst peinliche Fall die Schlagzeilen und bot den Witzblättern reichlich Stoff.

Viele Verbrechen folgten einem ähnlichen Muster. Immer wieder wurden Inhaber kleiner Geschäfte Opfer von Raubüberfällen oder gar Raubmorden. Einen besonders gefährdeten Personenkreis bildeten alleinstehende Frauen fortgeschrittenen Alters, in aller Regel Ladeninhaberinnen oder Zimmervermieterinnen. Darüber hinaus häuften sich Überfälle auf Geldboten. Hinzu kamen zahlreiche Vergewaltigungen und Lustmorde. Die Opfer waren in erster Linie unbedarfte Mädchen aus der Provinz, die in der Großstadt das große Glück suchten. Berlin galt zudem als Hochburg des Mädchenhandels. Unter großen Versprechungen wurden Mädchen nach Südamerika geschickt, wo sie nicht als Hausdamen in den luxuriösen Villen reicher Gutsbesitzer landeten, sondern allenfalls in billigen Bordellen.

Immer wieder wurde Gennat mit Leichen oder Leichenteilen konfrontiert, die man aus der Spree, dem Landwehr- oder einem anderen Kanal gefischt hatte. Nicht immer waren es Mordopfer, denn nicht selten geschah es, dass der Körper eines Selbstmörders in eine Schiffsschraube geriet. Mord oder Selbstmord? Eine Frage, die, wenn überhaupt, nur die Gerichtsmedizin beantworten konnte.

Gennat war gerade erst in den Polizeidienst eingetreten, als die Leichenteile der neunjährigen Lucie Berlin, die in der Ackerstraße gewohnt hatte, aus der Spree gefischt wurden. Der Mord erschütterte die Berliner und machte über Tage Schlagzeilen in der Lokalpresse. Der mutmaßliche Mörder konnte schnell gefunden werden, doch der Indizienprozess ließ viele Fragen offen, zumal der Angeklagte seine Unschuld beteuerte. Am Ende verurteilte man ihn zu 15 Jahren Zuchthaus.

1908 wurden die Leichenteile eines 14-jährigen Knaben zwischen dem Bahnhof Tiergarten und der Charlottenburger Brücke am Ufer der Spree gefunden. Dem bestialisch zerstückelten Körper waren innere Organe entnommen worden. Bei dem Opfer handelte es sich um den Schneiderlehrling Hermann Blecher. Auch in diesem Fall wurde der Täter schnell gefasst und zu zehn Jahren Zuchthaus verurteilt.

Im Mai 1913 ermittelte Ernst Gennat, der seit nunmehr neun Jahren bei der Kripo war, erneut wegen eines Mordes an einem Knaben. Wieder war das Opfer zerstückelt, und die in Pakete verpackten Leichenteile fanden sich an verschiedenen Stellen in der Stadt. Bereits nach wenigen Tagen fasste man einen Verdächtigen. In einem geschickt geführten Verhör entlockte ihm Gennat nach anfänglichem Leugnen ein umfassendes Geständnis. Das Urteil überraschte: Da man dem Angeklagten mildernde Umstände zubilligte, musste er nur für fünf Jahre ins Gefängnis.

Während des Ersten Weltkrieges schnellte die Kriminalität in die Höhe. Die Versorgungskrise verschärfte sich nahezu täglich, und die Zahl der Kinder und Jugendlichen, die an Mangelerscheinungen starben, stieg kontinuierlich. Am 23. Februar 1915 waren in Berlin die ersten Lebensmittelkarten eingeführt worden, die man erst lange nach dem Krieg, nämlich im Herbst 1923, wieder abschaffte.

Um der ansteigenden Jugendkriminalität Herr zu werden, verfügte das preußische Abgeordnetenhaus am 24. Februar 1916 unter anderem die Vorverlegung der Polizeistunde und das Verbot von Tanzveranstaltungen für Jugendliche. Allerdings zeigten diese hilflosen Maßnahmen keinerlei Wirkung.

Im Kohlrübenwinter versuchen die Behörden, gegen Schleichhändler vorzugehen.

Die Stimmung innerhalb der Bevölkerung wurde von der Politischen Polizei – 1901 hatte sie die Bezeichnung „Abteilung VII" erhalten –, mit Argusaugen beobachtet. Ausgewählte Kommissariate meldeten dem Polizeipräsidenten Traugott von Jagow regelmäßig ihre Beobachtungen, nach denen er streng geheime Stimmungsberichte verfasste, die nur dem preußischen Innenminister und einer Auswahl höherer Regierungsbeamter zugänglich waren. Sie enthalten eine Fülle von Angaben über die Lebensverhältnisse Berliner Bürger, über Ausschreitungen, Proteste und Demonstrationen sowie Plünderungen von Lebensmittelläden: Tatsachen, über die die Presse nicht berichten durfte.

Infolge der sich ständig verschlechternden wirtschaftlichen Lage während des Ersten Weltkrieges bekam auch die Kriminalität eine neue Qualität. Racheakte gegen Wucherer und Schieber, Raubmorde an alleinstehenden Inhaberinnen kleiner Kolonialwarenläden oder Kneipenwirtinnen, deren Männer im Krieg waren, Überfälle auf Lebensmittelgeschäfte und Verbrechen, die sich auf eine zunehmende, kriegsbedingte Verrohung und Verwahrlosung zurückführen ließen, gehörten inzwischen zum Alltag.

Der dritte, bisher härteste Kriegswinter, der als „Kohlrübenwinter" in die Geschichte eingehen sollte, war der Winter 1916/17. Mangelkrankheiten wie Skorbut entwickelten sich zu Volksleiden, denn die Berliner mussten sich tatsächlich fast ausschließlich von Kohlrüben ernähren. Nach einer neuerlichen Kürzung der ohnehin kärglichen Kartoffelration war die Stimmung innerhalb der Bevölkerung schlechter denn je. Doch es ging nicht nur um Kartoffeln. Nahezu alle Lebensmittel waren knapp, und oft standen die Frauen vergeblich stundenlang vor den Verkaufsstellen an. Der gewerbsmäßige

Schleichhandel hingegen blühte, was zwangsläufig zu weiterer Verbitterung führte. Die angekündigte Herabsetzung der Brotration drohte das Fass zum Überlaufen zu bringen. In den Fabriken kam es immer wieder zu spontanen Arbeitsniederlegungen und Demonstrationen. Am 16. April 1917 berichtet Polizeipräsident Heinrich von Oppen dem preußischen Innenminister von Ausschreitungen und Plünderungen:

„So versuchten etwa 100 bis 150 junge Burschen und Mädchen, darunter auch Schulkinder, in der Münz-, Gips- und Großen Hamburgerstraße einige Geschäfte zu plündern. In etwa 5–6 Bäckerläden wurden die Schaufenster zertrümmert und hierbei Backwaren entwendet." Einer Konditorei in der Straße Unter den Linden wiederfuhr das gleiche Schicksal, ebenso einer in der Markgrafenstraße: „Die dort ausgestellten Torten wurden entwendet; ein Täter wurde festgenommen. Gegen 4 Uhr nachmittags zertrümmerten etwa 150 junge Leute, Burschen und Mädchen, in der Sebastian- und Buckowerstraße die Schaufenster dreier Bäckerläden und führten Waren mit fort. 11 Täter wurden festgenommen. Gegen 5 Uhr wurde von einer Rotte von 80 Menschen, Männer, Frauen und Jugendliche, im Hause Lichtenberger Straße 11 eine Bäckerei durch Zerschlagen des Schaufensters und Entwenden von Brot geschädigt. 2 Täter wurden festgenommen."

Auch in den folgenden Wochen kam es immer wieder zu Ausschreitungen und kleineren Demonstrationen.

Ernst Gennat blieb während des Ersten Weltkrieges ein ungewisses Schicksal an der Front erspart. Er diente an der „Heimatfront". Einer seiner spektakulärsten Fälle aus dieser Zeit ist der Mord an Martha Franzke aus der Ackerstraße im März 1916. Sie galt zunächst als vermisst. Erst einige Tage nach ihrem spurlosen Verschwinden fand man ihre Leiche weit von Berlin entfernt in einem Reisekorb in Stettin. Unter Verdacht geriet ihre eifersüchtige Geliebte Helene Bahl, nach der man umgehend die Fahndung einleitete. Für die Presse war der Fall ein gefundenes Fressen: ein Eifersuchtsdrama zwischen zwei lesbischen Frauen! Aber war Helene Bahl tatsächlich die Mörderin? Gennat erkannte Widersprüche, vor allem in den Aussagen der Belastungszeuginnen, der Friseuse Johanna Elsner alias Ullmann und ihrer Freundin Anna Sonnenberg. Gennats Geduld wurde belohnt, als es ihm gelang, die beiden Frauen des Mordes an Martha Franzke zu überführen. Beide legten Geständnise ab.

MEYER
Buch-Papier-Handlung
JUDLIK

Nicht weniger spektakulär waren die Morde an Geldbriefträgern zwischen 1918 und 1919, die vermutlich auf das Konto ein und desselben Täters gingen. Dieser hatte zunächst einen Geldbriefträger in der Spandauer Straße ausgeraubt und brutal ermordet. Als der Täter dabei von einer Zeugin überrascht wurde, ermordete er diese ebenfalls. Wenig später, die unübersichtliche Lage des Spartakusaufstands nutzend, mietete er sich im Hotel Adlon ein, lockte unter einem Vorwand einen Geldbriefträger in sein Hotelzimmer, schnitt ihm die Kehle durch, raubte ihn aus und verschwand unerkannt. Erst gut zwei Jahre später konnte der Täter gefasst werden, als er erneut einen Geldbriefträger überfallen wollte.

Aber auch Polizisten wurden Opfer von Verbrechen. So fand man in der Nacht zum 5. März 1918 den Schutzmann Heuser in der Moabiter Turmstraße erschossen auf. Er war in Zivil auf der Suche nach einer Einbrecherbande gewesen. Gennat übernahm den Fall, doch die Suche nach dem Täter erwies sich als schwierig. Im Juli 1918 wurde dann in Dortmund ein Polizist auf besonders heimtückische Weise ermordet: Der Täter, Erich Kuhl, schoss mit einer in seiner Hosentasche steckenden Waffe durch den Stoff hindurch. Nach der Tat richtete er sich selbst. Gennat fuhr daraufhin nach Dortmund. Seine Ermittlungen ergaben, dass Kuhl auch der Mörder des Berliner Polizisten war.

In den Kriegsjahren versteckten sich auch mehr und mehr Deserteure und Kriegsdienstverweigerer in Berlin. Sie lebten in der Illegalität nicht nur gefährlich, sondern litten auch Hunger, da sie keine Lebensmittelkarten bekamen. Der Not gehorchend hielten sie sich mit Einbruchdiebstählen über Wasser.

Das Straßenbild der Turmstraße hat sich während des 20. Jahrhunderts nur wenig verändert.

Fast ein „nasser Fisch“ oder der Triumph der Daktyloskopie

Von dem Raubmord in der Novalisstraße erfährt Gennat nur durch seine Kollegen. Er selbst ist noch mit anderen Fällen beschäftigt, denn es wird viel gemordet in diesem Kriegssommer 1917. Zudem fehlt es nicht nur an Lebensmitteln, sondern auch an Personal. Viele Kollegen sind an der Front – und viel zu viele sind schon gefallen. Dennoch ist Gennat auf dem Laufenden, denn in der allmorgendlichen Besprechung im Polizeipräsidium berichten die ermittelnden Kommissare über den neuerlichen Mordfall ausführlich.

Am 10. September 1917, es ist ein Montag, wird die 60-jährige Schankwirtin Rahel Jakobi im Hinterzimmer ihres Lokals in der Novalisstraße 7 tot aufgefunden. Augenscheinlich handelt es sich um einen Raubmord. Das

Die ausgeraubte Kneipe in der Novalistraße

Opfer weist eindeutige Würgemale auf, der Schrank hinter dem Schanktisch ist aufgebrochen, die Kasse geplündert. Der Kleiderschrank in dem an den Schankraum angrenzenden Schlafzimmer ist durchwühlt. Auf dem Tisch des Zimmers stehen eine fast leere Flasche Wein und zwei benutzte Gläser. Hat die Jakobi mit ihrem Mörder gezecht? Eine Frage, die nicht endgültig beantwortet werden kann.

Die Spurensicherung findet zahlreiche Fingerabdrücke, die unzweifelhaft vom Täter stammen, unter anderem an den Bruchstücken der Glasscheiben des Büfettschrankes.

Seine Visitenkarte aber hat er an der Spiegelscheibe des Kleiderschranks hinterlassen: den sehr gut ausgeprägten Abdruck seiner linken Handfläche. Der Erkennungsdienst setzt alles daran, die Fingerabdrücke zu identifizieren, vergleicht sie mit den vorhandenen Abdrücken aus der Verbrecherkartei und Karteien aus ganz Deutschland, jedoch ohne Erfolg. – Der Fall wird nach einigen Wochen ad acta gelegt.

Fälle, die unaufgeklärt bleiben, nennt die Kriminalpolizei in ihrem Fachjargon „nasse Fische“. Ernst Gennat pflegt seinen eigenen Sprachgebrauch und spricht von „Schamott“. Auch den Mordfall Rahel Jakobi führt er zunächst unter dieser Rubrik.

An einem sonnigen Augusttag des Jahres 1925 platzt Kommissar Lehmann vom Erkennungsdienst in Ernst Gennats Büro und fuchtelt mit Papieren herum.

„Herr Kriminalrat, ich muss Sie dringend sprechen.“

„Jetzt nicht“, knurrt Gennat misslaunig, denn er brütet gerade über der geplanten Reform der Abteilung „Kapitalverbrechen“.

„Es ist aber wichtig“, insistiert Lehmann. „Der Mörder der Rahel Jakobi ist identifiziert.“

Jetzt ist Gennat doch ganz Ohr und fordert Lehmann auf, sich zu setzen und zu berichten.

Zu der überraschenden Identifizierung kam es folgendermaßen: Erst lange nach dem Ersten Weltkrieg begannen die Polizeibehörden verschiedener Länder eine zaghafte internationale Zusammenarbeit. So übersandte der Erkennungsdienst der Berliner Kriminalpolizei die Fingerabdrücke aus dem Fall Jakobi immer wieder an ausländische „daktyloskopische Zentralstellen“. Den letzten Versuch unternahm Kommissar Lehmann im August 1925. Wenige Tage später teilte der Kopenhagener Erkennungsdienst mit, die Fingerabdrücke seien mit denen eines in Kopenhagen als „lästiger Ausländer“ daktyloskopierten deutschen Staatsbürgers identisch.

Die am Tatort in der Novalisstraße zurückgelassenen Fingerabdrücke gehören demnach eindeutig dem Kaufmann Kurt Danielowski, der zurzeit in Berlin in der Auguststraße wohnt. Danielowski ist kein unbeschriebenes Blatt. Außer der dänischen hat sich die Schweizer, später auch die holländische Polizei mit ihm beschäftigt, und in Danzig, seiner Heimatstadt, hat er wegen Diebstahls eine Haftstrafe verbüßt.

Gennats Freude über die unverhoffte Entdeckung hält sich allerdings in Grenzen. Fingerabdrücke allein beweisen noch keinen Mord! Sie belegen nur, dass Danielowski im Lokal der Jakobi gewesen ist. Zunächst besteht gegen ihn nur der dringende Verdacht des schweren Diebstahls. Die Bluttat muss die Kripo ihm erst noch nachweisen.

Danielowski fällt aus allen Wolken, als er am 27. August 1925 verhaftet wird. Er könne gar nicht der Täter sein, behauptet er, denn 1917 sei er Soldat gewesen und habe im Sommer desselben Jahres in Mons in Belgien im Lazarett gelegen. Nach seiner Genesung habe er Urlaub erhalten und sei über Aachen und Berlin nach Graudenz gefahren, dem Standort des Ersatzbataillons des Regiments 175. Danielowski gibt allerdings zu, sich einige Tage in Berlin aufgehalten und „durchgebummelt" zu haben. Das müsse allerdings schon im August 1917 gewesen sein.

„Erinnern Sie sich wenigstens an Namen von Ärzten, Krankenschwestern oder Kameraden im Lazarett?", will Gennat wissen.

„Nee, das ist doch schon ewig her."

„Wie lange Sie im Lazarett waren, wissen Sie aber noch."

„Sechs bis acht Wochen. Wegen der Rippenbrüche musste ich fast die ganze Zeit in Schienen liegen. Das hat höllisch wehgetan! Und in Graudenz kam ich wegen einer Hautkrankheit gleich wieder ins Lazarett."

„Schön." Gennat geht nicht weiter darauf ein und fährt fort: „Und wie erklären Sie es sich, dass wir Ihre Fingerabdrücke im Lokal der Ermordeten gefunden haben?"

„Keine Ahnung."

„Sie streiten also ab, zum besagten Zeitpunkt in dem Lokal in der Novalisstraße gewesen zu sein."

Danielowski zuckt wieder mit den Schultern: „Kann sein. Mit dem Mord habe ich jedenfalls nichts zu tun."

Gennat lässt ihn wieder abführen und stellt weitere Nachforschungen an.

Das Zentralnachweisamt für Kriegsgräber und Kriegsverluste in Spandau teilt ihm am 28. August 1925 mit: Gustav Danielowski, der ehemalige Reserveunteroffizier, war vom 29. Mai 1917 bis 15. Juni 1917 im Lazarett in Mons, dann wurde er aber nicht nach Graudenz, sondern nach Lüneburg entlassen, wo er vom 17. Juni bis 19. September ebenfalls wegen eines Hautleidens im Lazarett war.

Lüneburg! Gennat glaubt seinen Augen nicht zu trauen. Schon damals hat es eine Spur nach Lüneburg gegeben, die Ermittlungen verliefen jedoch im Sande.

Das lässt Gennat keine Ruhe. Noch am selben Tag nimmt er Kontakt zur Kripo Lüneburg auf. Er will den Lazarettarzt ausfindig machen, der Danielowski seinerzeit behandelt hat.

Beim Studium der alten Akten entdeckt er noch etwas Interessantes: Die Kollegen fanden seinerzeit heraus, dass Frau Jakobi aus ihrer Schankwirtschaft heraus einen illegalen Juwelenhandel betrieb. Und nur durch Zufall

erfuhren die Ermittler, dass Rahel Jakobi bei der städtischen Stadtsparkasse in Lüneburg über zwei Konten mit jeweils mehr als tausend Mark verfügte. Die Lüneburger Polizei beschlagnahmte die Sparbücher und übergab sie der Berliner Kriminalpolizei. Zudem wurde offenbar, dass der Ehemann der Jakobi, von dem sie getrennt lebte, in Lüneburg wohnte und weiter lockeren Kontakt zu seiner Frau in Berlin unterhielt. Jakobi war der Polizei einschlägig bekannt, er handelte in großem Stil schwarz mit Lebensmitteln. Auch seine Frau soll er regelmäßig mit Mangelwaren versorgt haben, die er ihr durch Soldaten zukommen ließ. Obwohl bekannt war, dass Schieber und Schwarzhändler gefährlich lebten, konnte ein Zusammenhang zwischen dem illegalen Handel und dem Mord an Rahel Jakobi nicht nachgewiesen werden.

Gennat vermutet – vielleicht nicht zu Unrecht – schlampiges Vorgehen bei den Ermittlungen, denn den engen Beziehungen, die die Jakobi nach Lüneburg gehabt hat, ist offenbar nicht nachgegangen worden. Gennat stellt die Akte zurück in den Schrank und denkt nach. Es kann also nicht ausgeschlossen werden, dass der Ehemann der Jakobi mit Danielowski bekannt gewesen ist und ihn zu dem Mord angestiftet hat.

Im Hinterzimmer der Kneipe geschah der grausame Mord an Rahel Jakobi.

Der Chef der Kriminalpolizei, Regierungsdirektor Dr. Bernhard Weiß, gibt Ernst Gennat, der laut der Akten jetzt Kriminal-Oberinspektor ist, grünes Licht und lässt ihn in Begleitung des Kollegen Mundt nach Lüneburg fahren.

Doch Jakobi kann nicht mehr vernommen werden. Er ist, wie die Ermittler von dessen Schwester erfahren, bereits 1919 verstorben. Sie habe zu ihrem Bruder nur wenig Kontakt gehabt, sagt sie, und könne weder etwas über seinen Umgang noch über seine Lebensgewohnheiten sagen. Sie weiß nur, dass er regelmäßig in der Bahnhofswirtschaft verkehrt habe.

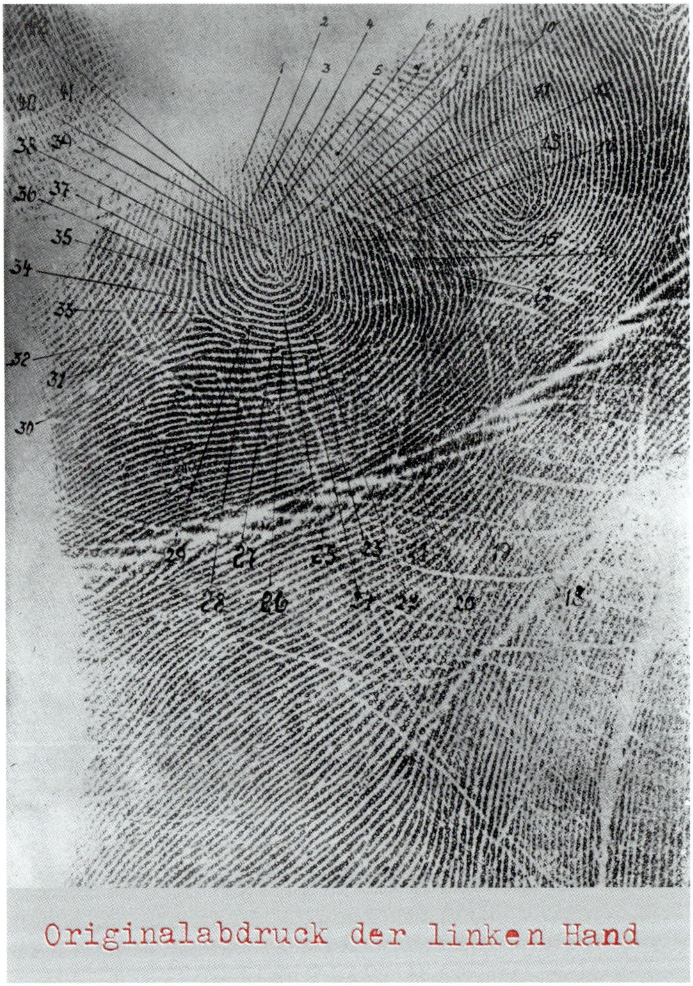

Kurt Danielowski wurde durch einen Abdruck seiner linken Hand überführt.

Die Inhaberin besagter Wirtschaft, die Witwe Schulze, bestätigt, dass Jakobi durch Soldaten Lebensmittel an seine Frau geschickt habe. Ob darunter ein gewisser Danielowski gewesen sei, vermag sie nicht zu sagen.

Erst jetzt, acht Jahre nach dem Mord, stellt sich heraus, dass die Verbindungen der Jakobi nach Lüneburg weitaus enger gewesen waren als vermutet. Gennat macht eine damalige Freundin von Rahel Jakobi ausfindig, die bereitwillig Auskunft erteilt. Sie erzählt, sie habe in einer Lüneburger Tageszeitung regelmäßig Annoncen für Rahel aufgegeben, in denen diese für ihr Lokal in Berlin Kellnerinnen gesucht habe.

Auch melden sich zwei Ärzte, die seinerzeit im Lazarett im Dienst waren. Zwar können sie sich an Danielowski nicht erinnern, berichten aber, es sei an der Tagesordnung gewesen, dass leicht Verwundete das Lazarett heimlich verließen und sich mit Mädchen herumtrieben. Kontrollen seien im Allgemeinen nicht durchgeführt worden. Leicht Verwundete konnten das Lazarett ohnehin Sonnabendmittags verlassen und brauchten erst Montag früh wiederzukommen. Nicht einmal Eintragungen seien darüber erfolgt.

Wirklich weiter bringen diese Aussagen die Ermittlungen allerdings nicht, und die anfängliche Euphorie weicht schon bald der Ernüchterung. Den Durchbruch bringt erst die Aussage des Ehepaares Wagner, der Inhaber der Pension, in der Danielowski nach seinem Lazarettaufenthalt gewohnt hat. Die Wagners erinnern sich, Danielowski durch einen gewissen Robert Herzog kennengelernt zu haben. Beide handelten angeblich mit Gold und Brillanten, hätten ein ausschweifendes Leben geführt und sich mit Lüneburger Strichmädchen herumgetrieben.

Zwei davon, die Schwestern Emma und Marie Böhm, sind schnell ermittelt. Doch nur Marie kann noch vernommen werden, Emma ist inzwischen verstorben. Die Überprüfung der Personalien bringt indes Verblüffendes zutage: Frau Jakobi engagierte ausschließlich Kellnerinnen, die ihr von ihrem Mann oder der Freundin aus Lüneburg vermittelt worden waren. Zu diesen Kellnerinnen gehörten auch Emma und Marie, die bis kurz vor der Tat bei der Jakobi angestellt waren. Ein Anfangsverdacht gegen die Schwestern war bereits damals aufgekommen, es gab allerdings keinerlei stichhaltige Beweise gegen sie. Nun scheint ihre Verstrickung in den Raubmord doch wahrscheinlich.

Am 3. September 1925 um elf Uhr abends wird Marie Böhm in einer Konditorei in Lüneburg festgenommen und nach Berlin überführt.

Gleich im ersten Verhör im Berliner Polizeipräsidium gesteht Marie Böhm ein, indirekt in den Fall verwickelt zu sein. Danielowski habe vorgeschlagen, Frau Jakobi, von der er wusste, dass sie einen illegalen Schmuckhandel betrieb, zu überfallen. Sein Plan: Er wollte sie mit einem Schlafpulver betäuben, das er von den beiden Schwestern besorgen ließ. Sie hätten es ihm in einem Café in der Friedrichstraße ausgehändigt, danach hätten sie sich getrennt und erst am Abend auf dem Lehrter Bahnhof wiedergesehen, wo er ihnen einen Anteil aus dem Raub übergeben habe. Dabei habe er Ihnen gesagt, dass es zu einem Zwischenfall gekommen sei. Das Pulver habe nicht gewirkt, und im Laufe eines Streits habe er Rahel Jakobi erwürgt.

Konfrontiert mit der Aussage der Böhm, legt Danielowski ebenfalls ein Geständnis ab, widerspricht jedoch ihren Angaben in entscheidenden Punkten. Seiner Aussage zufolge sind die Schwestern die Anstifterinnen gewesen. Sie hätten die Idee gehabt, die Jakobi zu betäuben und dann zu bestehlen. Er habe sich von ihnen lediglich überreden lassen. Die Mädchen seien es auch gewesen, die Frau Jakobi betäubt hätten. Erst dann hätten sie ihn durch die Hintertür in die hinter dem Lokal liegende Wohnung gelassen. Aussage steht gegen Aussage.

Nach acht Jahren ist der Fall Jakobi endlich aufgeklärt, denn dass Danielowski und die Böhm schuldig sind, daran besteht kein Zweifel. Die Frage ist nur: Werden die beiden wegen Mordes oder wegen Todschlags angeklagt? Über den Prozess und das Urteil ist nichts bekannt.

Im Vollrausch

Mitte August des Jahres 1918 machen drei schwere Kapitalverbrechen in Berlin Schlagzeilen, deren Opfer alle Inhaber von Lokalen sind. In der Karlstraße (heute Reinhardtstraße) in Mitte fällt ein Schankwirt einem Raubmord zum Opfer, ebenso eine Wirtin in der Linienstraße 63. Wenige Tage später kommt es ein paar Häuser weiter wieder zu einem brutalen Raubüberfall in einer Gastwirtschaft:

Die 35-jährige Elsbeth Sonnenberg ist eine jener Soldatenfrauen, die der Erste Weltkrieg in eine aussichtslose Lage brachte. Nach dem Tod ihres Mannes, der im Heimaturlaub an einer Kriegsverletzung verstarb, muss sie schnell handeln. Die „Deutsche Kneipe", in der ihr Mann Wirt war, ist ihre Existenzgrundlage. Sie kennt sich aus mit der Gastwirtschaft. Immerhin hat sie einige Jahre an der Seite ihres Mannes hinter der Theke gestanden. Kurz entschlossen stellt sie die 25-jährige Käthe „Käthchen" Stein als Wirtschafterin ein und führt die Kneipe weiter.

Dass das Lokal täglich schlechter läuft, liegt nicht an ihr. Die Versorgungslage ist miserabel, die Männer sind im Felde und die Frauen haben in aller Regel besseres zu tun, als abends in eine Kneipe zu gehen.

Am 18. August 1918 regnet es seit dem frühen Morgen in Strömen und es scheint, als wolle es gar nicht mehr aufhören. Ein Wetter, bei dem man keinen Hund vor die Türe jagt.

Überrascht schauen die Wirtin und ihre Wirtschafterin auf, als sich gegen halb sieben doch noch ein Gast in die Wirtschaft verirrt. Doch Elsbeth murmelt nur ein missgelauntes: „'N Abend." Der Gast ist, welch eine Enttäuschung, nur ein völlig durchnässter „Feldgrauer", ein Gefreiter des 24. Infanterieregiments, wie sie sofort erkennt. Soldaten machen keine große Zeche, sie halten sich eher drei Stunden an einem Bier fest! Erst auf den zweiten Blick erkennt sie in dem Uniformierten den Schlachtergesellen Paul Schoof, einen alten Freund ihres Mannes, mit dem sie lange vor dem Krieg so manche Nacht durchgemacht haben. Nun begrüßt sie ihn herzlich und lädt ihn ein, für diesen Abend ihr Gast zu sein. Sie öffnet eine Flasche Wein, und unter dem Motto „Weeßte noch ..." setzten sie sich an den Stammtisch im Hinterzimmer und frischen Erinnerungen auf. Käthchen sitzt neben ihrer Chefin und lauscht staunend den Erzählungen. Es wird viel gelacht und noch mehr getrunken. Kommissar Ernst Gennat wird später in seinen Bericht schreiben: im Hinterzimmer habe sich „eine Orgie tollster Art abgespielt". Nach Gennats Recherchen haben die drei zwei Flaschen Wein, zwei Flaschen Sekt, und pro Person acht bis zehn Cognacs getrunken!

Gute Stimmung in einer Berliner Kneipe, um 1915

In dieser launigen Stimmung schlägt Elsbeth ihrem Gast vor, noch ins Kino zu gehen. Paul ist einverstanden und Käthchen verspricht, im Lokal die Stellung zu halten. Vielleicht kommen ja doch noch Gäste. Die Wirtin nimmt das gesamte Geld aus der Kasse hinter dem Schanktisch und verstaut es in einer gesonderten Geldbörse in ihrer Handtasche. Dann verlassen die beiden gut gelaunt und reichlich beschwipst das Lokal. Einen Augenblick später kommt Elsbeth aber noch einmal zurück, sie hat ihren Mantel vergessen.

Käthchen hofft indes vergeblich auf Gäste. Auch als der Regen endlich nachlässt, kommt niemand. Gerade blättert sie alte Zeitungen durch, als jemand die Tür aufstößt. Käthchen sieht auf und starrt entsetzt auf die hereinwankende Gestalt. Es ist Elsbeth, das Gesicht blutüberströmt. Noch bevor sie etwas sagen kann, bricht sie zusammen.

Käthchen rennt aus dem Lokal, alarmiert die Polizei und holt einen Arzt. Die schwer verletzte Wirtin wird ins Krankenhaus am Friedrichshain gebracht, wo man ihre Überlebenschancen als gering einschätzt.

Wenig später erscheint der Chef der Kriminalpolizei, Oberregierungsrat Hans Hoppe, begleitet von Kommissar Ernst Gennat in der Linienstraße. Was ist geschehen? Ist Elsbeth Sonnenberg auf dem Rückweg vom Kino überfallen worden?

„Sie sagen, Frau Sonnenberg sei mit einem Bekannten ins Kino gegangen. Kennen Sie seinen Namen?", fragt Gennat Käthchen.

„Na det war der Paule, n' alter Freund von ihrem Seligen."

„Nachname?"

„Weeß ick doch nich!"

„Können Sie ihn beschreiben?"

Käthchen zuckt mit den Schultern. Sie habe ein schlechtes Personengedächtnis und wisse nur, dass es sich um einen Feldgrauen gehandelt habe. Über seinen Rang oder sein Regiment könne sie auch nichts sagen. „Von sowat hab ick keene Ahnung."

„Wissen Sie wenigstens, wo Frau Sonnenberg wohnt?"

Käthchen zeigt nach oben. Und in einem Ton, als gebe es keine dümmere Frage: „Na, hier natürlich. Gleich über'm Lokal."

Hoppe und Gennat begeben sich sogleich in die erste Etage. Sie stutzen, denn die Wohnungstür steht einen Spalt offen. Vorsichtig treten die Beamten in die Wohnung, die aus nur einem Zimmer besteht. Darin deutet alles auf einen Einbruch hin. Die Schublade des Vertikos links neben der Tür ist herausgezogen und durchwühlt. Der Inhalt, darunter auch eine leere Geldbörse, ist auf dem Boden verteilt. Auf dem Tisch vor dem Fenster stehen zwei Gläser, drei leere Weinflaschen, eine vierte ist angebrochen. Die dunklen Flecken auf den Dielen vor dem Tisch sind offensichtlich Blutspuren. Ist Elsbeth Sonnenberg in ihrer Wohnung niedergeschlagen worden und nicht, wie zunächst vermutet, auf dem Heimweg vom Kino?

„Nee, die waren bestimmt nich' mehr im Kintopp", meint Gennat und weist auf die Weinflaschen. „Die haben hier oben weiterjesoffen. Mein lieber Scholli, müssen die knülle jewesen sein!"

Wie durch ein Wunder erwacht Elsbeth Sonnenberg nach einigen Tagen aus dem Koma und kann am 27. August vernommen werden. Sie ist sogar in der Lage, den Verlauf des Abends zu schildern.

Gennat hat ganz richtig vermutet: Sie ist mit ihrem Bekannten, einem gewissen Paul Schoof, nicht im Kino gewesen. Als Käthchen kurz in der Küche

1918 erreichte die Not in Berlin ihren Höhepunkt. Hier wird Essen an die Bevölkerung ausgegeben.

war, hat sie Schoof vorgeschlagen, den Rest des Abends doch lieber in ihrer Wohnung zu verbringen. Käthchen gegenüber war ihr das jedoch peinlich, und so schützte sie den Kinobesuch vor. Dann habe sie das Geld aus dem Tresen an sich genommen.

„Hat Fräulein Stein sich nicht gewundert, dass Sie das Geld schon mitnehmen, obwohl sie noch ins Kino wollten?", will Gennat wissen.

„Nee, die is so doof, die merkt nischt", behauptet Elsbeth Sonnenberg.

„Haben Sie Ihren Mantel geholt, weil Sie fürchteten, Fräulein Stein könnte doch Verdacht schöpfen?"

„Das mit dem Mantel war nur ein Vorwand. Ich habe, ohne dass Käthchen es gemerkt hat, noch vier Flaschen Wein mitgenommen. Dann bin ich mit Paul nach oben in die Wohnung und habe das Portemonnaie mit dem Geld gleich in die Schublade des Vertikos gelegt. Wir haben uns an den Tisch gesetzt, Wein getrunken und geplaudert. Dann ist Paul aus heiterem Himmel über mich hergefallen und hat mit dem Bajonett auf mich eingeschlagen. An mehr kann ich mich nicht erinnern."

„Wieviel Geld war in der Geldbörse?"

„5000 Mark."

Gennat stutzt. „Das ist eine Menge Geld. Sagten Sie nicht, das Lokal läuft schlecht?"

„Ich war längere Zeit nicht mehr auf der Bank. Ich traue den Banken nicht, wissen Sie."

Gennat brummt etwas Unverständliches. Zufrieden ist er mit der Erklärung nicht.

Von den Militärbehörden erfährt die Polizei, dass der 27-jährige Paul Schoof für 14 Tage von seinem Regiment beurlaubt worden ist und sich vermutlich im Haus seiner Eltern in Oranienburg aufhält.

Umgehend fährt Gennat nach Oranienburg. Dort trifft er den gesuchten Schoof tatsächlich bei seinen Eltern an. Ohne Umschweife legt Schoof ein Geständnis ab und lässt sich widerstandslos festnehmen. Er gibt aber vor, im Vollrausch gehandelt zu haben und sich – wenn überhaupt – nur noch dunkel zu erinnern.

Schoofs Beteuerung, dass er Elsbeth Sonnenberg nur betäuben, nicht aber habe töten wollen, kauft Gennat ihm nicht ab. Immerhin hat sie ihn gut gekannt und hätte ihn identifizieren können, wie es letztlich ja auch geschehen ist. Zwar hat ihn auch die Wirtschafterin gesehen, doch die ist davon ausgegangen, dass beide zwar zusammen ins Kino gegangen sind, Elsbeth aber allein zurückgekommen ist. Also hätte der Täter durchaus ein Fremder sein können, ein Einbrecher, der von Elsbeth Sonnenberg überrascht worden ist.

Mit Schoofs Geständnis ist der Fall noch längst nicht abgeschlossen. Jetzt gilt es herauszufinden, ob Schoof schon mit Mord- oder Raubabsichten in das Lokal gekommen ist. Seine Aussage lässt darüber keinerlei Schlüsse zu. Er beruft sich hartnäckig auf seinen Vollrausch. Zudem muss noch ermittelt werden, wo das gestohlene Geld geblieben ist, denn von den 5000 Mark hatte er bei seiner Festnahme nur noch 1300 Mark bei sich. Schoof gibt zwar zu, das Geld geraubt zu haben, behauptet aber, in der Geldbörse seien nur 1500 Mark gewesen.

Er erinnere sich an nichts, sagt er. Er wisse nur noch, dass er völlig betrunken aus dem Haus gewankt sei und auf irgendeinem freien Platz in der Nähe für den Rest der Nacht geschlafen habe. Wo, könne er freilich nicht sagen, und wo sein Bajonett geblieben sei, wisse er auch nicht. Beim Erwachen habe er sich kaum noch an den Abend erinnert. Er sei ziellos umhergelaufen, habe dann sein Gepäck vom Schlesischen Bahnhof geholt und sei am Nachmittag zu seinen Eltern gefahren.

Sowohl Ernst Gennat als auch Hans Hoppe hegen Zweifel an Schoofs Aussage. Die Erinnerungslücken nehmen sie ihm nicht ab. Zudem halten sie es für unwahrscheinlich, dass Schoof die Nacht im Freien verbracht hat. Es war empfindlich kalt, und eine Übernachtung im Freien wäre nicht ohne Folgen geblieben.

Die Ermittlungen gehen weiter – mit Erfolg. Gennat findet heraus, wo Schoof in jener Nacht noch gewesen ist: Unmittelbar nach der Tat hat er eine Bekannte in der Elbinger Straße aufgesucht, eine gewisse Frau Bohlen, die zufällig auch eine flüchtige Bekannte der Überfallenen ist. Frau Bohlen bestreitet zwar zunächst, dass Schoof in der Nacht bei ihr gewesen ist, sagt dann aber doch aus: Mitten in der Nacht habe Schoof bei ihr geklingelt. Sie sei im ersten Augenblick erschrocken gewesen, weil er stark mit Blut verschmiert war. Er erklärte ihr daraufhin, er komme direkt aus dem Felde und habe keine Gelegenheit mehr gehabt, sich zu säubern. Sie sei mit dieser Erklärung zufrieden gewesen und habe ihm erlaubt, sich bei ihr zu waschen.

„Sie haben Schoof in Ihrer Wohnung übernachten lassen?", Gennat kann es kaum glauben.

Sie zuckt mit den Schultern. „Er konnte ja schließlich nicht ohne Hose auf die Straße."

Gennat sieht die Bohlen fragend an.

„Seine Hose war doch auch voller Blut", erklärt sie.

„Die haben Sie ihm gewaschen?"

„Nee, nicht ganz. Nur die Blutflecken hab ich rausgewaschen."

„Hatte er sein Bajonett bei sich?"

„Nee. Bestimmt nicht."

„Wie lange ist er geblieben?"

„Gegen acht Uhr am nächsten Morgen ist er wieder weg. Für die Übernachtung und meine Mühe hat er mir großzügigerweise 200 Mark in die Hand gedrückt."

Aber was ist mit dem restlichen Geld passiert? Wenn die Angaben der Elsbeth Sonnenberg stimmen, fehlen 3500 Mark. Schoof könnte das Geld bei Frau Bohlen versteckt haben. – Eine Haussuchung bleibt jedoch ergebnislos.

Hat Elsbeth Sonnenberg über die Höhe des gestohlenen Betrags falsche Angaben gemacht? Weder die eine noch die andere These lässt sich beweisen. Die Tatwaffe, das angeblich verloren gegangene Bajonett, wird nie gefunden. Paul Schoof wird den Militärbehörden zur Aburteilung übergeben. Das Urteil geht aus den Polizeiakten nicht hervor.

Hoppe (l.) und Gennat inspizieren einen Tatort.

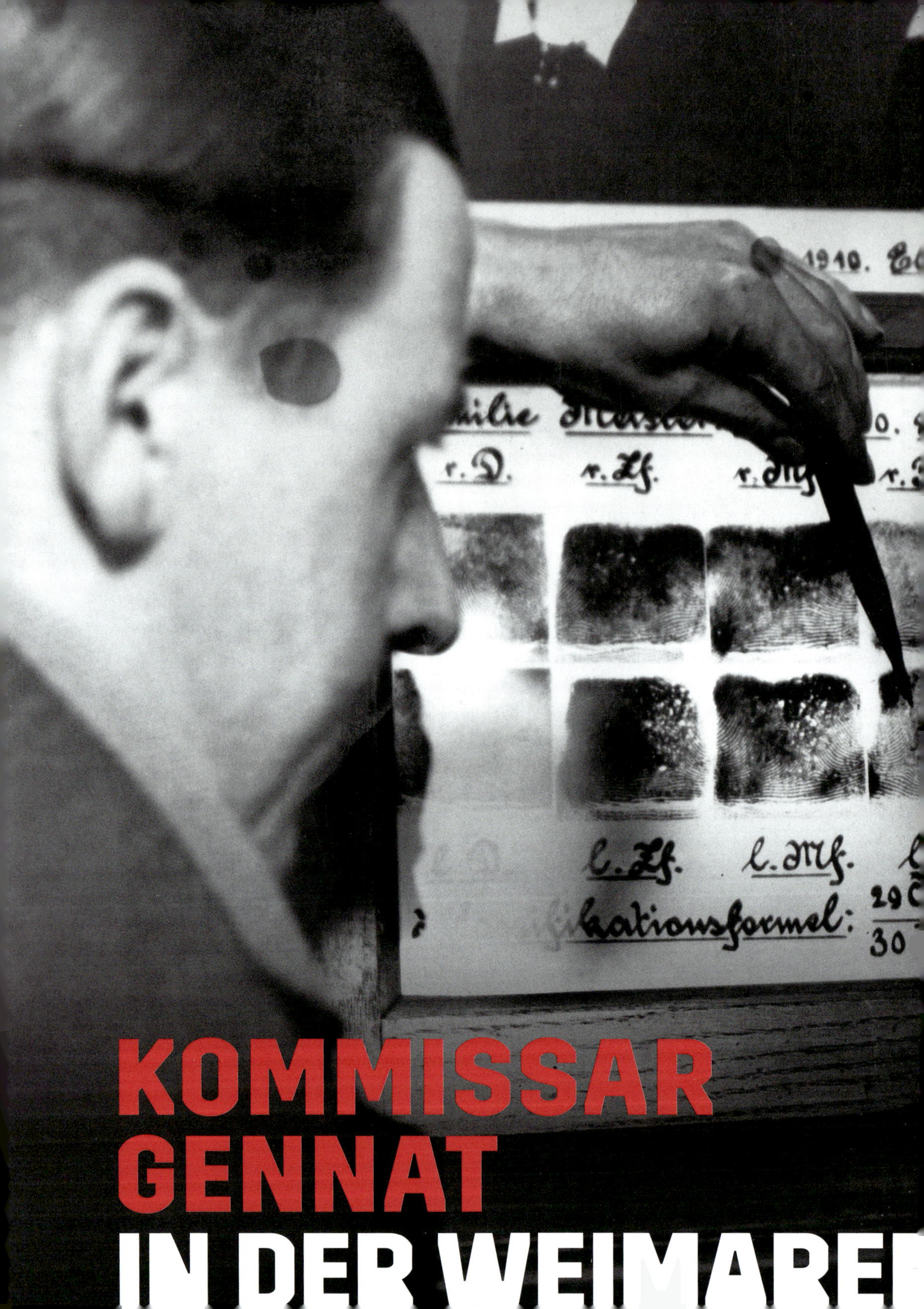

KOMMISSAR GENNAT IN DER WEIMARER

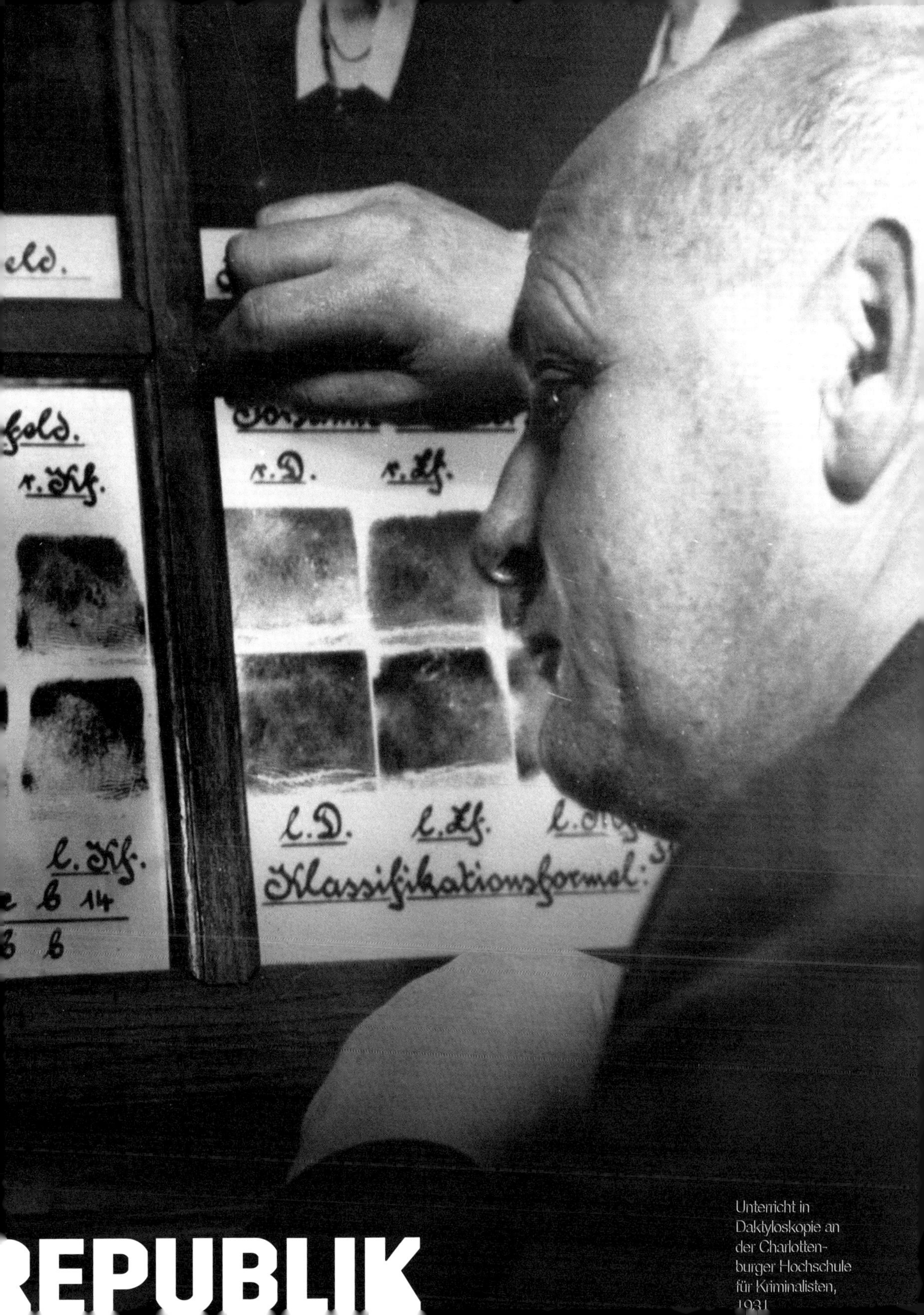

REPUBLIK

Unterricht in Daktyloskopie an der Charlottenburger Hochschule für Kriminalisten, 1931

Kriminalität im Berlin der Weimarer Republik

Der wirtschaftliche Abstieg nach dem Ersten Weltkrieg verschärfte die sozialen und politischen Gegensätze zwischen den nobleren Stadtteilen im Westen Berlins und den ärmlichen Arbeitervierteln im Norden und Osten der Stadt. Während die mondänen Nachtbars, Tanzpaläste und Feinschmeckerlokale im „Neuen Westen" geradezu gigantische Umsätze verbuchten, vegetierten Tausende von Menschen in verkommenen Mietskasernen am Rande des Existenzminimums.

Breite Bevölkerungsschichten, selbst bescheidene Kleinbürger, die sich nie hätten träumen lassen, einmal Not leiden zu müssen, wurden von der Krise erfasst. „Langsam kroch das Elend empor, vom Lumpenproletariat zu den Arbeitslosen, von den Arbeitslosen zu den kleinen Handwerkern und Rentenempfängern, von diesen bis zu den auf mittleren Lohnstufen stehenden Arbeitern und Angestellten", schrieb der Journalist Harry Graf Kessler im November 1920.

Für dasselbe Jahr hatte der Direktor des Statistischen Amtes in Berlin-Schöneberg berechnet, dass das Existenzminimum einer vierköpfigen Familie 19000 Mark betrage. Doch nicht einmal zehn Prozent der Familien verfügten über ein Jahreseinkommen in dieser Höhe.

Am eindringlichsten lassen sich Massenverelendung und wirtschaftlicher Niedergang, namentlich in den Inflationsjahren, am Beispiel einiger weniger Fakten dokumentieren. Gustav Böß, von 1921 bis 1929 Oberbürgermeister von Groß-Berlin, veröffentlichte 1923 in der Broschüre „Die Not in Berlin" aufschlussreiche Zahlen.

Hatte beispielsweise vor dem Krieg der Bedarf an Milch noch 1,2 Millionen Liter pro Tag betragen, so war der Verbrauch bis Anfang Dezember 1922 auf 385000 und bis Anfang Februar 1923 auf nur noch 300000 Liter täglich zurückgegangen. Nach Böß' Angaben betrug demgegenüber der normale Gesamtverbrauch für Kinder, Schwangere, stillende Mütter, Kranke und alte Leute rund 600000 Liter täglich. Mit anderen Grundnahrungsmitteln verhielt es sich ähnlich: 1913 wurden 54000 Tonnen Butter nach Berlin geliefert, 1922 waren es nur noch 800 Tonnen.

In den Zwanzigerjahren war Berlin nicht nur Pressehochburg, blühende Modemetropole, Stadt der kulturellen Vielfalt, Zentrum der geistigen Erneuerung und eines neuen Lebensgefühls, das sämtliche Zwänge abzustreifen suchte, nicht nur die Stadt, die mondäne Feste feierte, die an Pracht und Aufwand kaum von Paris erreicht wurden – Berlin war auch eine berühmt-berüchtigte „Bettler-Metropole".

Viele Berliner lebten nach dem Ersten Weltkrieg unter ärmlichen Bedingungen.

Das ständig wachsende, die Straßen Berlins durchstreifende Heer der Bettler ließ die Not überall sichtbar werden. Darunter befanden sich heimgekehrte Soldaten, die im Arbeitsleben nicht wieder Fuß zu fassen vermochten, Kriegsinvalide, die von ihrer kärglichen Unterstützung nicht existieren konnten, kleine selbstständige Kaufleute, die wegen des rasanten Kaufkraftverlustes ihre Geschäfte nicht mehr halten konnten, oder erwerbsunfähige Arbeiter. Einige wenige ungünstige Konstellationen genügten, um aus einem bisher rechtschaffenen Bürger einen scheel angesehenen Bettler zu machen.

„Fröbels Festsäle" nannte der Volksmund die 40 barackenähnlichen Bauten, die für die Unterbringung der Obdachlosen in der Nacht zur Verfügung standen. Gleich nach Einlass erhielten die Obdachsuchenden eine Abendsuppe und wurden dann auf die Baracken verteilt, in denen 100 Pritschen dicht an dicht gereiht standen, obwohl ursprünglich jede nur für maximal 70 Schlafplätze ausgelegt worden war. Im Januar 1926 erreichte das Asyl mit 5300 Übernachtungen täglich, das sind knapp 165 000 im Monat, seine Kapazitätsgrenze.

In der Regel entbrannte sofort nach Einlass ein wilder Kampf um die „besten Plätze", der mit so mancher Schlägerei endete. Die Kleidung musste während der Nacht abgegeben werden. Sie kam in die „Lausoleum" genannte Desinfektionsanstalt, wo man sie mit Dampf desinfizierte. War der Kampf um die Plätze erst einmal beendet, wurde der Schlafsaal zur Börse: Stullen, Zigaretten, Kleidungsstücke, Schuhe und aller nur erdenkliche Krempel, erbettelt oder geklaut, wurden jetzt – obwohl streng verboten – verhökert oder getauscht. Am Morgen gab es eine Suppe und ein Stück Brot als Wegzehrung.

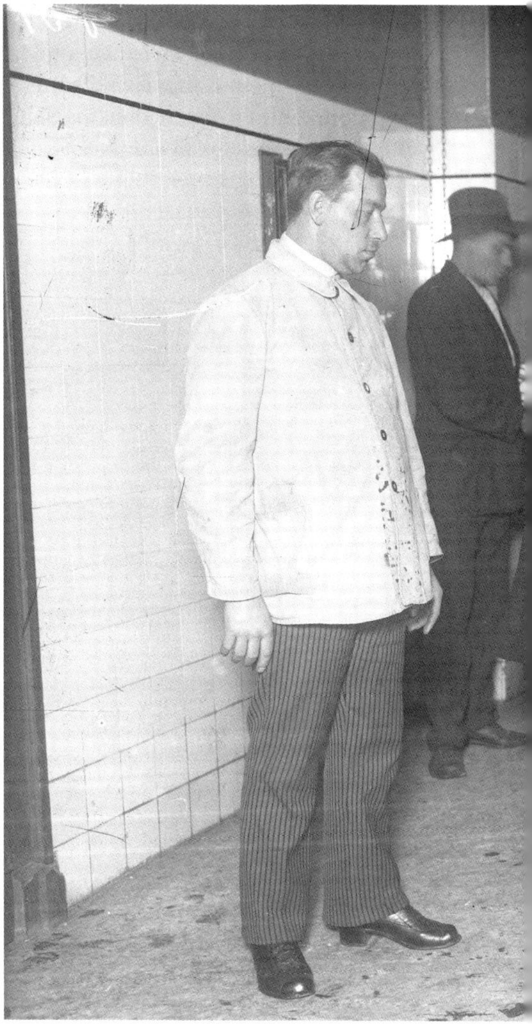

Obwohl sogar Brausen, Badewannen und Toiletten zur Verfügung standen, machten viele Obdachlose dennoch einen großen Bogen um das städtische Asyl. Neben der Angst vor Ansteckung – nicht wenige der „Asylisten" litten an Tuberkulose, hatten die Krätze oder andere ansteckende Hautkrankheiten – ließ der hohe Anteil an Klein- und sogar Schwerkriminellen die Fröbelstraße für manch einen zum Alptraum werden. Nicht die Furcht vor körperlicher Gewalt stand dabei im Vordergrund, sondern vielmehr die Angst, bestohlen zu werden. „Hier musst du sogar deine Schuhe festnageln, damit sie dir nicht geklaut werden!", äußerte ein Betroffener.

Kein Wunder, dass zahlreiche Wohnungslose, zumal im Sommer, andere Übernachtungsmöglichkeiten vorzogen: Eisenbahnwaggons, Keller, Schuppen, Lauben, Viehställe, Abrisshäuser, bei schönem Wetter die Hasenheide oder den Tiergarten sowie zum Ärger der wohlanständigen Bürger die Bänke der Promenade Unter den Linden.

Einige der besser unterhaltenen Heime waren stets vorzeitig „ausgebucht". Etwa die überaus beliebte „Herberge zur Heimat" in der Auguststraße, die im Ruf stand, die sauberste der Stadt zu sein, oder das Männerasyl der Heilsarmee in der Kastanienallee in Prenzlauer Berg.

An einschlägigen Treffpunkten für die ständig steigende Zahl der Obdachlosen und Bettler mangelte es nicht: Unweit des Polizeipräsidiums, in

Schlange stehen für eine Suppe: Obdachlose 1924 im Asyl in der Fröbelstraße

den Stadtbahnbögen an der Dircksenstraße, befand sich eine der bekanntesten Wärmehallen, „Kruke“ genannt, die jedoch nachts geschlossen hatte. Auch zahlreiche Kaschemmen in der Nähe des städtischen Asyls in der Fröbelstraße hatten sich auf ihr Publikum eingestellt. So die „Stullenbörse“, eine Kneipe in der Danziger Straße, wo man die tagsüber erbettelten Stullen eintauschen oder für ein paar Pfennige verkaufen konnte. Nicht weit von hier, in der Dunckerstraße, befand sich der „Bettler-Club“, eine Mischung aus Wärmestube und Kneipe.

In dieser chaotischen sozialen Situation blühte die Kriminalität auf. Die Zwanzigerjahre waren ohnehin weder ruhig noch „golden“: Politische Auseinandersetzungen, die nicht selten gewalttätig endeten, gehörten zum Alltag.

Gerade unter Jugendlichen nahm die Aggressivität bisher kaum gekannte Ausmaße an. Ein tragischer, geradezu zeittypischer Fall sinnloser Ag-

gressivität ereignete sich in der Nacht vom 7. auf den 8. Februar 1923: Bei seinem Streifengang durch die Oranienstraße bemerkte ein Schutzmann zwei junge Männer, die die Türnische des Hauses 130 a offenbar für ein öffentliches Pissoir hielten. Er stellte die beiden zur Rede und forderte sie auf, mit auf die Wache zu kommen.

Einer der Angesprochenen zog sofort eine Waffe, schoss auf den Polizisten und tötete ihn. Die Täter entkamen zunächst, konnten jedoch einige Tage später durch einen Zufall gestellt werden: Sie hatten sich in Neukölln eine wilde Schießerei mit der Polizei geliefert. Die benutzte Schusswaffe war dieselbe, mit der der Schutzmann in der Oranienstraße getötet worden war. Motiv für die Tat: Einer der beiden jungen Männer war der Fürsorge entlaufen und wollte nicht zurück.

In erster Linie waren es aber Diebstähle, Raubüberfälle, Wohnungs- und Villeneinbrüche, die der Kriminalpolizei zu schaffen machten. Selbst die Ärmsten der Armen wurden in den Inflationsjahren zunehmend Opfer von Überfällen und Einbrüchen. Alleinstehende alte Frauen, bei denen nicht viel mehr zu holen war als etwas Wäsche und ein paar Mark Bargeld, gehörten ebenso zu den Opfern wie die wohlhabenden Bürger in den Villenvierteln. Während für erstere der Verlust ihres Hab und Gutes eine Tragödie bedeutete, bekamen letztere den Schaden durch die Versicherung großzügig ersetzt.

Die Zwanzigerjahre waren aber auch die Zeit der Massenmörder. Die Aufzählung ihrer Taten liest sich wie ein Horrorszenario: Friedrich Schumann, der „Massenmörder aus dem Falkenhagener Forst" verübte zwischen 1918 und 1919 mindestens sechs Morde sowie zahlreiche Vergewaltigungen und Mordversuche. Carl Großmann, der „Schlächter vom Schlesischen Bahnhof" hatte eine unbekannte Zahl von Frauen und jungen Mädchen auf dem Gewissen. Drei Frauen wurden von ihm nachweislich bestialisch ermordet und zerstückelt und die Leichenteile im Luisenstädtischen Kanal entsorgt. Mit Sicherheit hat Großmann aber weitaus mehr Mordtaten verübt, es könnten an die hundert gewesen sein.

Der Kindermörder Adolf Seefeld steht im Februar 1936 in Schwerin vor Gericht. Wenig später wird Seefeld zum Tode verurteilt und hingerichtet.

Aber nicht nur in Berlin waren Serienmörder unterwegs: In Schlesien trieb zwischen 1903 und 1924 Karl Denke, der „Menschenfresser von Münsterberg", sein Unwesen. Er tötete mehr als 40 Menschen, die er teilweise zerstückelte und verspeiste. Fritz Haarmann, der „Werwolf von Hannover", tötete zwischen 1918 und 1924 etwa zwei Dutzend Knaben und junge Männer. Peter Kürten, der „Vampir von Düsseldorf", beging zwischen 1914 und 1930 mindestens neun bestialische Morde, 32 Mordversuche und 27 Brandstiftungen. Der Kindermörder Adolf Seefeld, „Onkel Tick-Tack" oder der „Sandmann" genannt, agierte in Dörfern an der Ostsee und an der Elbe. Zwischen 1923 und 1935 vergewaltigte und tötete er nachweislich zwölf Knaben. Sie alle trugen Matrosenanzüge.

Auch wenn Ernst Gennat nicht in all diesen Fälle ermittelte, so werden ihn doch die meisten davon beschäftigt haben.

Die Legende der Berliner Kripo

Ein nebliger Herbsttag des Jahres 1925. Unsere Schritte hallen in den unwirtlichen Gängen des Polizeipräsidiums wider. Der Leser erinnert sich: 1921 waren wir zum ersten Mal hier. Damals hatte man unser Auto geklaut, und wir sind mitten in der Nacht mit dem Taxi zum Alexanderplatz gefahren. Einige der Autoschieberbanden sind inzwischen aufgeflogen, unsere Horch-Limousine ist jedoch nie wieder aufgetaucht. „Sicher schon nach Osteuropa verschoben", hatte der zuständige Kommissar bei der Aufnahme des Protokolls prophezeit, „die kriegen Sie nie wieder!" Er sollte recht behalten.

Diesmal aber sind wir von der Mordkommission vorgeladen, um in einer Mordsache bei Ernst Gennat auszusagen: In unserem Haus ist in der vergangenen Nacht eine Frau von ihrem Ehemann im Vollrausch erschlagen worden.

Obwohl Gennat schon zur Kaiserzeit eine Unzahl von Verbrechen aufgeklärt hat, ist er erst in den letzten Jahren zu einer Art Medienstar avanciert. Der berühmte Mordkommissar ist ein Stück Berlin geworden. Über Mordfälle, in denen Gennat ermittelt, berichten die Tageszeitungen besonders ausführlich. Zeigt er sich auf einer Veranstaltung der Berliner Hautevolee, so

Der berühmte Kommissar (4. v. l.) mit Kollegen in den Zwanzigerjahren

wird sein Name in den Gesellschaftsspalten der Boulevardpresse am nächsten Tag in einem Atemzug mit der „Prominenz" genannt. Die nach Sensation und Abenteuer gierende Schickeria der Zwanzigerjahre hat ihn zu ihrem Idol gemacht. Sonderlich glücklich ist er darüber keineswegs. Diese Gesellschaft ist beim besten Willen nicht seine Welt.

Dem nunmehr 45-jährigen Kriminalisten fehlt – und das ist selten genug – jeglicher Ehrgeiz, jegliches Streben nach höheren Dienstgraden. In diesem Jahr erst ist er endlich zum Kriminalrat befördert worden, ein Rang, der ihm eigentlich schon seit Langem gebührt.

Heute finden wir uns in der „roten Burg" schon besser zurecht und gelangen geradewegs in sein Büro. So haben wir es uns beim besten Willen nicht vorgestellt, denn unversehens finden wir uns in einer unvergleichlichen Mischung aus plüschig-gemütlichem Wohnzimmer und Gruselkabinett wieder. Kein zweites Büro einer Mordkommission dürfte derart originell ausgestattet sein: Das Prunkstück in Gennats Reich ist ohne Zweifel ein von ihm reichlich durchgesessenes grünes Sofa. Etwa einen Meter darüber hängt eine Konsole, auf der ein präparierter Frauenkopf steht, den man einmal aus der Spree gefischt hat. In der Ecke neben dem Sofa lehnt eine schwere Axt – ein einstmaliges Mordwerkzeug. Fotografien männlicher und weiblicher Mörder sowie ein vom Zigarrenrauch vergilbter Pharus-Plan von Groß-Berlin zieren die Wände. Abgesehen von den üblichen Büromöbeln wie Schreibtisch und Aktenschränken aus der Gründerzeit, vervollkommnen zwei nicht eben schöne, dafür aber umso bequemere grüne Plüschsessel die Einrichtung.

Das Büro liegt im ersten Stock des Polizeipräsidiums, gegenüber der Stadtbahn an der Dircksenstraße, wo in Höhe der Fenster in regelmäßigen Abständen die S-Bahnzüge mit ihrem halb summenden, halb röhrenden, auf eigentümliche Weise beruhigenden Geräusch vorbeifahren.

Schwerfällig erhebt sich Gennat hinter seinem mit Aktenbergen beladenen Schreibtisch, lächelt freundlich, gibt uns die Hand, eine riesige, fleischige Pranke, und bietet uns Platz in den grünen Plüschsesseln an. Seine Sekretärin Trudchen Steiner balanciert ein Tablett mit Kaffeekanne und Tassen herein und deckt auch für uns auf. Auf Gennats Schreibtisch steht ein Teller mit einem großen Stück Pflaumenkuchen. Auf unseren etwas neidischen Blick fragt er grinsend: „Na, woll'n Se auch'n Stück? Hat Fräulein Steiner gebacken, ist ganz großartig." Wir nicken verlegen.

Viel wissen wir nicht über das Ehepaar Müller zu sagen. In den repräsentablen Mietshäusern im gutbürgerlichen Charlottenburg zwischen Kantstraße und Kurfürstendamm kümmert man sich nicht um die Angelegenheiten der Nachbarn, am allerwenigsten, wenn es sich um Mieter des Seitenflügels handelt. Seit Jahren schon ist Müller arbeitslos. Die Druckerei, in der er früher beschäftigt war, ist infolge der Inflation Pleite gegangen. Mit 55 Jahren hat er keine Aussicht mehr, eine neue Stellung zu finden. Ständig machte ihm seine herrschsüchtige Frau Vorwürfe ob seiner Arbeitslosigkeit, schimpfte ihn Nichtstuer und Faulenzer. Aus Verzweiflung trieb er sich den

Gennat und seine Mordinspektion

Die Berliner Kripo, zusammengefasst in der Abteilung IV des Polizeipräsidiums, bestand aus neun Fachinspektionen, die ihrerseits noch einmal in Spezialdezernate unterteilt waren. Die Inspektion A, der das Morddezernat unterstand, war nicht nur für die Bearbeitung aller Tötungsdelikte zuständig, sondern auch für Raub und Brandstiftung. Alle Todesfälle, angefangen vom Kapitalverbrechen, über Verkehrsunfälle, bei denen Menschen zu Tode gekommen waren, oder andere tödliche Unfälle mit unklarem Hergang bis hin zum Selbstmord, wurden von ihr untersucht.

Acht weitere Inspektionen waren zuständig für: Raub und Einbruchdiebstahl (Inspektion B), einfachen Diebstahl (C), Betrug (D), Sittlichkeitsdelikte (E) und Wirtschaftsverbrechen (F). Die weibliche Kriminalpolizei bildete die Inspektion G. Fahndungsabteilung und Erkennungsdienst waren in den Inspektionen H und J organisiert.

Entscheidende Fortschritte brachten die Zwanzigerjahre auf dem Gebiet der Spurensicherung sowie der chemischen Analyse. So ließen sich seit Ende der Zwanzigerjahre Textilfasern, Staub und Haare genau bestimmen. Dennoch behaupteten Kritiker, die Kriminalpolizei hinke hinter dem technischen Fortschritt, den sich besonders die Berufsverbrecher zu eigen machten, um mindestens 50 Jahre hinterher. Ein stichhaltiger Vorwurf, denn die technische Ausrüstung der Kriminalpolizei ließ erheblich zu wünschen übrig. Oft fehlte es am Notwendigsten, und es kam immer wieder vor, dass Kriminalbeamte sogar dringend benötigte Taschenlampen von zu Hause mitbringen mussten.

Ungeachtet der Finanznot wurde Öffentlichkeitsarbeit von jetzt an großgeschrieben. Im Juni 1921 ließ das Berliner Polizeipräsidium die erste „Beratungsstelle zum Schutze gegen Einbruch und Diebstahl" einrichten. Vergleichbares, so vermerkten die Berliner voller Stolz, gab es nicht einmal in New York, London oder Paris.

Auch auf dem Gebiet der öffentlichen Fahndungen passte sich die Kripo der Entwicklung an und nutzte die neuen Medien. Fahndungsaufrufe erschienen nicht mehr ausschließlich in der Tagespresse, sondern wurden auch über den Rundfunk verbreitet. In der „Berliner Funkstunde", einer der ersten regelmäßig ausgestrahlten Rundfunksendungen, sprachen dann die ermittelnden Kommissare ausführlich über Mord- oder schwere Raubtaten. Dabei blieb jedoch die Effektivität der Rundfunkfahndung begrenzt, war doch ein Rundfunkempfänger in jenen Jahren noch ein seltener Luxus.

Am 29. Oktober 1923 ging im Vox-Haus in der Potsdamer Straße 10 die „Berliner Funkstunde“ auf Sendung: die Geburtsstunde des öffentlichen Rundfunks in Deutschland.

Zwar klebten noch immer Fahndungsplakate an den Litfaßsäulen und in den Hallen der Bahnhöfe, doch erregten sie längst nicht mehr dieselbe Aufmerksamkeit wie zur Kaiserzeit. Nur spektakuläre Aktionen stießen beim Publikum noch auf Interesse. Ernst Gennat vertrat sogar die Überzeugung, die Kriminalpolizei müsse sich zu Fahndungszwecken, um die Menschen gezielt ansprechen zu können, „moderner Werbepropaganda“ bedienen, und setzte dabei nicht nur auf kurze, ansprechende Texte, sondern vor allem auf eine wirkungsvolle grafische Gestaltung.

Handelte es sich um ein besonders aufsehenerregendes Verbrechen, ließ die Mordkommission auch schon mal Flugblätter über der näheren Umgebung des Tatortes aus dem Flugzeug abwerfen. Selbst die modernen „Reklamelaufbänder", auf denen mithilfe winziger Glühlampen Texte erschienen, nutzte die Polizei an Hauswänden und Dächern, um Fahndungsaufrufe oder Steckbriefe an die Öffentlichkeit zu bringen. Mitte der Zwanzigerjahre noch eine Sensation, der jedermann Beachtung schenkte!

Auch das Kino, welches das Publikum in Massen anzog, entdeckte die Kripo für ihre Zwecke. In den Pausen, eingerahmt von Reklame, wurden Fotos von Verdächtigen, Steckbriefe oder Hinweise auf etwaige Belohnungen gezeigt.

Zuweilen ließ die Kripo sogar in den Schaufenstern großer Geschäfte oder Warenhäuser sichergestelltes Beweismaterial öffentlich ausstellen. Zu Hunderten pilgerten dann die Neugierigen herbei, um sich Tatwerkzeuge, die Kleider von Ermordeten oder Pakete, in denen Leichenteile verpackt waren, anzusehen.

Die Fahndungserfolge ließen indes zu wünschen übrig. Die Zahl der „nassen Fische", der nicht aufgeklärten Fälle, stieg besorgniserregend an. Die Ursachen lagen auf der Hand: Bis 1926 arbeiteten die einzelnen Mordkommissionen völlig unkoordiniert nebeneinander her. Ermittlungsakten wurden nur selten ausgetauscht und verschwanden nach Abschluss eines Falles oder nach Einstellung der Fahndung in den Schreibtischschubladen der einzelnen Ermittlungsbeamten auf Nimmerwiedersehen. So wurden Zusammenhänge zwischen einzelnen Morden oftmals nur deshalb nicht rechtzeitig erkannt, weil frühere Mordakten nicht mehr zur Hand waren. Auch die Wiederaufnahme eines nicht aufgeklärten Falles war unmöglich. Für den Erfolg der kriminalpolizeilichen Arbeit war also eine zentrale Erfassung aller in Deutschland verübten Kapitalverbrechen unerlässlich. 1922 entstand endlich der Entwurf zu einem Reichskriminalpolizeigesetz. Es konnte jedoch nicht in Kraft treten, weil Bayern seine Zustimmung verweigerte. Auch die Gründung des Landeskriminalamtes für Preußen, das am 1. Juni 1925 seine Arbeit aufnahm, änderte nicht viel an der Situation, denn es war nicht viel mehr als eine Briefkastenbehörde.

Diesen offenkundigen Missstand wollte Gennat nicht länger hinnehmen und organisierte deshalb, wenigstens für Berlin, eine „Zentrale Mordinspektion", die am 1. Januar 1926 offiziell ihre Arbeit aufnahm. Als Chef seiner neuen Inspektion koordinierte er nicht nur die Mordkommissionen, sondern hatte auch die Kontrolle über alle Morduntersuchungen inne. Gennat wollte, dass Morde professioneller bearbeitet werden und die aus den Ermittlungen gewonnenen Erkenntnisse für die Verbesserungen der Methoden und der Ausbildung eingesetzt werden.

Seine Mordinspektion bestand aus der Aktiven Mordkommission und zwei Reserve-Mordkommissionen. Die aktive Kommission setzte sich aus einem älteren und einem jüngeren Beamten sowie, je nach Bedarf, aus vier bis zehn Beamten anderer Inspektionen zusammen, abhängig davon, welche Fachkenntnisse man benötigte. Der Reserve-Mordkommission gehörten meist nur zwei bis drei Beamte an.

Das „Mordauto" revolutionierte die Ermittlungsarbeit der Kripo.

Auf Gennats Initiative wurde auch das berühmte „Mordauto" eingerichtet. Schon seit 1921 gab es ein spezielles Fahrzeug für die Kriminalpolizei, einen schwarzen Pkw, der aber viel zu klein und nicht gut ausgestattet war. Bei der Großen Polizeiausstellung 1926 präsentierte man dann dem staunenden Publikum einen umgebauten Maybach Zeppelin, der aufgrund seiner Größe nicht nur mehr Personen befördern konnte als der ursprüngliche Wagen, sondern auch Platz bot für ein fahrendes kriminalistisches Labor, das alle am Tatort benötigten technischen Geräte enthielt. Je nach Bedarf konnte der Wagen in ein behelfsmäßiges Büro umfunktioniert werden. Eine Schreibmaschine gehörte ebenso zum Inventar wie ein Klapptisch und Klappstühle, damit, falls nötig, auch im Freien gearbeitet werden konnte. Für die unmittelbare Arbeit am Tatort standen diverse Utensilien bereit: Scheinwerfer, Taschenlampen, Fotomaterial, diverses Handwerkszeug von der Schere bis zum Beil, aber auch Bandmaß und Zollstock, Gummihandschuhe, Gummischürzen, Pinzetten, Sonden und Pipetten, um ausgelaufene Flüssigkeiten aufzunehmen, Deckelgläser und Pappschachteln zur Aufbewahrung von Beweisstücken. Das Mordauto machte Schule: So schaffte die Münchner Kriminalpolizei 1927 nach seinem Vorbild ebenfalls ein Fahrzeug an.

Die Große Polizeiausstellung in den Messehallen unter dem gerade erst eröffneten Funkturm erwies sich im Übrigen als ein Publikumsmagnet, löste aber auch Kritik aus: So hatten die Aussteller das „Mörderzimmer" des Serienmörders Fritz Haarmann mit originalen Ausstellungstucken nachgebaut, was nicht wenige Besucher als geschmacklos empfanden.

Es mag im Widerspruch zu seiner äußeren, eher schlampigen Erscheinung stehen, aber als Kriminalist war Gennat ein Pedant, der am Tatort keine Schlamperei duldete. Und das mit gutem Grund: Seine langjährige Berufserfahrung hatte ihn gelehrt, jeder Kleinigkeit einen hohen Stellenwert beizumessen. Sein Grundsatz lautete: Am Tatort soll man nicht anfangen anzuordnen, vorher Angeordnetes soll durchgeführt werden! Wenn am Tatort, so meinte er, erst Zuständigkeiten geklärt werden müssen, ist der Erfolg der Ermittlungsarbeit von vornherein infrage gestellt.

Für „Todesermittlungsverfahren" und den Einsatz der Mordkommission entwickelte Gennat ein Arbeitsschema, wie es noch heute praktiziert wird:

1. *Schritt: Der Inspektionsleiter verschafft sich einen ersten, allgemeinen Überblick über den Tatort.*
2. *Schritt: Geeignete Beamte suchen, möglichst ohne selbst Spuren zu hinterlassen, nach Spuren und Beweismitteln. Jeder wichtige Punkt wird gekennzeichnet.*
3. *Schritt: Der Tatort wird fotografiert.*
4. *Schritt: Sicherung von Fingerabdrücken, Fuß- oder Reifenspuren, sachgemäße Aufbewahrung von Beweismitteln, die dann von Sachverständigen untersucht werden.*
5. *Schritt: Kriminalistische Untersuchungen. Behandlung von Spuren, Fundstücken und Beweismitteln.*
6. *Schritt: Untersuchung des Toten durch einen Arzt. Das Polizeipräsidium hatte einen Vertrag mit dem Universitätsinstitut für gerichtliche und soziale Medizin sowie mit mehreren Gerichtsärzten, die einen kriminalärztlichen Bereitschaftsdienst bildeten. Der Arzt begann mit seiner Untersuchung allerdings erst, wenn Mordkommission und Erkennungsdienst ihre Arbeit beendet hatten. Zu einem früheren Zeitpunkt hätte die ärztliche Untersuchung die Tatbestandsaufnahme erheblich beeinträchtigen können, veränderte sie doch fast immer die Lage der Leiche. Noch an Ort und Stelle diktierte dann der Arzt ein kurzes, vorläufiges Gutachten.*
7. *Schritt: Tatortaufnahme und Tatortbericht. Die Leiche wird erst fortgeschafft, wenn die Niederschrift des Tatbestandsberichtes – wenigstens im Stenogramm – vollendet ist.*

Der Mordinspektion angegliedert waren die „Kriminalistische Dienststelle im Leichenschauhaus", die „Zentrale für vermisste Personen und unbekannte Tote" sowie die „Zentralkartei für Mordsachen". Diese sogenannte Todesermittlungskartei, die bald Berühmtheit erlangen sollte, war Gennats persönliche Schöpfung und sein ganzer Stolz. Nicht nur Todesfälle aus dem Großraum Berlin, sondern aus ganz Deutschland und dem Ausland sammelte er hier. Als Quellenmaterial dienten neben Originalakten auch amtliche

Fahndungsblätter, Plakate und Zeitungsartikel. Wenn es darum ging, Material für seine Mordkartei zu ergattern, schreckte Gennat selbst vor kleinen Unkorrektheiten nicht zurück: Dann ließ er sich, mit der Bitte um Einsichtnahme, Ermittlungsakten abgeschlossener Fälle anderer Polizeipräsidien schicken – und „vergaß“ dann, sie zurückzugeben.

Die systematisch aufgebaute Kartei umfasste nicht nur Kapitalverbrechen, sondern enthielt beispielsweise auch die Rubrik „Indirekter oder kalter Mord“. Hier waren Selbstmorde verzeichnet, deren Motive auf üble Nachrede oder falsche Anschuldigungen zurückzuführen waren. Die Unterabteilung „Existenzvernichtungen durch arglistige Täuschung“ enthielt solche Selbstmorde, die durch Betrüger, Hochstapler, obskure Hellseher oder Heiratsschwindler ausgelöst worden waren. Eine andere Selbstmordrubrik trug den Titel „Existenzvernichtung durch Erpressung“. Gennat vertrat im Übrigen die Auffassung, dass auch die Verleitung zum Selbstmord unter Strafe gestellt werden müsste.

Da die Kartei auch Lehr- und Lernzwecken dienen sollte, wurde ebenfalls festgehalten, welche Maßnahmen zum Erfolg geführt und welche einen Misserfolg ausgelöst hatten. Dabei wurden die Fehlerquellen herausgearbeitet und analysiert. Gennats Kartei war für damalige Verhältnisse eine einzigartige Datenbank.

1931 konnte Gennats Mordinspektion von 114 Tötungsdelikten 108 aufklären, das sind rund 95 Prozent. Das Raubdezernat etwa erreichte nur eine Quote von 52 Prozent. Gegen Ende der Weimarer Republik war Gennats

Gennat und seine Mitarbeiter recherchieren in der Todesermittlungskartei.

Mordinspektion die mit Abstand erfolgreichste in Deutschland, wenn nicht sogar in Europa und wurde zum Vorbild für zahlreiche Kriminalpolizeien im In- und Ausland.

Immer wieder bekam die Berliner Kriminalpolizei prominenten Besuch, der sich besonders für die Mordinspektion interessierte. So besuchten Ende der Zwanzigerjahre Heinrich Mann, Charlie Chaplin und Edgar Wallace das Polizeipräsidium am Alexanderplatz.

Doch auch dem allgemeinen öffentlichen Interesse kamen die Beamten nach, wie die folgende Episode zeigt:

Ein strahlender Sonntag im September 1925. Im Lunapark, dem beliebten Vergnügungspark in Halensee, wird die Kriminalpolizei am Abend ein großes Fest geben. Die Berliner sollen Gelegenheit bekommen, sich mit dem Berufsalltag der Kriminalbeamten vertraut zu machen.

Dazu hat sich die Kripo ein außergewöhnliches Spiel ausgedacht, bei dem jedermann seine kriminalistischen Fähigkeiten testen kann. „Wer sind die Drei? – 1000 Mark Belohnung!“, lautet die Devise. Die Tagespresse hat schon ausführlich darüber berichtet. Zwei Herren und eine Dame, die sich in der Zeit zwischen 18 und 21 Uhr auf dem Lunaparkgelände aufhalten, sollen vom

Edgar Wallace (l.) 1930 mit Bernhard Weiß, dem Polizeivizepräsidenten von Berlin

Publikum gesucht werden. Jeder Besucher erhält zusammen mit der Eintrittskarte einen dreifachen Steckbrief, zwar ohne Lichtbilder, aber mit genauer Beschreibung der gesuchten Personen.

Ganz neu ist diese Idee allerdings nicht. Im November 1919 hatte die „Berliner Morgenpost" unter dem Motto „Augen auf!" schon einmal ein solches Preisausschreiben veranstaltet. Damals waren sogar 2000 Mark zu gewinnen. Die Redaktion der Zeitung schickte einen Reporter aus, dessen Steckbrief sie veröffentlicht hatte. Obwohl sich der Zeitungsmann an den belebtesten Plätzen der Stadt ziemlich auffällig benahm, blieb er unerkannt, was nicht eben für den wachen Geist spricht, der den Berlinern in der Regel nachgesagt wird. Das Preisausschreiben wurde wiederholt, und erst im zweiten Anlauf verdiente sich ein pfiffiger 13-jähriger Schüler die Belohnung.

Es ist noch relativ früh am Abend, der Park füllt sich langsam. Im Terrassenrestaurant sitzen zusammen mit Kriminalkommissar Gennat mehrere elegant gekleidete Herren, von denen man gut und gerne annehmen könnte, es handele sich, wenn nicht um Bankdirektoren, so doch wenigstens um distinguierte Geschäftsleute. Aber weit gefehlt. Die noblen Herren sind Kriminalkommissare, die fähigen Mitarbeiter des berühmten Kommissars, ohne die er kaum zu seinem Ruhm gelangt wäre. Selbst an diesem Tag diskutieren sie über einen komplizierten Fall.

Trotz dieser Vorbilder stellt die Arbeit bei der Kriminalpolizei, wie einst zur Kaiserzeit, für viele Bewerber immer noch eine Art Notlösung dar. Zahllose junge Akademiker, Juristen oder Mediziner etwa, die weder in ihrem eigentlichen Beruf eine adäquate Anstellung finden können, noch über ausreichend finanzielle Mittel verfügen, um sich eine eigene Kanzlei oder Praxis einzurichten, sind gezwungen, anderweitig Geld zu verdienen. Auf der Suche nach einer relativ sicheren Stellung findet sich so mancher von ihnen mehr oder weniger zufällig bei der Kriminalpolizei wieder. Eine beachtliche Zahl der Bewerber hat sogar promoviert. So führen etwa 1932 von 132 Kommissaren 22 einen Doktortitel.

Der Schlanke in der Gruppe, mit dem schmalen Gesicht, der Brille mit dem dünnen Goldrand und dem perfekt sitzenden Anzug, ist Erich Liebermann von Sonnenberg. Seine geschliffenen Manieren machen ihn zum Gentleman unter den Kommissaren. Schon zur Kaiserzeit war er, ähnlich wie der um fünf Jahre jüngere Gennat, zur Kriminalpolizei gekommen und brillierte mit der Aufklärung einiger aufsehenerregender Fälle. Gegenwärtig, im September 1925, leitet er sehr erfolgreich das Falschgelddezernat. Er spricht fließend Englisch und übersetzt daher auch britische und amerikanische Fallsammlungen und schreibt Berichte für Zeitungen und Zeitschriften. Als überzeugter Nationalsozialist wird er ab 1933 innerhalb der Kriminalpolizei Karriere machen und unter anderem für die Einführung der Vorbeugehaft sorgen, die zeitlich unbegrenzte Inhaftierungen ohne richterlichen Beschluss erlaubt.

Anwesend ist auch Dr. Ludwig Werneburg, mittelgroß, vollschlank, elegant gekleidet. „Lügenbaron" nennen ihn seine Kollegen scherzhaft, denn Werneburg weiß in jeder Situation die schönsten Geschichten zu erzählen, wahre und geflunkerte.

Otto Trettin, der im Ersten Weltkrieg einen Unterarm verloren hat, ist das genaue Gegenteil des ruhigen, stets besonnenen Gennat. Im ganzen Polizeipräsidium ist Trettin als Choleriker verschrien, und Vernehmungen, so sagt man, spielen sich bei ihm meist im Fortissimo ab. Er ist der Schreck aller Sekretärinnen, die jeden Moment damit rechnen müssen, von ihm hemmungslos angebrüllt zu werden.

Dr. Ernst Schambacher wiederum zählt als Literaturkenner zu den Schöngeistern unter den Kommissaren. Er ist derjenige, der am meisten über Gennats Kuchenleidenschaft lästert, denn er selbst ist das genaue Gegenteil. Von ihm wird erzählt, dass er in seinem Arbeitseifer oft das Essen vergisst und dann irgendwann in seinem Büro vor Erschöpfung zusammenbricht. Ab 1934 wird er Führungspositionen in der Geheimen Staatspolizei (Gestapo) und dem Reichssicherheitshauptamt (RSHA) übernehmen.

Albert Dettmann, ein sportlicher Typ mit grauen Schläfen, pflegt glänzende Beziehungen zur Berliner Unterwelt. Unzählige Verbrechen konnten dank seiner anscheinend unerschöpflichen Informationsquellen schon aufgeklärt werden. Die schweren Jungs in den einschlägigen Gegenden haben vor ihm noch mehr Respekt als vor dem netten Dicken. Er gilt als so gerissen, dass ihm selbst die cleversten Ganoven aus dem Weg gehen. Denn von Dettmann wissen sie: Der fackelt nicht lange. Man sagt, er habe stets eine entsicherte Pistole in der Manteltasche und soll sogar das Kunststück beherrschen, durch eben diese Tasche, wenn es sein muss, gezielt zu schießen.

Die Karriereleiter wird er indes nicht weiter als bis zum Kriminaloberwachtmeister erklimmen, denn durch sein unkonventionelles Vorgehen fällt er immer wieder in Ungnade und schrammt in schöner Regelmäßigkeit haarscharf an einem Disziplinarverfahren vorbei. Meist sind es die Kollegen, die seine nicht immer ganz legalen Aktionen decken, denn sie wissen nur zu gut: Dettmanns Methoden sind nicht eben von der feinen Art, dafür aber äußerst effektiv.

Arthur Nebe, der im Nationalsozialismus leitende Funktionen bei der Kriminalpolizei einnehmen und als SS-Gruppenführer unter anderem die Erschießung von Juden anordnen wird, ist jetzt, Mitte der Zwanzigerjahre, ebenfalls dabei. Sein verbissener Ehrgeiz macht ihn bei den Kollegen nicht eben beliebt. Auch Erich Anuschat, Hans Lobbes und Gerhard Kanthak, der Spezialist für Ringvereine, sind heute Abend im Lunapark.

Gennat im Kreise seiner Mitarbeiter, darunter Werner Togotzes (l.), Bernd Wehner (3. v. l.) und Ludwig Werneburg (4. v. l.)

Doch die Idylle trügt. Selten sieht man die Kommissare so einträchtig beieinander sitzen. Zwar arbeiten sie eng zusammen, aber wirkliche Kollegialität oder gar einen Korpsgeist sucht man hier vergebens. Jeder Kommissar ist auf seinen ganz persönlichen Erfolg bedacht und betrachtet den anderen als Konkurrenten. Der ehrgeizlose Gennat bildet da die große Ausnahme.

Die Annonce

Der Anhalter Bahnhof an einem Sommerabend im Juli 1921. Kurz nach 20 Uhr fährt der Zug aus Frankfurt am Main ein. Reisende stecken die Köpfe aus den Abteilfenstern und halten Ausschau nach Verwandten und Bekannten, die sie auf dem Bahnsteig erwarten.

Den jungen Mann, der aus dem Wagen der vierten Klasse klettert, erwartet niemand. Doch mit seinen ausgebeulten Hosen, der altmodischen Joppe, dem graugrünen spitzen Hut und dem abgewetzten Koffer zieht er spöttische Blicke auf sich. Unverkennbar ein Provinzler!

In der Tat: Der gelernte Möbelflechter Benedikt Wehner, von seinen Freunden Benno genannt, stammt aus dem schönen Tirol. Das idyllische Inntal ist ihm jedoch zu eng geworden, und nachdem er in einer Ziegelei im Hessischen etwas Geld verdient hat, will er sich einen langgehegten Wunsch erfüllen: Endlich nach Berlin in die Metropole, wo man mit ein bisschen Glück Stroh zu Gold machen kann!

Nun steht der 23-Jährige staunend auf dem Anhalter Bahnhof. Das ist ja gigantisch, denkt er. Diese riesige, prächtige Halle, fast wie eine Kathedrale, in der die Lokomotiven wie Spielzeuge aussehen!

Während eines Eisenbahnerstreiks 1919 ist die Halle des Anhalter Bahnhofs menschenleer.

Da er in Berlin keine Menschenseele kennt, weiß er nicht, wohin er sich wenden soll. So lässt er sich erst einmal todmüde auf einer Holzbank im Wartesaal vierter Klasse nieder, wo Morpheus den Tiroler schnell in seine schützenden Arme nimmt. Seines Gepäcks indes erbarmen sich keine Schutzgeister.

Als Benno aus seligem Schlaf erwacht, läuft ihm ein kalter Schauer über den Rücken. Sein Koffer ist weg! Böses ahnend tastet er seine Joppe ab. Die Brieftasche mit allen Ersparnissen, ganze 700 Mark, seine Taschenuhr vom seligen Großvater, alles weg! Benno ist ausgeraubt worden. Allein an seinem graugrünen Tirolerhut hat kein Dieb Gefallen gefunden. Der liegt noch friedlich neben ihm.

Mittellos und verzweifelt steht der Unglücksrabe in der kaltherzigen Metropole und weiß nun erst recht nicht, wohin er sich wenden soll. Während er mit den Tränen ringt, kommt ein heruntergekommener, nicht mehr ganz junger Mann auf ihn zu und nimmt sich seiner an. Er führt den unbedarften Benno in die Neue Schönhauser Straße, ins Café Dalles, das Hauptverkehrslokal der Verbrecherwelt, um das sich unzählige Legenden und Schauergeschichten ranken.

Bennos neuer Freund, Ratten-Otto genannt, ist auf Kellereinbrüche spezialisiert. Seine Vorliebe: Privatkeller schlecht verschlossener Mietshäuser. Benno kommt ihm wie gerufen, denn jetzt will er endlich ein ganz großes Ding drehen: Einen Kellereinbruch in einer Textilhandlung. Otto erklärt dem nichtsahnenden Jungen seinen Plan: „Keen Risiko! Ick hab allet janz jenau ausbaldowert. Und wir machen natürlich Kippe!“ Benno, mit dem Berliner Gaunerjargon nicht vertraut, schaut seinen vermeintlichen neuen Freund verständnislos an. „Halbe-halbe! Kapiert?“, erklärt Ratten-Otto.

In der folgenden Nacht gehen die beiden auf Tour. Doch der Nachtwächter der Textilfirma ist ein cleverer Bursche, und so kann die Polizei die beiden Kleinganoven noch vor Ort beim Schlafittchen nehmen. Für Benno Glück und Unglück zugleich. Zwar ist die Strafanstalt Plötzensee nicht gerade ein Luxushotel, doch sind ihm so wenigstens drei Monate freie Unterkunft mit Vollpension, ja sogar mit frischer Wäsche garantiert.

Als er im November aus der Haft entlassen wird, ist er genauso weit wie im Juli: Er ist mutterseelenallein, denn sein Kumpan von dem missglückten Kellereinbruch muss noch ein paar Monate länger sitzen. Benno hat keinen Pfennig Geld in der Tasche. Sein einziger Besitz: der spitze Tirolerhut. So geht Benno von Plötzensee schnurstracks ins Café Dalles. Um sich etwas zu essen kaufen zu können, muss er betteln. Aber auch das will gelernt sein. Und wo kann man bessere Lehrmeister finden als in dieser berühmt-berüchtigten Kaschemme?

Benno schließt auch gleich mit einem wahren Experten auf diesem Gebiet Freundschaft. Der 21-jährige Willi Scharkowski, wegen seiner überdurchschnittlichen Größe und der schönen blonden Haare der „lange Blonde“ genannt, ist der ungekrönte König der „Schmalmacher“, wie man die Meisterbettler in einschlägigen Kreisen nennt. Der gelernte Automobilschlosser aus

Reinickendorf nimmt sich des unbeholfenen Jungen an und unterweist ihn in der hohen Kunst des Bettelns, im Szenejargon „fechten“ genannt.

So lernt Benno, sich beim Betteln an der Wohnungstür, besonders in den besseren Wohngegenden im Neuen Westen, gründlich umzusehen, ob sich ein Einbruch oder ein Überfall lohnen könnte. „Du siehst so unschuldig aus“, meint Willi, „dass dich die Leute bestimmt in die Wohnung lassen und dir 'ne Stulle oder einen Teller Suppe geben. Bescheiden musst'e sein und 'n bisskenuff de Tränendrüse drücken. Und merke dir jenau, ob die Reichlings Teppiche haben oder sonst was Wertvolles. Wenn du selbst den Bruch nicht machen kannst, dann find'ste unter unsern Leuten immer eenen, der dir die Annonce abkooft und dich am Jewinn beteiligt. Wenn de clever bist, kannst'e zehn Prozent rausschlagen.“

Mühsam bestreitet so der unbedarfte Benno aus Tirol im gnadenlosen Berlin seinen Lebensunterhalt durch Betteln und den Verkauf von Annoncen. Doch die Geschäfte gehen schlecht.

Ende November 1921 steigt ein grimmiger alter Mann am Savignyplatz in die Stadtbahn. Der 75-jährige Gabriel Alexander ist ein rechter Sonderling, um nicht zu sagen, ein Stinkstiefel und ein Geizhals erster Güte. Seit Jahren betreibt der Kaufmann einen Konfitürengroßhandel, verkauft Kekse, Schokolade, Marzipan und in der Weihnachtszeit Pfeffer- und Lebkuchen an Einzelhändler. In der Wielandstraße 12, wenige Schritte vom Kurfürstendamm entfernt, bewohnt er zusammen mit seinem 41-jährigen Sohn Richard eine Fünfzimmerwohnung in der vierten Etage.

Am Bahnhof Börse (heute Hackescher Markt) steigt Alexander aus und geht zielstrebig die Rosenthaler Straße hinunter. In einer der billigen Volksgaststätten, die es rund um die Neue Schönhauser- und die Münzstraße in großer Zahl gibt, pflegt er fast regelmäßig sein Mittagessen einzunehmen. Nicht allein das preiswerte Essen treibt den alten Mann in diese Gegend. Zugleich sieht er sich hier nach möglichen Mitarbeitern um, denn für die Auslieferung seiner Waren braucht er Botenjungen. Er heuert seine Hilfskräfte unter den Ärmsten der Armen an, die „für 'n Appel und 'n Ei“ arbeiten, unter den Arbeits- und Obdachlosen, die in den Bahnhofshallen herumlungern oder in den billigen Volksgaststätten auf einen Spendierer hoffen. So werden auch Willi und Benno von ihm beschäftigt.

Am 6. Dezember 1921 kehrt Richard Alexander, der Prokurist bei einer großen Spielwarenfirma in der Ritterstraße ist, gegen 22 Uhr aus dem Büro zurück. Schon auf halber Treppe bemerkt er, dass die Wohnungstür nur angelehnt ist, obwohl sein Vater sie aus Furcht vor Einbrechern stets verschließt.

Vorsichtig stößt er die Tür auf. Das Licht aus dem Flur fällt in die dunkle Wohnung und Richard erkennt, dass auch die Tür zum Wohnzimmer offen steht. Ebenfalls ungewöhnlich, hält sein Vater sie doch immer geschlossen, da das Wohnzimmer der einzige Raum in der Wohnung ist, der geheizt werden darf!

Ansicht des Savignyplatzes, um 1920

Richard macht Licht. Im ersten Moment sieht er nur die Füße seines Vaters, die über die Sofalehne ragen. Er ist von Kopf bis Fuß so fest in eine dicke Plüschdecke eingewickelt, dass Richard Mühe hat, einen Zipfel hervorzuziehen, um ihn aus seiner misslichen Lage zu befreien. Aber jede Hilfe kommt zu spät. Der geknebelte Vater ist erstickt.

Die Kommissare Gennat und Bunge, Oberregierungsrat Hoppe, der Gerichtsarzt Dr. Straßmann sowie die Beamten von der Spurensicherung treffen gegen 1.30 Uhr am Tatort ein. Kaum haben die Männer von der Mordkommission den Flur des Hauses Wielandstraße 12 betreten, als die Portiersfrau, die am Fenster auf das Eintreffen der Kriminalpolizei gewartet hat, den Kopf durch den Türspalt steckt. Ein großgeblümter Morgenmantel und rosa Pantoffeln werden sichtbar. Den populären Gennat erkennt sie auf den ersten Blick. „Also Herr Kommissar, ick hätte ja nischt jesagt, aber sagen Se doch mal selber: Man holt sich doch nich solches Jesindel von die Straße in die Wohnung. Das musste ja so kommen, dass den Alten mal jemand abmurkst!"

„Lassen Sie uns erst einmal unsere Arbeit machen", vertröstet Gennat sie und zieht seine Melone. „Wir reden später, gnä' Frau."

Von Richard Alexander erfährt Gennat, was die Portiersfrau bereits angedeutet hat, nämlich von der Gewohnheit Gabriel Alexanders, seine Botenjungen unter Bettlern und Obdachlosen von der Straße aufzulesen.

„Ihr Vater muss ein sehr leichtsinniger Mensch gewesen sein", meint Gennat.

„I wo“, Richard lacht bitter, „Vater war das personifizierte Misstrauen. Nicht einmal eine Hausangestellte hat er geduldet, aus Angst, sie könnte etwas stehlen. Selbst den Banken hat er misstraut, deshalb hat er seine gesamten Ersparnisse ständig in seiner Brieftasche mit sich herumgetragen.“

Aus der braunledernen Brieftasche, die auf dem Sofatisch liegt, fehlen nach Angaben des Sohnes etwa 10 000 Mark. Sonst ist in der Wohnung weder etwas angerührt noch durchwühlt worden. Das Ergebnis der Spurensicherung fällt mager aus. Verwertbare Fingerabdrücke finden sich nicht.

In der Nacht hat Gennat mal wieder keine Minute geschlafen. Es ist kurz nach 9 Uhr morgens, und der Kommissar ist noch immer in der Alexanderschen Wohnung. Schon am frühen Morgen hat er zwei Kollegen ausgeschickt, die alle von Alexander belieferten Konfitürengeschäfte aufsuchen, um Beschreibungen der Botenjungen einzuholen.

Gleichzeitig haben zwei Kriminalassistenten damit begonnen, mittelbare und unmittelbare Zeugen des Verbrechens in der Nachbarschaft ausfindig zu machen. Wie ein Lauffeuer hat sich die Nachricht von dem Mord an dem kauzigen alten Mann in der Wielandstraße herumgesprochen. Niemand zeigt sich wirklich überrascht. Um Zeit zu sparen, vernimmt Gennat die Zeugen aus der Nachbarschaft gleich in der Küche der Alexanders. Zwar meint der eine oder andere, verdächtige Personen beobachtet zu haben, konkrete Angaben vermag jedoch niemand zu machen.

Es ist schon Mittag, als Gennat endlich an der Tür der Portiersfrau klingelt. Neben jeder Menge Klatsch und Tratsch über den „alten Stinkstiefel“ kann Frau Preuß als einzige präzise Angaben über die Geschehnisse am Tag

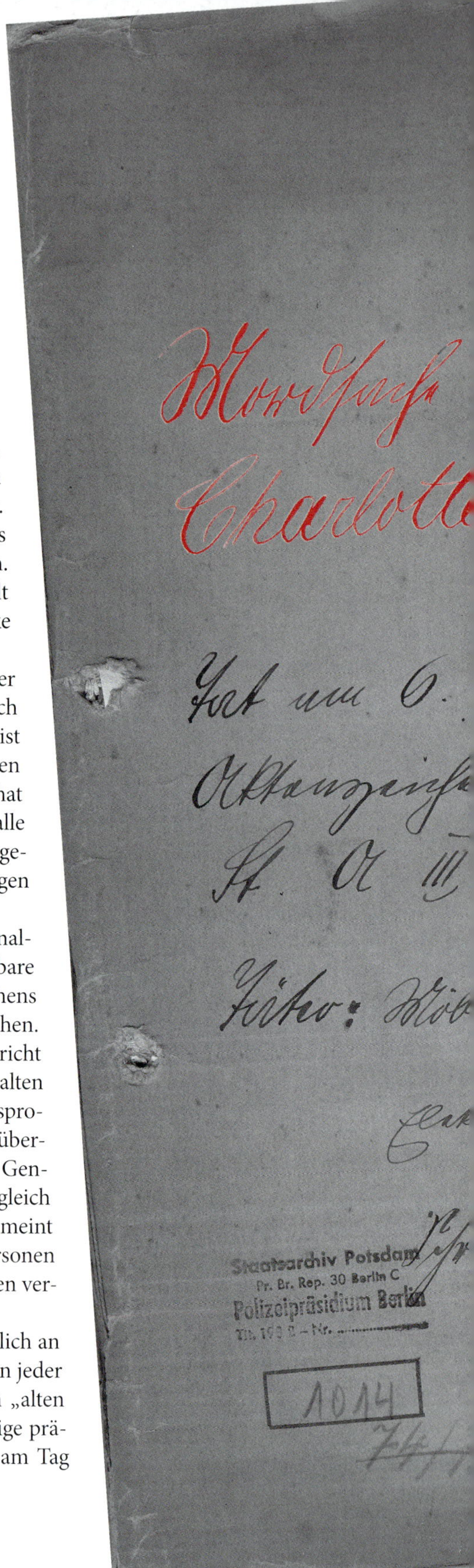

Auch der Mordfall Alexander landete in Gennats Todesermittlungskartei.

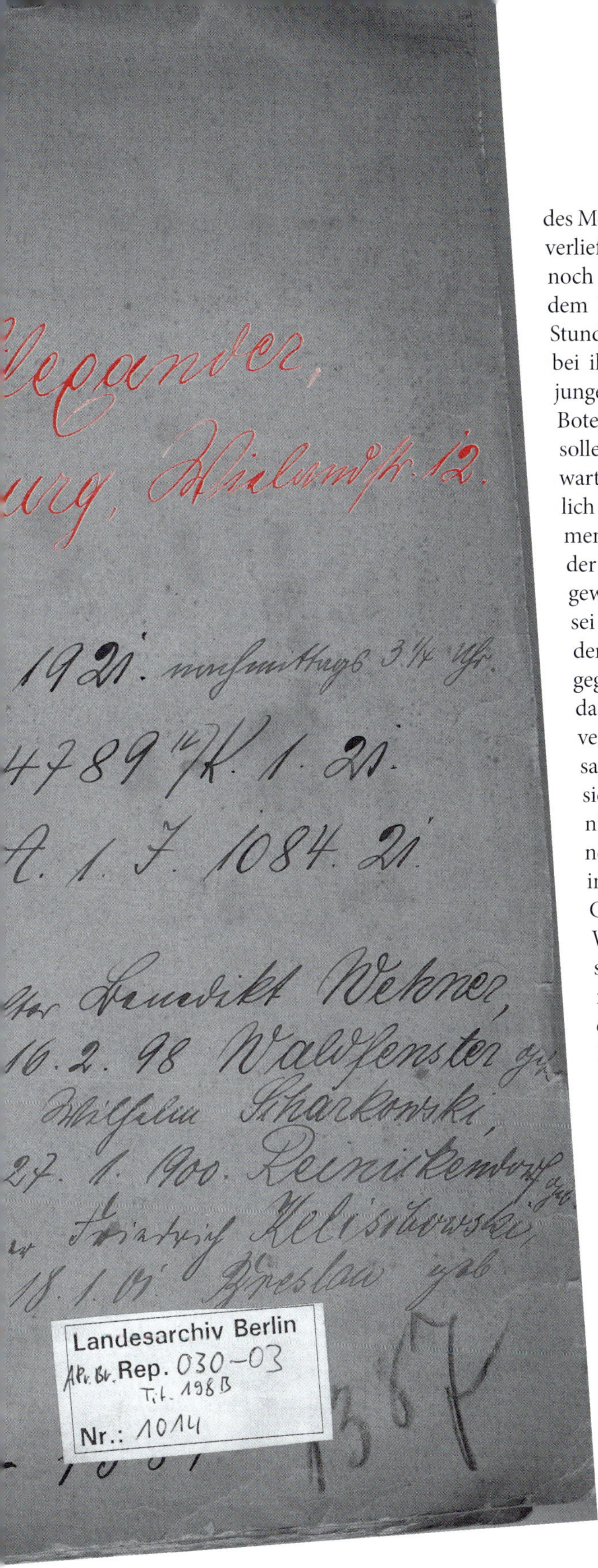

des Mordes machen: Demnach verließ der Alte um 13.30 Uhr noch einmal das Haus. Mit dem Hinweis, er sei in einer Stunde zurück, habe er sich bei ihr abgemeldet. Falls ein junger Mann, einer seiner Botenjungen, nach ihm frage, solle sie ihn bitten, auf ihn zu warten. Es sei auch tatsächlich ein junger Mann gekommen, der dann draußen vor der Tür etwa zehn Minuten gewartet habe. Alexander sei dann zusammen mit dem Jungen nach oben gegangen. Wann letzterer das Haus wieder verließ, vermag sie aber nicht zu sagen. Beschreiben kann sie den Jungen leider auch nicht. Allein sein graugrüner spitzer Filzhut ist ihr in Erinnerung geblieben. Gennat ist schon aus der Wohnungstür hinaus, als sie ihn noch einmal zurückholt. „Da ist noch etwas, Herr Kommissar. Der Junge sprach einen komischen Dialekt. Jedenfalls kam er nicht aus Berlin."

Die von Alexander belieferten Konfitürenhändler können ebenfalls keine verwertbaren Angaben machen. Wieder einmal werden die roten Mordplakate an die Litfaßsäulen und in die Bahnhofshallen geklebt. Für Hinweise, die zur Ergreifung des Täters führen, wird eine Belohnung von 10 000 Mark ausgesetzt.

Am nächsten Tag, dem 8. Dezember 1921, ist in Gennats Büro die Hölle los. Die in Aussicht gestellte Belohnung hat die Menschen mobilisiert. Es ist wieder einmal der Tag der Denunzianten und Wichtigtuer. „Es ist immer dasselbe", stöhnt Gennat, „die, die man ruft, kommen nicht, aber die, die man nicht ruft, kommen gleich zu Hunderten und laden der Kripo eine ungeheure Arbeitslast auf. Viele Leute scheinen einen öffentlichen Fahndungsaufruf als eine Art Lotterie zu betrachten: Sie beteiligen sich mit möglichst allgemein gehaltenen Angaben, um im Falle der Aufklärung behaupten zu können, sie hätten ihrerseits dazu beigetragen."

Am Nachmittag, Gennat verspeist gerade ein Stück Torte, poltert ein Kleiderschrank von einem Mann in sein Büro und donnert ein fröhliches „Grüß Gott, allerseits" in den Raum, das die Kaffeelöffel auf den Untertassen klirren lässt. Der Hüne streckt dem verdutzten Gennat seinen Pass hin: „Damit's keine unnützen Fragen stellen müssen." Gennat wirft einen flüchtigen Blick in das Ausweispapier: Alois Karlhuber, geboren in Straubing.

„Eines will ich aber gleich klargestellt wissen. Ich bin freiwillig aufs Polizeipräsidium gekommen. Ich bin nicht vorgeladen. Der Herr Kommissar Dettmann ist's gewesen, der mir gesagt hat, ich soll meine Aussage gleich bei Gennat machen."

Wenn Albert Dettmann jemanden schickt, dann steckt mit Sicherheit auch etwas Handfestes dahinter, denkt Gennat. „Na dann schießen Sie mal los", fordert er den Besucher auf.

„Das ist so", beginnt das bajuwarische Urgestein mit dem fröhlichen Gesicht. „Ich bin schon ein paar Jahre bei die Preußen. Als Hausierer, müssen's wissen. Kleiderbürsten, Kämme, Rasierpinsel und so. Ich bin immer ehrlich geblieben. Keine Vorstrafen. Das können's nachprüfen."

„Und was führt Sie nun zu mir?" Gennat wird ungeduldig.

„Im Café Dalles mach ich immer meine Brotzeit." Er zieht ein zerknittertes Stück Zeitungspapier aus seiner Jackentasche und streicht es auf Gennats Schreibtisch glatt. Es ist ein Artikel über den Raubmord in der Wielandstraße. „Der Mord hier", er tippt auf das Papier, „genau so hat der Bub es machen wollen."

Jetzt ist Gennat ganz Ohr, und Alois erzählt: „Vor ein paar Tagen kam der Benno an meinen Tisch. Der is a bisserl deppert, müssen's wissen, und wollt mit mir ein Ding drehen. Er hat jetzt Arbeit bei einem alten Mann in Charlottenburg, steinreich, aber stinkgeizig. Ausrauben wollt er den Alten. Zum Teufel gejagt hab' ich den Saububen. Zufällig hab' ich mitbekommen, dass der Benno das Ding dann mit dem ‚langen Blonden' drehen wollte. Und seit dem Mordtag hat die beiden keiner mehr gesehen. Wenn's mich fragen, die sind längst über alle Berge."

„Kennen Sie die richtigen Namen?", unterbricht Gennat den Redeschwall des Bayern.

Alois überlegt einen Moment: „Den Benno kenn' ich eben nur als Benno. Der ‚lange Blonde', das ist, glaube ich, der Scharkowski Willi. Einen Tipp kann ich Ihnen aber noch geben. Im November war wieder mal Razzia im Dalles. Mich hat der Kommissar Engelbrecht in Ruhe gelassen, meine Papiere sind ja in Ordnung. Aber Benno und Willi hat er mitgenommen. Da kann ich mich noch genau dran erinnern."

„Spricht dieser Benno bayerisch?"

„Der Benno und bayerisch sprechen? Ja, Herrgottsakra, ich hör' wohl nicht recht! Der ist aus Tirol, da wette ich meinen Kopf."

„Herr Karlhuber", strahlt Gennat und gibt ihm den Pass zurück, „ich glaube, Sie haben uns einen großen Schritt weitergebracht."

„Und wo kann ich mir jetzt die Belohnung abholen?"

Verdutzt schaut Gennat ihn an.

„Es ist doch eine Belohnung von 10 000 Mark ausgesetzt!"

„Immer langsam mit die jungen Pferde, noch haben wir die Täter ja nicht."

„Ja, aber mit meiner Hilfe können Sie die Täter doch jetzt verhaften."

Trudchen muss sich das Lachen verkneifen und geht schnell in ihr Vorzimmer.

„Wenn wir die Täter haben", verspricht Gennat, redlich bemüht ein ernstes Gesicht zu machen, „dann werden Sie die Belohnung bestimmt bekommen."

Kaum eine Stunde später erscheint Kommissar Ernst Engelbrecht in Gennats Büro. „Ihr habt mal wieder mehr Glück als Verstand. Wir haben euren Benno und den ‚langen Blonden' damals tatsächlich zur Überprüfung mitgenommen." Nach einem Blick in die Akte nickt Gennat zufrieden. Die Steckbriefe passen. Die Fahndung wird sofort eingeleitet.

Schnell findet er heraus, dass sich die Gesuchten nach Dresden abgesetzt haben, wo eine Schwester Scharkowskis lebt. Jetzt geht alles sehr schnell. Gennat bittet die Dresdener Kollegen um Amtshilfe, und schon wenige Stunden später sind die Beiden ausfindig gemacht und festgenommen.

Am Vormittag des 12. Dezembers wird Benno von Gennat verhört. „Nun erzähl mal, wie das war; es wird dir gut tun, wenn du mir alles erzählst", beginnt Gennat das Verhör und fügt hinzu: „Du brauchst keine Angst zu haben, wir werden dir schon nicht den Kopf abreißen."

Der erfahrene Kommissar weiß, dass der Junge eher Vertrauen fassen wird, wenn er ihn freundschaftlich duzt.

Gennat ist sich darüber im Klaren, dass er hier keinen kaltblütigen Mörder vor sich hat, sondern einen naiven Jungen aus der Provinz, der in der Großstadt „unter die Räder" gekommen ist. Der dicke Kommissar schiebt dem Jungen, den er, wenn er es nicht besser wüsste, allenfalls für einen 17-Jährigen gehalten hätte, ein Stück Kuchen und eine Tasse Kaffee zu und lässt ihn erzählen:

Am 1. Dezember, beginnt Benno, hat Willi ihm vorgeschlagen, seine Arbeit bei dem Großhändler Alexander in Charlottenburg zu übernehmen. Bis zur Erschöpfung schleppt Benno den ganzen Nachmittag schwere Kisten und ist umso enttäuschter, als der Alte ihm nur sieben Mark in die Hand drückt. Er hat wenigstens mit dem Doppelten gerechnet und beschließt, sich an dem Alten zu rächen. Zufällig hat er in Alexanders Brieftasche ein ganzes Bündel Geldscheine gesehen. Die braucht er dem alten Geizhals also bloß zu klauen, und schon ist er alle seine Sorgen los.

„Der Plan, den Alten zu überfallen, war von Willi", beteuert Benno, den Tränen nahe.

„Ein Zeuge hat aber etwas anderes ausgesagt. Es ist besser, wenn du die Wahrheit sagst. Glaube mir, mein Junge, man wird es dir vor Gericht anrechnen. Wenn der Richter merkt, dass du lügst, sieht es schlecht für dich aus."

„Aber ich sage doch die Wahrheit, Herr Kommissar." Benno beginnt zu weinen. „Ich wollte dem Alten zwar die Brieftasche klauen, aber ich wollte ihn nicht töten."

Er sollte nur jemanden suchen, der Schmiere steht. Willi habe dann einen Freund namens Fred angeheuert.

Als Alexander mit Benno nach oben gegangen ist, haben sich Willi und Fred, ohne dass die Portiersfrau sie gesehen hat, mit ins Haus geschlichen. Gleich nachdem der Alte die Wohnungstür geöffnet hat, stürzen sich die im Flur lauernden Jun-

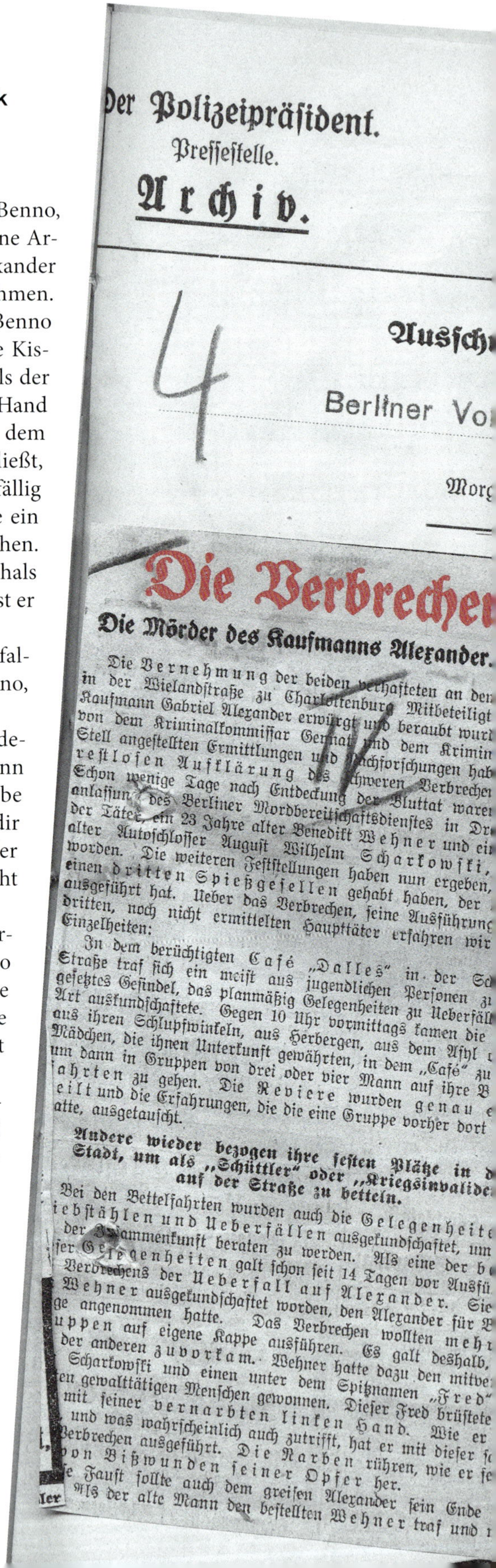
Der Polizeipräsident.
Pressestelle.
Archiv.
4
Ausschn
Berliner Vo
Morg
Die Verbrecher
Die Mörder des Kaufmanns Alexander.
Die Vernehmung der beiden verhafteten an den
in der Wielandstraße zu Charlottenburg Mitbeteiligt
Kaufmann Gabriel Alexander erwürgt und beraubt wur
von dem Kriminalkommissar Gennat und dem Krimin
Stell angestellten Ermittlungen und Nachforschungen hab
restlosen Aufklärung des schweren Verbrechen
Schon wenige Tage nach Entdeckung der Bluttat waren
anlassung des Berliner Mordbereitschaftsdienstes in Dr
der Täter, ein 23 Jahre alter Benedikt Wehner und ei
alter Autoschlosser August Wilhelm Scharkowski,
worden. Die weiteren Feststellungen haben nun ergeben,
einen dritten Spießgesellen gehabt haben, der
ausgeführt hat. Ueber das Verbrechen, seine Ausführung
dritten, noch nicht ermittelten Haupttäter erfahren wir
Einzelheiten:
In dem berüchtigten Café „Dalles" in der Sc
Straße traf sich ein meist aus jugendlichen Personen zu
gesetztes Gesindel, das planmäßig Gelegenheiten zu Ueberfäll
Art auskundschaftete. Gegen 10 Uhr vormittags kamen die
aus ihren Schlupfwinkeln, aus Herbergen, aus dem Asyl
Mädchen, die ihnen Unterkunft gewährten, in dem „Café" zu
um dann in Gruppen von drei oder vier Mann auf ihre B
ahrten zu gehen. Die Reviere wurden genau e
eilt und die Erfahrungen, die die eine Gruppe vorher dort
atte, ausgetauscht.
Andere wieder bezogen ihre festen Plätze in d
Stadt, um als „Schüttler" oder „Kriegsinvaliden
auf der Straße zu betteln.
Bei den Bettelfahrten wurden auch die Gelegenheite
iebstählen und Ueberfällen ausgekundschaftet, um
der Zusammenkunft beraten zu werden. Als eine der b
ser Gelegenheiten galt schon seit 14 Tagen vor Ausfü
Verbrechens der Ueberfall auf Alexander. Sie
Wehner ausgekundschaftet worden, den Alexander für B
ge angenommen hatte. Das Verbrechen wollten mehr
uppen auf eigene Kappe ausführen. Es galt deshalb,
der anderen zuvorkam. Wehner hatte dazu den mitve
Scharkowski und einen unter dem Spitznamen „Fred"
en gewalttätigen Menschen gewonnen. Dieser Fred brüstete
mit seiner vernarbten linken Hand. Wie er
und was wahrscheinlich auch zutrifft, hat er mit dieser
Verbrechen ausgeführt. Die Narben rühren, wie er se
von Bißwunden seiner Opfer her.
e Faust sollte auch dem greisen Alexander sein Ende
Als der alte Mann den bestellten Wehner traf und

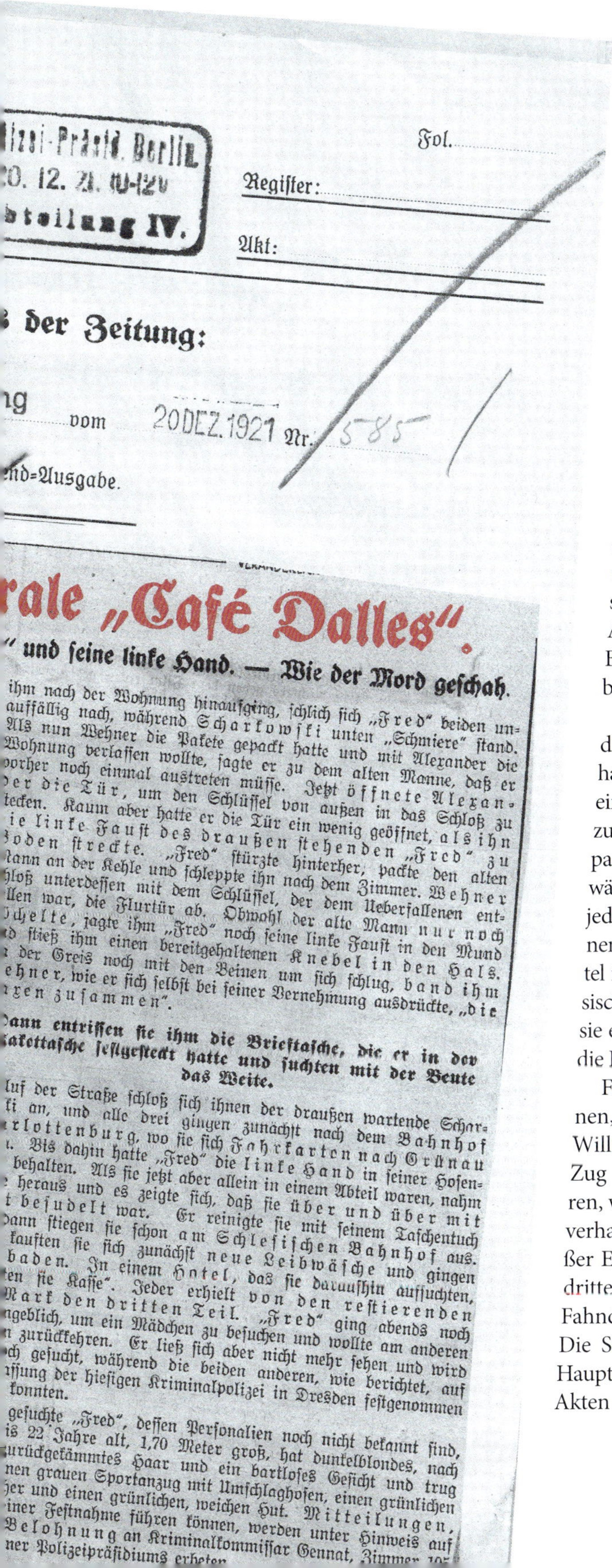
lizei-Präsid. Berlin
20. 12. 21. 10-12
bteilung IV.

Fol.
Register:
Akt:

der Zeitung:
ng vom 20 DEZ.1921 Nr. 585
nd-Ausgabe.

rale „Café Dalles".
" und seine linke Hand. — Wie der Mord geschah.

ihm nach der Wohnung hinaufging, schlich sich „Fred" beiden unauffällig nach, während Scharkowski unten „Schmiere" stand. Als nun Wehner die Pakete gepackt hatte und mit Alexander die Wohnung verlassen wollte, sagte er zu dem alten Manne, daß er vorher noch einmal austreten müsse. Jetzt öffnete Alexander die Tür, um den Schlüssel von außen in das Schloß zu stecken. Kaum aber hatte er die Tür ein wenig geöffnet, als ihn die linke Faust des draußen stehenden „Fred" zu Boden streckte. „Fred" stürzte hinterher, packte den alten Mann an der Kehle und schleppte ihn nach dem Zimmer. Wehner schloß unterdessen mit dem Schlüssel, der dem Ueberfallenen entfallen war, die Flurtür ab. Obwohl der alte Mann nur noch röchelte, jagte ihm „Fred" noch seine linke Faust in den Mund und stieß ihm einen bereitgehaltenen Knebel in den Hals. Da der Greis noch mit den Beinen um sich schlug, band ihm Wehner, wie er sich selbst bei seiner Vernehmung ausdrückte, „die Haxen zusammen".

Dann entrissen sie ihm die Brieftasche, die er in der Jakettasche festgesteckt hatte und suchten mit der Beute das Weite.

Auf der Straße schloß sich ihnen der draußen wartende Scharkowski an, und alle drei gingen zunächst nach dem Bahnhof Charlottenburg, wo sie sich Fahrkarten nach Grünau ... Bis dahin hatte „Fred" die linke Hand in seiner Hosentasche behalten. Als sie jetzt aber allein in einem Abteil waren, nahm er sie heraus und es zeigte sich, daß sie über und über mit Blut besudelt war. Er reinigte sie mit seinem Taschentuch. Dann stiegen sie schon am Schlesischen Bahnhof aus. ... kauften sie sich zunächst neue Leibwäsche und gingen ... baden. In einem Hotel, das sie daraufhin aufsuchten, ... ten sie Kasse". Jeder erhielt von den restierenden ... Mark den dritten Teil. „Fred" ging abends noch angeblich, um ein Mädchen zu besuchen und wollte am anderen ... zurückkehren. Er ließ sich aber nicht mehr sehen und wird ... gesucht, während die beiden anderen, wie berichtet, auf ... Veranlassung der hiesigen Kriminalpolizei in Dresden festgenommen ... konnten.

... gesuchte „Fred", dessen Personalien noch nicht bekannt sind, ... is 22 Jahre alt, 1,70 Meter groß, hat dunkelblondes, nach ... zurückgekämmtes Haar und ein bartloses Gesicht und trug ... nen grauen Sportanzug mit Umschlaghosen, einen grünlichen ... er und einen grünlichen, weichen Hut. Mitteilungen, ... seiner Festnahme führen können, werden unter Hinweis auf ... Belohnung an Kriminalkommissar Gennat, Zimmer ... ner Polizeipräsidiums erbeten.

gen auf Alexander, ziehen ihn ins Wohnzimmer, knebeln ihn und fesseln ihm die Füße, durchsuchen sein Jackett und stehlen etwa 9000 Mark aus der Brieftasche. Dann schleppen sie ihr Opfer aufs Sofa, wickeln es fest in eine Plüschdecke, die auf einem Sessel liegt, und flüchten. Zu diesem Zeitpunkt soll Alexander, so beteuert Benno, noch gelebt haben.

Nach der Tat fahren die drei in die Schönhauser Straße, um erst einmal das Nötigste einzukaufen: Seife, Zahnpasta, Hemden, Unterwäsche, Stiefel und für jeden einen Koffer. In einem schmuddeligen Hotel in der Nähe des Schlesischen Bahnhofs mieten sie ein Zimmer und teilen die Beute.

Fred trennt sich von ihnen, während Benno und Willi mit dem nächsten Zug nach Dresden fahren, wo man sie schließlich verhaftet. Zu Gennats großer Enttäuschung wird der dritte Täter trotz intensiver Fahndung nicht gefasst. Die Strafen für die beiden Haupttäter gehen aus den Akten nicht hervor.

Die Zeitungen berichten ausführlich über den Mord an dem Kaufmann Gabriel Alexander. Hier ein Ausschnitt der „Berliner Volkszeitung" vom 20. Dezember 1921

Der Geschwistermord von Breslau

„Schon als Kind konnte ich das Märchen nicht leiden“, murmelt Gennat und weist mit einem Stock auf die rote Haarschleife und das Körbchen mit Brot, Wurst und Kuchen, das die Beamten, als habe es jemand weggeworfen, am Rand des Waldwegs entdeckt haben. „Nun müssen wir nur noch das dazugehörige Rotkäppchen finden.“

„Ich glaube, wir haben's schon!“, kommt es aus dem Dickicht von einem der Hundeführer. Geleitet von einem Schäferhund führt er die Beamten zu der Stelle, an der sein Hund die nur notdürftig verscharrte Mädchenleiche aufgespürt hat. Der Gerichtsmediziner hat keinen Zweifel: Das Mädchen ist brutal vergewaltigt und erdrosselt worden. – Vom bösen Wolf fehlt indes jede Spur.

Sechs Tage zuvor, am 8. Juni 1925, ist die zehnjährige Senta Eckert aus der Stolpischen Straße (heute Paul-Robeson-Straße) in Prenzlauer Berg auf dem Weg zum elterlichen Laubengrundstück Rudelsburg-/Ecke Frankensteinstraße in Blankenburg spurlos verschwunden. Zeugen haben noch beobachtet, wie Senta am Bahnhof Gesundbrunnen in eine Vorortbahn eingestiegen ist. Dann verliert sich ihre Spur.

Wieder ein Kindermord! Die Presse berichtet ausführlich, und die Angriffe auf die Polizei, die beim Aufklären von Sexualverbrechen immer wieder versagt, verschärfen sich. Auch der jüngste Fall scheint ein „nasser Fisch“ zu werden.

Fast genau ein Jahr später, Sentas Mörder ist noch immer auf freiem Fuß, macht wieder ein grausiger Sexualmord Schlagzeilen. Diesmal liegt der Tatort im schlesischen Breslau.

Am Sonnabend, dem 5. Juni 1926, entdecken Spaziergänger gegen 22.45 Uhr unweit des Hauptportals der Technischen Hochschule in Breslau ein verdächtiges, herrenloses Paket. Eine Bombe? Auf dem Polizeirevier wird es vorsichtig geöffnet. Kaum ist das Papier entfernt, packt die Beamten blankes Entsetzen: Zum Vorschein kommen die verstümmelte Leiche eines Mädchens und der Kopf eines Knaben, außerdem verschiedene Kleidungsstücke, die vermutlich den Kindern gehören.

Die Identität der Opfer ist schnell geklärt, denn wenige Stunden zuvor hat eine gewisse Frau Fehse ihre beiden Kinder als vermisst gemeldet. Die achtjährige Erika und der elfjährige Otto sind vom Einkaufen nicht zurückgekehrt.

Die Polizei kann der Mutter die schwere Aufgabe nicht ersparen. Sie muss die Kinder identifizieren. – Es sind Otto und Erika. Die Kleidungsstücke aus dem Paket, bestätigt die Mutter, gehören den Kindern. Allerdings fehlen der Schlüpfer des Mädchens, die Matrosenbluse des Jungen sowie sein Hemd und seine Hosenträger.

„Und die Schuhe", ergänzt der Beamte. Frau Fehse schüttelt den Kopf. Ihre Kinder seien barfuß gewesen. Für neue Schuhe habe sie kein Geld.

Spürhunde nehmen am Fundort die Witterung auf, doch die Tiere verlieren schon nach wenigen Metern die Spur. Die gesamte Breslauer Polizei wird mobilisiert, um nach den restlichen Leichenteilen zu suchen. Eine Aktion, die in der Nacht zum Montag zum Erfolg führt: In einer Parkanlage entdeckt eine Polizeistreife ein ähnliches Paket. Es enthält den Rumpf und die Gliedmaßen des Jungen. Den bestialisch zerstückelten Leichen sind zudem innere Organe entnommen worden.

Am Morgen des 7. Juni erreicht der Fall seinen grausigen Höhepunkt: Otto Urban, der Großvater der Kinder, bekommt ein Päckchen zugeschickt. Es enthält, eingewickelt in das Höschen des Mädchens, die Geschlechtsteile der beiden Kinder.

Die von der Presse angeprangerten Misserfolge seiner Behörde veranlassen den Polizeipräsidenten von Breslau, seinen Berliner Amtskollegen um Hilfe zu bitten. Es hat sich längst bis nach Breslau herumgesprochen, dass der Leiter der neugegründeten Berliner Mordinspektion ein genialer Mordexperte ist, dem fast jeder Mörder ins Netz geht.

Angesichts der Schwere der Tat schickt der Berliner Polizeipräsident Grzesinski seinen besten Mann umgehend nach Breslau. So bleibt Kriminalrat Ernst Gennat nur noch Zeit, Wäsche, Rasier- und Waschzeug aus seiner Wohnung in Charlottenburg zu holen. Mit einer Sondermaschine fliegt er vom gerade erst ausgebauten Flughafen Tempelhof nach Breslau. Am Abend des 7. Juni 1926 schreibt er an den Kollegen Ludwig Werneburg, der während seiner Abwesenheit die Berliner Mordinspektion leitet: „Lieber Herr Werneburg!

Erika und Otto Fehse

In der Gegend um den Breslauer Bahnhof ereignete sich vermutlich der Mord an Erika und Otto Fehse.

Mit dem Flugzeug nach wunderschöner Fahrt in zwei Stunden hier eingetroffen, sind wir bereits ununterbrochen in der Sache tätig." Und er bittet Werneburg, die Kategorie der Sittlichkeitsverbrecher und Sadisten in der „Todesermittlungskartei" daraufhin durchsehen zu lassen, „ob irgendwelche Personen darin vorkommen, die man mit der Sache in Verbindung bringen könnte. Führt etwa die Spur einer dieser Personen nach Breslau?"

Kaum ein anderes Verbrechen hat Gennat in seiner nun 20-jährigen Berufspraxis so erschüttert und bewegt wie dieser Doppelmord. An Werneburg schreibt er:

„Wenn auch ähnliche Verbrechen aus sadistischen Motiven und Zerstückelung von Kindern in der hier in Frage kommenden Weise schon öfter vorgekommen sind, so ist mir doch aus der ganzen Literatur und Praxis kein Fall bekannt, in dem der Täter die Geschlechtsteile seiner Opfer ihren Angehörigen mit der Post ins Haus gesandt hätte."

Dass die Kinder auf unterschiedliche Weise ermordet worden sind, ist für Gennat ein bemerkenswerter Aspekt: Dem Mädchen hat der Mörder die Kehle durchgeschnitten, den Jungen hat er erstickt. Gennat geht von einem Serientäter aus, der aller Wahrscheinlichkeit nach schon ähnliche Verbrechen verübt hat. Er bittet Werneburg, ihm eine Liste ähnlicher Fälle, ob aufgeklärt oder nicht, zusammenzustellen und telegrafisch zu übermitteln.

Wenige Stunden später erhält Gennat eine Liste mit elf vergleichbaren Taten, verübt im Deutschen Reich zwischen 1906 bis 1926. – Alle Fälle sind ungeklärt! Kein Ruhmesblatt für die Kriminalpolizei.

Gennat konzentriert sich insbesondere auf zwei Fälle: Am 23. Februar 1906 ist in Hamburg Altona ein sechsjähriges Mädchen auf ebenso sadistische Weise ermordet worden. Der Täter hat sein Opfer erstickt und ebenfalls innere Organe entnommen. Am 12. Januar 1914 ist in Hannover eine Fünfjährige einem Lustmord zum Opfer gefallen. Dem Mädchen hat man die Kehle durchgeschnitten und innere Organe entnommen. Beide Verbrechen sind nie aufgeklärt worden.

Vor Gennat steht auch in Breslau eine undankbare Aufgabe. In einer fremden Umgebung zu ermitteln, ist keine ideale Voraussetzung. Gennat kennt sich in der Stadt nicht aus. Er ist mit dem Milieu nicht vertraut und kann somit nicht, wie in Berlin, auf Kontakte in der Unterwelt zurückgreifen. Offiziell betont er zwar die harmonische Zusammenarbeit mit den Breslauer Kollegen, aber begeistert sind diese nicht, dass man ihnen den berühmten Kriminalrat aus Berlin vor die Nase setzt. Gennat nimmt es gelassen, ja mit Humor und schreibt am 16. Juni 1926 in einem Brief an Ludwig Werneburg:

„Ich bitte Sie, sämtliche Herren der Inspektion insbesondere auch Frl. Steiner herzlich zu grüßen. Meine in Berlin gefürchtete Neigung, unermüdlich bis in die späten Abend- und Nachtstunden zu diktieren, wird auch von der Schreiberin dieser Zeilen bereits unliebsam empfunden. Deshalb wollen wir bereits um 10 Uhr Schluss machen. Mit herzlichen Grüßen, Ihr sehr ergebener Gennat."

Gennat will alles über die Fehse-Kinder und deren Umgang wissen: Mehr schlecht als recht bringt Frau Fehse sich und ihre Kinder als Näherin von Lampenschirmen und als Masseuse durch. Ihre Eltern versuchen sie zu unterstützen, indem sie sich um die Kinder kümmern. Nach der Schule gehen die Kinder zu den Großeltern. Der Großvater, für den die beiden kleinere Aufträge erledigen, ist Korbmacher und betreibt in der Gartenstraße unweit des Hauptbahnhofs eine kleine Werkstatt. Eine Gegend, die der am Schlesischen Bahnhof in Berlin nicht unähnlich ist: Sie ist geprägt von unzähligen schmuddeligen Stundenhotels und Absteigequartieren, Verbrecherkaschemmen und illegalen Spielclubs. Berufs- und Gelegenheitsgauner, Zuhälter, Prostituierte und Strichjungen beherrschten das Straßenbild. Kurzum: ein Sammelpunkt der Breslauer Unterwelt.

Kommissar Ludwig Werneburg ermittelte zusammen mit Gennat im Fall Fehse.

Wenn der Großvater keine Aufgabe für die Geschwister hat, treiben sie sich am Hauptbahnhof herum, wo sie sich mit kleinen Handreichungen beim Ausladen von Güterwaggons und Botengängen für Leute aus dem „Milieu“ ein bescheidenes Taschengeld verdienen. Eine Gemüsehändlerin aus der Nachbarschaft sagt aus, dass die Kinder oft bei ihr um Obst gebettelt hätten.

Das Päckchen, welches der Großvater erhalten hat, weist eine Besonderheit auf: An der Handschrift hat er sofort erkannt, dass die Adresse auf dem kleinen Paket von seinem Enkel geschrieben worden ist. Hat der Mörder den Jungen vor der Tat gezwungen, die Adresse zu schreiben? Doch Otto Fehse hat statt der richtigen Hausnummer, der Nummer 97, die Nummer 88, die des gegenüberliegenden Hauses aufgeschrieben. Soll der aufgeweckte Otto sich tatsächlich geirrt haben? Aus den Unterlagen geht nicht hervor, ob im Zuge der Ermittlungen der Frage nachgegangen worden ist, ob der Junge damit einen versteckten Hinweis geben wollte.

Der Weg der Kinder kann hingegen rekonstruiert werden: Nachdem sie nachmittags für den Großvater unterwegs gewesen sind, schickt die Mutter die Geschwister gegen 17 Uhr zur Post, um ein Paket abzuholen. Zeugen wollen sie in Begleitung von zwei Männern gesehen haben. Die Beschreibungen sind aber viel zu vage, um die Männer zur Fahndung ausschreiben zu können. Auf der Post sind die Kinder noch gewesen, denn ein in der Paketannahme des Paketpostamtes 22 beschäftigter Beamter sagt später aus, am betreffenden Tag habe sich gegen sechs Uhr abends ein Junge in Begleitung eines Mädchens nach einem Paket für die Mutter erkundigt. Der Postbeamte habe ihnen erklärt, dass sie, um zur Paketausgabestelle zu gelangen, den Eingang in der Breitestraße benutzen müssten. Danach verliert sich die Spur der Kinder.

Gennat geht davon aus, dass sich der Tatort in unmittelbarer Nähe der Post oder in der Nähe der Fundorte der Pakete befinden müsse. Er lässt sowohl das Postamt als auch die Räume der Technischen Hochschule gründlich durchsuchen. Gleich zweimal von verschiedenen Beamten, um nichts zu übersehen. Es finden sich aber keinerlei Spuren.

Immer wieder gehen Hinweise von übereifrigen Bürgern auf mögliche Tatorte oder Blutspuren ein, die sich aber in allen Fällen als älter erweisen und mit dem Fehse-Mord nichts zu tun haben können. Auch Hellseher, Spiritisten, Okkultisten und Hypnotiseure bieten ihre Dienste an. Sie nennen auch tatsächlich alle einen Tatort – jedoch jeder einen anderen. Zahlreiche Verdächtige werden festgenommen, müssen aber nach kurzer Zeit wieder auf freien Fuß gesetzt werden.

Gennat bleibt optimistisch und schreibt am 13. Juni 1926 nach Berlin:

„Da es nach menschlichem Ermessen möglich sein muss, den Tatort durch Mitwirkung der Publikums zu ermitteln, ist zwecks Provokation einer derartigen Mitwirkung unter Berücksichtigung des ungewöhnlichen Verbrechens auch zu ungewöhnlichen Mitteln gegriffen worden."

Das Mittel, zu dem der erfahrene Berliner Kriminalrat jetzt greift, ist in der Tat ungewöhnlich und soll in den nächsten Jahren auch in Berlin mehrfach Anwendung finden.

Gennat lässt sich von einem bekannten Warenhaus in der Breslauer Innenstadt ein Schaufenster zur Verfügung stellen, in dem er Wachspuppen in Originalgröße der Fehse-Kinder mit deren Originalkleidern ausstellen lässt: Otto Fehse in seiner blauweiß gestreiften Matrosenbluse und der dunklen Kniehose, Erika Fehse in ihrem dunkelblauen, kurzärmeligen Wollkleidchen mit aufgenähten bunten Wollblumen, daneben naturgetreue Nachbildungen der Pakete, zum Teil unter Verwendung der Originalumhüllungen, und Skizzen mit den Fundstellen der Pakete. Zudem werden 100 000 Handzettel mit einem Fahndungsaufruf verteilt.

Systematisch grast Gennat die Breslauer Unterwelt ab, ermittelt sowohl in Verbrecherkreisen als auch im Milieu der Stricher, Prostituierten und Zuhälter – ohne Erfolg.

Als Ernst Gennat am 31. Juli 1926 von Ludwig Werneburg abgelöst wird, fehlt vom Täter noch immer jede Spur. Auch Werneburg wird einige Wochen später ohne Fahndungsergebnis nach Berlin zurückkehren.

An die Bevölkerung
von Breslau und Umgegend!

„Such- und Fahndungs-Tag!"

Auf dem Ringe sind die

Kleider der ermordeten Kinder

ausgestellt! Daneben die **Pakete** in Originalumhüllung!

Geht noch heute hin und beantwortet folgende Fragen:

Habt Ihr **diese Kinder** am Sonnabend Nachmittag und später gesehen?

Wann? — Wo? — Mit wem?

Habt Ihr am Sonnabend oder Sonntag Personen mit

diesen auffallenden Paketen gesehen?

Habt Ihr schon **alle überall** Euer Haus, Eure Keller, Eure Böden, Euer Gartengrundstück, Eure Schrebergärten, Eure Lauben, Eure Remisen, Eure Schuppen, Eure Garagen usw. durchsucht?

Niemand — sei es Privatmann oder Behörde — darf sich der sofortigen Ausführung dieser **Pflicht** entziehen.

Alle müssen helfen, den Unhold zur Strecke zu bringen.

Anzeigen an die nächste Polizeistelle oder an

die Kriminalpolizei.

Druckerei Schenkalowsky Akt.-Ges. Breslau 5

Einen Monat nach Gennats Rückkehr nach Berlin, am 30. August 1926, wird ein „gefährlicher Straßenräuber“ gefasst, der 25-jährige Gelegenheitsarbeiter Karl Böttcher aus der Linienstraße 161, auf dessen Konto ein Raubmord im Mai in Straußberg geht sowie diverse Überfälle auf Frauen. Böttcher gesteht den Raubmord, streitet aber weiter Taten ab. Gennat bleibt hartnäckig und im Laufe des Tages und der Nacht gesteht Böttcher zahlreiche Vergewaltigungen und Raubüberfälle, zum Teil mit schwerer Körperverletzung. Als sich Gennat mit Böttchers Vorleben befasst, kommt ihm der Verdacht, Böttcher habe weitere Mordtaten verübt. Ist Böttcher auch Senta Eckerts Mörder? Böttcher passt ins Täterprofil. Gennats Vermutung erweist sich als richtig. Böttcher wird des Mordes an Senta Eckert überführt. Am 3. September 1926 legt er ein umfassendes Geständnis ab.

Die Morde an den Geschwistern Fehse werden indes weder in Breslau noch in Berlin aus den Augen verloren. Die Idee vom Wiederholungstäter schwirrt Gennat auch noch Jahre später durch den Kopf. Im Mai 1930 lädt er einen gewissen Theodor Berger vor. Berger ist 1904 wegen des Mordes an der achtjährigen Lucie Berlin aus der Ackerstraße in einem fragwürdigen Indizienprozess zu 15 Jahren Zuchthaus verurteilt worden. Berger, der stets seine Unschuld beteuert hat, sitzt seine Strafe bis auf den letzten Tag ab. Jetzt ist er „Geschäftsmann“ und zieht mit einem Chromkessel, aus dem er heiße Würstchen verkauft, durch die Straßen. Im Juni 1926 ist Berger definitiv nicht in Breslau gewesen. Doch er nimmt die Gelegenheit gleich wahr, noch einmal seine Unschuld im Fall Lucie Berlin zu beteuern.

Mit Handzetteln ruft die Polizei die Bevölkerung zur Mithilfe auf.

Die Polizei in Breslau tappt indes weiterhin im Dunkeln, und die Chancen, nach gut vier Jahren noch zu einem zufriedenstellenden Ermittlungsergebnis zu kommen, sind gering.

Im Sommer 1934, inzwischen sind die Nationalsozialisten an der Macht, sorgt der Fall Fehse erneut für Schlagzeilen. Das nationalsozialistische Wochenblatt „Der Stürmer“ bringt unter der Überschrift „Der Ritualmord in Breslau“ einen stark verfälschten und wirren Bericht über den Mordfall Fehse. Behauptet wird, dass es sich nicht um einen Sexualmord, sondern um einen von Juden verübten „Ritualmord“ gehandelt habe. Darüber hinaus wird die Breslauer Kriminalpolizei beleidigt. Der stellvertretende Polizeipräsident von Breslau beweist jedoch Courage und lässt das Blatt in seinem Zuständigkeitsbereich beschlagnahmen und einstampfen.

Das Material zum Mordfall Fehse wächst im Laufe der Jahre auf 120 Bände an. Doch der Erfolg bleibt aus. Im Sommer 1934 setzt der neue Polizeipräsident von Breslau noch einmal eine Sonderkommission auf den Fall an. Bald darauf scheint es tatsächlich eine heiße Spur zu geben.

Im Zuge der wiederaufgenommenen Ermittlungen stößt die Polizei auf den 33-jährigen Herbert Höll, der seit 1924 unangemeldet in Breslau lebt. Ein Sonderling, der in einer Dachkammer in einem Breslauer Vorort haust. Eine Haussuchung in der verwahrlosten Wohnung bringt Verblüffendes zutage: nicht nur 6700 pornographische Postkarten, sondern auch noch ganze Stöße von Manuskriptpapier, eng mit stenographischen Aufzeichnungen beschrieben. Die Stenogramme werden von mehreren Sekretärinnen abgetippt. Das Ergebnis: 3944 Schreibmaschinenseiten! Die Aufzeichnungen enthalten wirre Schilderungen von Lustmorden, die er offenbar in seiner Phantasie durchgespielt hat.

Zudem entdecken die Beamten eine umfangreiche Kartei, die ausschließlich Adressen von Breslauer Kindern enthält. Höll muss die Kinder verfolgt und so ihre Adressen ermittelt haben! Darüber hinaus hat er über die Jahre alle Zeitungsartikel über Sexual- beziehungsweise Lustmorde gesammelt. Seltsamerweise findet sich darunter aber kein einziger Artikel zum Mord an den Fehse-Kindern, obwohl kaum ein anderer Mord in der Presse eine derartig große Resonanz gefunden hat.

Am 17. November 1934 wird Höll verhaftet. Er leugnet zwar die Täterschaft, wird aber bei einer Gegenüberstellung von zwei Frauen unabhängig voneinander wiedererkannt, die ihn an dem fraglichen Nachmittag mit den Fehse-Kindern gesehen haben wollen. Können sich die Zeugen nach acht Jahren tatsächlich noch an das Gesicht des Mannes erinnern? Die Ermittler sind skeptisch, zumal sich Hölls Äußeres stark verändert hat.

Dennoch passt der in Dresden geborene Höll ins Täterprofil. Schon während seiner Schulzeit fällt er durch abnorme sexuelle Neigungen auf und ist dadurch völlig isoliert. 1924 kommt er nach Breslau, um Mathematik zu studieren. Er gilt als überdurchschnittlich begabt und seine Lehrer sagen ihm eine glänzende wissenschaftliche Laufbahn voraus.

Auf einmal melden sich Zeuginnen, die behaupteten, vor Jahren von Höll belästigt worden zu sein. Die Ermittlungen ergeben, dass er zur Tatzeit in unmittelbarer Nähe der Fehses gewohnt hat. Es liegt durchaus im Bereich dem Möglichen, dass er die Tat begangen hat.

Erst am 4. Februar 1935 teilt das Polizeipräsidium von Breslau in einer Pressekonferenz die Festnahme des Verdächtigen der Öffentlichkeit mit. „Breslauer Kindermord nach acht Jahren vor der Aufklärung", meldet der „Berliner Lokal-Anzeiger" am 5. Februar 1935, und „Der Westen" bringt einen Tag später unter der Überschrift „Der Unhold von Breslau. Wie der geheimnisvolle Sonderling entdeckt wurde" eine große Reportage. Die allgemeine Euphorie bekommt jedoch schon bald einen

Dämpfer. Denn um Mordanklage gegen Höll zu erheben, reicht dem Staatsanwalt das Material nicht.

Im August 1936 meldet sich dann bei der Breslauer Polizei ein gewisser Walter Krause und behauptet, den Täter „ermittelt“ zu haben. Seinerzeit habe er einen Mann beobachtet, der „mit Sicherheit“ der Mörder der Geschwister Fehse ist. Der eifrige Hobby-Detektiv hat den von ihm Verdächtigten Dr. Arthur Engel aus Berlin tatsächlich bis ins kleinste Detail ausspioniert. Aber was macht Engel so verdächtig? – Allein die Tatsache, dass er Jude ist. Denn Krause macht aus seinem Antisemitismus keinen Hehl.

Am 4. September 1936 wird Krauses abstruses, mehrere Seiten umfassendes Schreiben an Ernst Gennat weitergeleitet. Gennat hasst „Klugscheißer“, die den Ermittlern erklären wollen, wie sie ihre Arbeit zu machen haben. Was er von Krauses Darlegungen hält, beweist die Tatsache, dass der er auf das Schreiben erst am 18. Januar 1937 in aller Kürze antwortet: Man habe Engel überprüft, ja sogar observiert, es läge aber kein Verdacht gegen ihn vor.

Der Tod von Erika und Otto Fehse ist nie aufgeklärt worden.

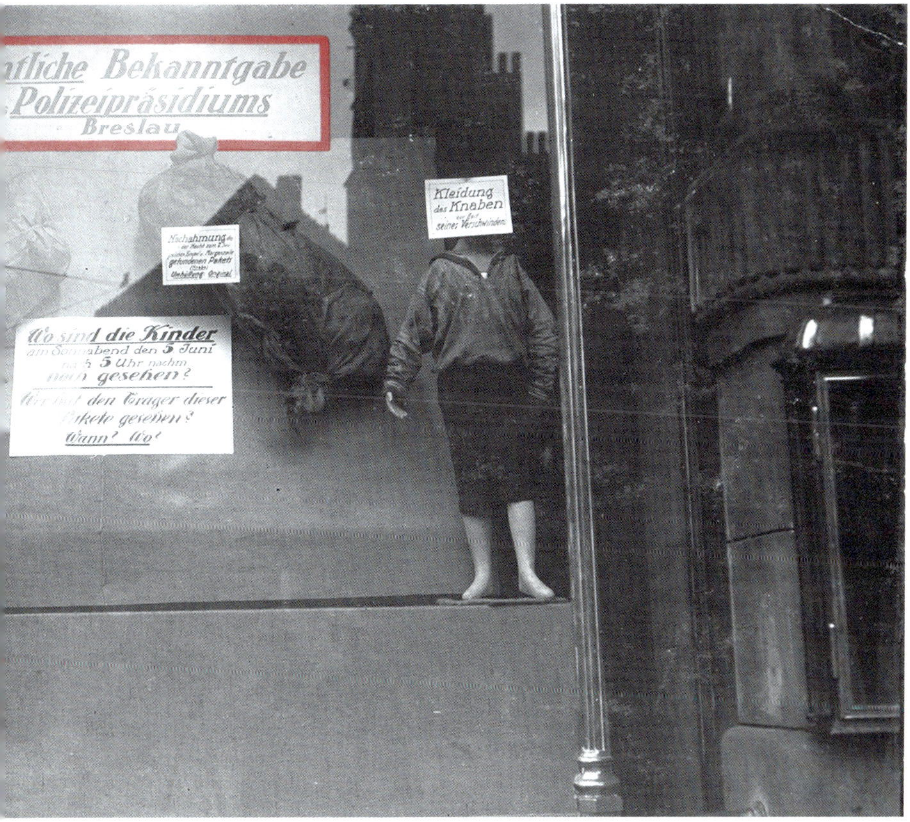

In einem Schaufenster eines Breslauer Warenhauses lässt Gennat die Kleidung der Geschwister Fehse zusammen mit Nachbildungen der Pakete, in denen man ihre Leichen fand, ausstellen.

Tod im Stundenhotel

Ungeachtet der Fortschritte, die die Kriminaltechnik in den Zwanzigerjahren macht, stößt die Kriminalpolizei bei ihrer Arbeit immer wieder an Grenzen – nämlich dann, wenn ein Täter so gut wie keine Spuren hinterlässt, am Tatort von niemandem gesehen wird und sich auch sonst in keiner Weise verdächtig macht. Bleibt selbst die öffentliche Fahndung mit ausführlichen Meldungen in der Presse, im Rundfunk oder mittels Plakaten ohne Resonanz, dann müssen die Ermittler ihre Hartnäckigkeit und ihr kriminalistisches Können unter Beweis stellen.

Am 2. Juli 1927, gegen ein Uhr morgens, lässt die Nachtglocke den Portier des Hotels „Weinmeisterhof" in der Rosenthaler Straße 65 aus seinem Nickerchen hochschrecken. Ein Pärchen fragt nach einem Zimmer. Dass es nur für eine Nacht sein soll, brauchen sie nicht hinzuzufügen. Hier will niemand länger bleiben. Der Portier legt ihnen den Meldezettel vor und greift nach einem Schlüssel.

„Nummer elf im zweiten Stock", nuschelt er. „Ich muss Sie hochbringen. Is zugesperrt. Wird so viel geklaut in letzter Zeit." Er nimmt ein Schlüsselbund aus der Schublade des Tresens und steigt vor dem Paar die Treppe hinauf. Eine Art Bretterverschlag mit einer primitiven Tür aus Holzlatten trennt die Treppe von dem Gang, von dem die Zimmer abgehen. „Zimmer elf is gleich rechts", murmelt er, indem er die eigentümliche Zwischentür aufsperrt. „Um sieben Uhr wird geweckt. Wenn Sie vorher weg wollen, müssen Sie klingeln." Hinter den beiden schließt er wieder ab und schlurft die Treppe hinunter.

Mit dem Glockenschlag um sieben Uhr übernimmt der Wirt persönlich das Wecken, klopft an jede Tür und wartet, um sicherzugehen, dass die Gäste auch tatsächlich wach sind, auf Antwort. Zweimal muss er an Zimmer elf klopfen, bis er von drinnen eine Frauenstimme vernimmt: „Es dauert noch einen Moment."

„Dann müssen Sie klingeln, wenn Sie raus wollen", ruft er durch die geschlossene Tür und geht.

Kurz nach acht Uhr klingelt es aus Zimmer elf. Das Zimmermädchen eilt nach oben, um die Zwischentür aufzuschließen. Kaum hat sie den Schlüssel herumgedreht, wird die Tür so heftig von der anderen Seite aufgestoßen, dass sie buchstäblich an die Wand fliegt. Sie nimmt nur einen Schatten wahr und hört, wie jemand die Treppe hinunterrennt und die Eingangstür zuknallt.

Die Tür von Zimmer elf steht offen. Auf dem Bett liegt eine Frau, halb zugedeckt und anscheinend vollständig bekleidet. Das Zimmermädchen tritt an das Bett, weicht aber gleich wieder entsetzt zurück. Die Frau starrt aus leeren Augen an die Decke; aus ihrem Mund fließt Blut. Einen Aufschrei unterdrückend, stürzt das Mädchen aus dem Zimmer und rennt nach unten.

Wenig später sind Ernst Gennat, die Kommissare Lobbes und Zapfe, die die Ermittlungen leiten werden, sowie der Gerichtsarzt am Tatort. Ihnen folgen die Beamten der Spurensicherung.

Der Arzt hat keinen Zweifel: Die Frau ist keines natürlichen Todes gestorben. Ihr Hals weist deutliche Würgemale und scharfe Eindrücke von Fingernägeln auf. Neben dem Bett liegt eine Handtasche. Sie enthält ein Portemonnaie mit zehn Mark, Schminkutensilien, aber keine Ausweispapiere. Doch die Tatsache, dass die Frau in diesem Hotel aufgefunden wird, legt den Schluss nahe, dass es sich um eine Prostituierte handelt. Gennat lässt sich den Meldezettel zeigen. „Erich Lehmann und Frau, geborene Reimann", liest er und schüttelt den Kopf. „Papier ist geduldig." Wer gibt schon, wenn er in einer solchen Absteige nächtigt, seinen richtigen Namen preis? Und nach Ausweispapieren fragt hier niemand. Der Nachtportier ist der Polizei keine Hilfe. Er kann das Paar nicht beschreiben. Er habe im Laufe der Jahre gelernt, durch die Gäste hindurchzuschauen, sagt er.

Die Frau ist zwar allem Anschein nach nicht vergewaltigt worden, dennoch geht Gennat nicht von einem Raub-, sondern von einem Lustmord aus. Doch zunächst muss die Tote identifiziert werden. Die Zeitungen veröffentlichen eine detaillierte Beschreibung, und auch der Rundfunk berichtet ausführlich.

Im Seifenladen von Paul Gutowski findet die Polizei am 6. August 1927 die tote Hedwig Östreich.

Der Erfolg lässt nicht lange auf sich warten. Schon am nächsten Morgen erscheint der Arbeiter Horst Schmidt in Gennats Büro. Die Beschreibung der Ermordeten, sagt Schmidt, passe auf die 25-jährige Else Arndt, die seit drei Jahren bei ihnen in der Alexandrinenstraße zur Untermiete wohne. Auf die Frage, womit Else Arndt ihren Lebensunterhalt verdiene, zuckt Schmidt mit den Schultern. „Sie war mal irgendwo Hausangestellte, jetzt geht sie wohl anschaffen", vermutet er. Schmidt und seine Ehefrau erklären sich bereit, die Ermordete zu identifizieren, und begleiten die Kommissare ins Leichenschauhaus. – Sie sind sich sicher. Bei der Toten handelt es sich um ihre Untermieterin Else Arndt.

Wie immer lässt Gennat auch diesmal seine Kommissare nicht aus den Augen und gibt präzise Anweisungen. Lobbes und Zapfe beginnen ihre Ermittlungen im vermuteten Umfeld der Toten, in den Lokalen in der Rosenthaler, der Münz- und der Weinmeisterstraße. Sie bringen in Erfahrung, dass Arndt gelegentlich tatsächlich in dieser Gegend anschaffen ging. Hinweise auf einen Freier, mit dem sie in der Nacht vom 2. auf den 3. Juli in den Weinmeisterhof gegangen sein könnte, bleiben allerdings aus. Doch Lobbes und Zapfe geben nicht auf. Sie schlagen sich weitere Nächte in den einschlägigen Kaschemmen des Scheunenviertels um die Ohren. Keine leichte Arbeit, denn sie haben nicht einmal eine Beschreibung des vermutlichen Täters.

Die Presse berichtet über den mysteriösen Tod von Hedwig Östreich und zeigt ein Foto des Verdächtigen Paul Gutowski.

Um dem Gedächtnis des Publikums auf die Sprünge zu helfen, setzt der Polizeipräsident eine Belohnung von 1000 Mark aus.

Es passt den Kommissaren ganz und gar nicht, dass sie am 6. August mit einem neuen Fall betraut werden. Lieber würden sie im Mordfall Else Arndt am Ball bleiben.

„Hört auf zu jammern. Ihr wisst selbst, dass ich zu wenige Leute habe", schnauft Gennat missmutig und weist mit seinem dicken Zeigefinger nach oben. „Die hohen Herrschaften bewilligen der Kriminalpolizei nun mal keine Mittel für zusätzliches Personal. Ein Trauerspiel ist das!"

In der Kurfürstenstraße 145, in der Wohnung hinter dem Laden des Seifenhändlers Paul Gutowski, wartet ein grausiger Fund auf die Kommissare: Eine stark verweste Frauenleiche – und zwischen deren Beinen ein totes Neugeborenes, das nicht einmal abgenabelt ist.

Das Obduktionsergebnis fällt für die Kriminalpolizei keineswegs befriedigend aus. Anzeichen von äußerer Gewaltanwendung können nicht festgestellt werden. Ein Abtreibungsversuch kann ebenfalls ausgeschlossen werden. Höchstwahrscheinlich handelt es sich, so heißt es im Bericht, um eine sogenannte Sarggeburt. Das bedeutet: Der Geburtsvorgang hat erst eingesetzt, als die Frau schon tot war.

Der Wohnungsinhaber Paul Gutowski ist offenbar seit Tagen nicht mehr in seiner Wohnung gewesen. Ist er untergetaucht? Hat er den Tod der Frau auf eine bisher noch nicht ermittelte Art und Weise verschuldet?

15

Tagesbericht Nr 63 v. 9. 8. 27.

A.

1. Mord?

Am 6. 8. 1927 wurde in der Wohnung des Seifenhändlers Gutowski, Berlin, Kurfürstenstraße 145, die stark verweste unbekleidete Leiche einer Frau gefunden. Zwischen ihren Beinen lag, aus dem Geschlechtsteil herausragend, Gebärmutter, Mutterkuchen und ein etwa 8 Monate altes Kind in unzerstörter Eiblase. An Hand der in der Wohnung vorgefundenen weiblichen Kleidung und der Wohnungsschlüssel wurde die Tote von Zeugen als die unverehelichte Hedwig Oestreich, am 8. 9 1906 in Fronberg i. Bayern geboren, zuletzt Hohenstaufenstraße 66 bei Ike wohnhaft gewesen, erkannt. Die Oestreich ist Fürsorgezögling. Am Mittwoch, den 3. 8. 1927, hat sie, obwohl sie hochgradig schwanger gewesen ist, ihre Wohnung verlassen, um tanzen zu gehen. Hier hat Gutowski sie offenbar kennen gelernt und dann mit ihr seine Wohnung aufgesucht. In der Nacht vom Mittwoch zum Donnerstag haben die Nachbarn in der Wohnung des Gutowski gegen 5 Uhr früh einen von einer Frauenstimme ausgestoßenen Schmerzensruf gehört. Die Obduktion der Leiche hat eine sichere Todesursache nicht ergeben. Verletzungen sind nicht festzustellen. Bei der Geburtserscheinung handelt es sich zweifellos um eine nach dem Tode erfolgte sogenannte „Sarggeburt". Anhaltspunkte dafür, daß ein unerlaubter strafbarer Eingriff stattgefunden hat, sind nicht vorhanden. Die Feststellung der Todesursache ist noch Gegenstand chemischer und mikroskopischer Untersuchung. Die Abbildung stellt den Inhaber des Seifenladens, den ehem. Polizei-Oberwachtmeister Paul Gutowski, am 7. 12. 1891 in Rastenburg (Ostpr.) geboren, dar. Derselbe ist seit dem 6. 8. 1927, vormittags, flüchtig. Er ist 1,70—1,75 m groß, blond und hat schmales Gesicht und graue Augen. Bekleidet ist er mit einem dunkelblauen, zweireihigen Jackettanzug, schwarzen hohen Schnürschuhen und trägt hellbraunen Hut. Obwohl ein gewaltsamer Tod der Oestreich bisher nicht hat festgestellt werden können, läßt das Verhalten Gutowskis doch die Vermutung zu, er habe den Tod der Oestreich irgendwie verschuldet. Vielleicht ist er aber auch durch den plötzlichen Tod des Mädchens völlig kopflos geworden und irrt planlos umher. Ueber Geldmittel verfügt er nicht. Man muß mit der Möglichkeit rechnen, daß er sich das Leben nimmt. Um Fahndung, Festnahme und Nachricht im Ermittelungsfalle ersucht die Kriminalinspektion A, Polizeipräsidium Berlin, zu Tgb.-Nr. 5178 IV. K. 6. 27.

A. I. 406/27.

— 62 —

In der Handtasche der Toten befinden sich auch deren Papiere. Es handelt sich um die in Bayern geborene 20-jährige Hausangestellte Hedwig Östreich, die als Fürsorgezögling in der Hohenstaufenstraße 66 in Schöneberg bei Pflegeeltern wohnte. Diese werden umgehend verständigt.

Von der Pflegemutter erfahren die Ermittler, dass das Mädchen am Mittwoch, dem 3. August, die Wohnung verlassen habe und trotz ihrer fortgeschrittenen Schwangerschaft tanzen gehen wollte. Wer der Vater des Kindes ist, kann sie nicht sagen. Hedwig hat es offenbar selbst nicht gewusst.

Vermutlich hat Paul Gutowski Hedwig in einem Tanzlokal kennengelernt und sie schließlich mit in seine Wohnung genommen. Aber was ist dann passiert?

Im Zuge der Überprüfung der Personalien Gutowskis macht die Kripo eine interessante Entdeckung. Der 36-Jährige ist ein ehemaliger Polizeiobermeister. Er soll zur Fahndung ausgeschrieben werden.

Doch die Polizei steht vor einem Dilemma: Sie hat nur ein einziges Foto von Gutowski, und das zeigt ihn dummerweise in Polizeiuniform und -mütze. Doch die Schutzpolizei soll nicht in Misskredit gebracht werden, zumal er schon im November 1926 seinen Dienst quittiert hatte, um die Seifenhandlung zu eröffnen. So wird das Foto „streng vertraulich" an ei-

Der Mord an Frieda Ahrendt, deren Leichenteile man unter anderem in der Schildhornbucht fand, wurde nie aufgeklärt.

nen Fotografen gegeben, der sich aufs Retuschieren versteht. Die Uniform unkenntlich zu machen, ist kein Problem, bei der Mütze ist dies hingegen schwieriger. Dennoch gelingt es dem Fotokünstler, sie als Chauffeur-Mütze zu gestalten. Und so wird das Foto für die Fahndungsplakate und die Veröffentlichung in der Presse freigegeben.

Die cleveren Berliner Journalisten lassen sich aber nicht so leicht an der Nase herumführen. Sie durchschauen den Trick, retuschieren ihrerseits und machen zumindest eine Art Uniform wieder sichtbar.

Ob Uniform oder nicht: Vonseiten der Bevölkerung geht nicht ein einziger Hinweis ein. Und so staunen Gennat, Lobbes und Zapfe umso mehr, als Paul Gutowski am 12. August, sechs Tage nach dem Leichenfund in seiner Wohnung, freiwillig auf dem Polizeipräsidium erscheint. Er habe in der Zeitung gelesen, dass die Polizei nach ihm fahnde. Ja, er habe Hedwig Östreich an dem Abend mit nach Hause genommen. Plötzlich habe sie starke Schmerzen bekommen und sich hingelegt. Nach einer gewissen Zeit, er dachte, sie schlafe, habe er bemerkt, dass sie tot sei. Aus Furcht, man könne ihn für ihren Tod verantwortlich machen, habe er in Panik die Wohnung verlassen und sei seitdem in der Gegend herumgeirrt.

Gennat kann sein Misstrauen nicht begründen, aber er glaubt dem Mann kein Wort. Vielleicht ist es tatsächlich der siebte Sinn des Kriminalisten, als ihm plötzlich eine Idee kommt.

In dem Hotelzimmer in der Rosenthaler Straße sind auf einem Glas zwei Fingerabdrücke sichergestellt worden, die nicht von Else Arndt stammen. Gennat zögert nicht lange. Er lässt Gutowskis Fingerabdrücke nehmen und sie mit denen aus dem Hotelzimmer vergleichen.

Volltreffer! Die Fingerabdrücke sind identisch. Demnach ist Gutowski der Mann, der mit Arndt im Hotel Weinmeisterhof gewesen ist! Aber ist er auch ihr Mörder? Gutowski leugnet. Wieder und wieder stellen Gennat und Lobbes ihm in endlosen Verhören dieselben Fragen, legen Schritt für Schritt das Beweismaterial vor: die Fingerabdrücke und den Meldezettel, der, dem Schriftsachverständigen zufolge, mit Sicherheit von Gutowski alias Lehmann ausgefüllt worden ist.

Nach tagelangen Verhören legt Gutowski endlich ein Geständnis ab: Er habe Else Arndt zufällig auf der Straße kennengelernt und im Verlaufe eines Streites erwürgt.

Aber ist der rätselhafte Tod von Hedwig Östreich tatsächlich nur auf unglückliche Umstände zurückzuführen? Die Ermittler zweifeln weiter daran.

Lobbes und Zapfe beginnen im Umfeld Gutowskis zu ermitteln und erfahren von den Nachbarn, dass dieser seinen Seifenladen äußerst nachlässig geführt und deswegen auch in finanziellen Schwierigkeiten gesteckt haben soll.

Der Mord an der Hausangestellten und Gelegenheitsprostituierten Else Arndt sowie der mysteriöse Tod von Hedwig Östreich in seiner Wohnung lassen Gennat vermuten, dass Gutowski mit weiteren, noch ungeklärten Frauenmorden im Zusammenhang stehen könnte. Hat er etwa mit dem Mord an Frieda Ahrendt zu tun?

Die Hausangestellte wurde im März 1927 umgebracht und ihre Leiche zerstückelt. Ihren Torso fanden Spaziergänger im selben Monat in der Schildhornbucht am Ufer der Havel, weitere Leichenteile entdeckte man am Schöneberger Ufer sowie in der Grunewald- und der Stubenrauchstraße in Schöneberg, nur wenige Gehminuten von Gutowskis Laden entfernt. Alle Leichenteile waren in Packpapier gewickelt, das in Seifengeschäften zum Verpacken von Waren benutzt wird. Auch die Lieferanten schicken den Händlern die Waren verpackt in dieses Papier zu.

Aber es gibt keinerlei Beweise. Die Tatsache, dass alle Leichenpakete, bis auf das in der Schildhornbucht, in der Nähe von Gutowskis Wohnung gefunden worden sind, reicht nicht aus. Auch das zum Verpacken der Leichenteile benutzte und für den Seifenhandel typische Einwickelpapier will nichts besagen. Es gibt eine Unzahl von Seifenhändlern in Berlin! Und der Umstand, dass sich Frieda Ahrendt am Bülowbogen, in einer Gegend, in der auch Gutowski verkehrt, herumgetrieben und Männerbekanntschaften gesucht hat, kann durchaus ein Zufall sein. – Zu viele Zufälle?

Auf Gennats Rat konzentrieren Lobbes und Zapfe ihre Ermittlungen auf Gutowskis unmittelbares Umfeld, speziell auf sein Stammlokal in der Kurfürstenstraße 40.

Der Wirt Leo Kaschur sagt aus, dass Gutowski ein sehr umgänglicher und angenehmer Mensch sei, der Stammgast in seinem Lokal gewesen ist: Er sei regelmäßig, manchmal auch mit seinem Freund, einem Friseur aus der Nachbarschaft, zum Mittagessen und abends zum Skatspielen gekommen. Sonst sei er immer allein gekommen. Mädchen habe er nie mitgebracht.

Seit Anfang März habe er sich das Mittagessen jedoch täglich von Erika Petzold, Kaschurs Haushaltshilfe, in das Seifengeschäft bringen lassen. Seit Ende März sei Gutowskis Laden dann immer mal wieder, angeblich wegen Krankheit, für ein paar Tage geschlossen gewesen.

Erika Petzold kann die Aussage bestätigen. Anfangs habe sie mit dem Seifenhändler noch geplaudert. In der letzten Zeit sei er aber immer darauf bedacht gewesen, sie schnell wieder loszuwerden. Einige Tage vor dem Auffinden der Leiche von Hedwig Östreich hörte sie aus dem hinteren Raum eine Frauenstimme, und als Gutowski sie mit dem Essen hereinkommen sah, habe er nach hinten gerufen: „Sei still, es kommt jemand!“ Sie habe das Essen auf den Ladentisch gestellt und sei gegangen. Aufgefallen sei ihr auch, dass er sein Schaufenster mit Papier verklebt habe, sodass niemand mehr hineinschauen konnte.

Kurz bevor die Zeitungen über den Fund der Leichenteile von Frieda Ahrendt berichteten, erinnert sich Kaschur, habe seine Ehefrau sich Sorgen gemacht, denn sie habe Gutowski schon seit mehreren Tagen nicht mehr gesehen und gefürchtet, es sei ihm etwas zugestoßen. Kurzerhand habe sie den Polizeibeamten, der regelmäßig in der Straße patrouilliert, gebeten nachzusehen, ob bei dem Seifenhändler alles in Ordnung sei.

Gutowski habe dem Beamten aber nicht geöffnet, sondern durch die geschlossene Tür behauptet, er sei krank und könne nicht aufmachen.

„Einige Tage später kam er ins Lokal und regte sich fürchterlich auf, dass wir ihm die Polizei auf den Hals gehetzt hätten. Von da an wurden seine Besuche bei uns seltener, und zuletzt kam er gar nicht mehr", berichtet der Wirt.

Doch just an dem Abend, an dem Kaschur die polizeiliche Bekanntmachung zum Mord an Frieda Ahrendt im Lokal aushängte, habe der Seifenhändler noch einmal vorbeigeschaut. Alle anderen Gäste hätten den Aushang gelesen. Nur Gutowski nicht …

Das Landgericht I in der Neuen Friedrichstraße (heute Littenstraße), um 1920

Der Friseur Karl Gilde, der seinen Salon ebenfalls in der Kurfürstenstraße 145 hat und Gutowski seit Kindesbeinen kennt, hat für die Tatsache, dass dieser sein Geschäft nur noch selten öffnet, eine andere, viel einfachere Erklärung: Paul Gutowski trinke manchmal zu viel und würde wohl seinen Rausch ausgeschlafen wollen. Von anderen Nachbarn ist er aber nie betrunken gesehen worden.

Die Mordkommission vermutet, dass Gutowski Frieda Ahrendt ermordet und ihre Leiche zerstückelt hat. Stichhaltige Beweise, die eine Anklage rechtfertigten, hat sie allerdings nicht. Der Seifenladen ist jedenfalls nicht der Tatort. Dort findet sich nicht die kleinste Blutspur. Und was den Tod von Hedwig Östreich betrifft, kann Gutowski ebenfalls keine Schuld nachgewiesen werden. Allein des Mordes in der Rosenthaler Straße kann er überführt werden.

Paul Gutowski wird am 9. Juni 1928 vom Schwurgericht beim Landgericht I zu einer Zuchthausstrafe von drei Jahren und sechs Monaten unter Anrechnung der Untersuchungshaft und zu fünf Jahren Ehrverlust verurteilt.

Mord im Vorortzug

Frau Perske schüttelt den Kopf, als sie sieht, wie ihre Tochter den Mantel anzieht. „So früh willst du los? Du holst Tante Martha und Onkel Otto ja aus dem Bett!"

„Keine Sorge", beruhigt Dora ihre Mutter. „Ich nehme erst den Zug kurz vor halb zehn. Vorher will ich für die beiden aber noch was zu Weihnachten kaufen."

„Sie kriegen doch das Paket mit der guten Wurst von uns", wundert sich die Mutter.

„Ja schon, aber das ist ja von uns allen. Ich will ihnen noch persönlich was schenken. Du weißt doch, wie sehr ich an den beiden hänge." Dora setzt ihren Hut auf, drückt der Mutter einen Kuss auf die Wange, nimmt das Paket mit der Wurst, ihre Handtasche, den Muff und verlässt die Wohnung in der Bayerischen Straße 33 in Berlin-Wilmersdorf. Es ist der 21. Dezember 1927.

Auf dem Weg zum Bahnhof Zoo macht sie noch einen Abstecher in das Geschenkehaus Albert Rosenhain am Kurfürstendamm 232, das vor knapp einem Jahr in den ehemaligen Ausstellungsräumen der Künstlervereinigung Berliner Secession eröffnet hat. Hier bekommt man etwa Porzellan, Glas, Handtaschen oder Schmuck, entworfen von namhaften Künstlern. Eben alles, was sich zum Verschenken eignet. Eine Vase aus Muranoglas gefällt ihr ganz besonders. Genau das richtige Weihnachtsgeschenk für Mama, denkt Dora. Die Vase ist ein Einzelstück und ziemlich teuer. Doch Dora kauft sie trotzdem. Die Verkäuferin verpackt die Vase gut, legt sie in einen stabilen Karton und schlägt diesen mit Weihnachtspapier ein.

Zufrieden geht Dora weiter in Richtung Bahnhof Zoo. Obwohl es bitterkalt und noch recht früh ist, sind schon viele Menschen unterwegs, die Schals, Hüte und dicke Mäntel tragen. Die letzten Weihnachtseinkäufe werden erledigt. In der Joachimsthaler Straße erwirbt Dora für ihre Tante eine Schürze aus mit Rosen bedrucktem Leinen und für den Onkel Zigaretten, denn sie weiß, dass er sich darüber am meisten freut.

Auf dem zugigen Bahnsteig muss Dora nicht lange warten. Der Vorortzug Stahnsdorf–Friedrichshagen ist pünktlich. Sie steigt in den dritten Waggon hinter der Lock, einen Nichtraucherwagen der zweiten Klasse. Im Zug sind nur wenige Fahrgäste. Dora setzt sich in ein leeres Abteil ans Fenster. Pünktlich um 9.23 Uhr verlässt der Zug den Bahnhof. Von Friedrichshagen wird sie dann wie immer mit dem Bus nach Hessenwinkel fahren, einem idyllisch gelegenen Ortsteil von Rahnsdorf, wo der Onkel und die Tante ein kleines Häuschen bewohnen.

Mit ihrem Handschuh wischt sie die dünne Eisschicht von der Fensterscheibe, um rausschauen zu können. Am Bahnhof Friedrichstraße steigt ein junger Mann ein. Er fragt höflich, ob ein Platz frei sei. Nachdem Dora die Frage bejaht hat, setzt er sich ans Fenster ihr gegenüber. Sie kommen ins Gespräch und reden über das Wetter. Ob es zu Weihnachten noch Schnee geben wird? Am Bahnhof Schlesisches Tor gesellt sich ein zweiter Fahrgast zu ihnen. Ein gut gekleideter, auffallend großer junger Mann. Er lächelt zu Dora hinüber, sie lächelt zurück. Am Bahnhof Karlshorst verabschiedet sich der erste junge Mann, wünscht noch eine gute Fahrt und frohe Weihnachten.

Um 10.21 Uhr erreicht der Zug Friedrichshagen. Planmäßige Abfahrt zurück nach Stahnsdorf: 10.36 Uhr. Schon wenige Minuten vorher steht er zur Abfahrt bereit. Eine Frau mittleren Alters steigt in den Zug und sieht in dem leeren Abteil einen Damenhut sowie mehrere Päckchen. Ohne näher hinzuschauen steigt sie noch einmal aus und informiert das Bahnpersonal auf dem Bahnsteig. Ein Bahnbediensteter begleitet sie zu besagtem Abteil und nimmt die vergessenen Sachen an sich. Bei der Gelegenheit schaut er auch gleich in das Nachbarabteil und erstarrt. Auf dem Boden liegt eine junge Frau, den Kopf in einer Blutlache, auf ihrer Stirn klafft eine Wunde. Er beugt sich zu ihr hinunter. Die Frau ist noch am Leben. Das Bahnhofspersonal trägt die Schwerverletzte in einen Dienstraum. Ein Rettungswagen und die Revierkriminalpolizei werden alarmiert. Der ebenfalls herbeigerufene Bahnarzt kann nicht viel tun. Er verbindet die stark blutende Wunde, wenig später bringt ein Krankenwagen die Frau ins Krankenhaus Köpenick.

Dora Perske liebt teure Kleidung.

2
Nichtraucher
2
Nichtraucher
2
Nichtraucher
2
Nichtraucher
2
B
A

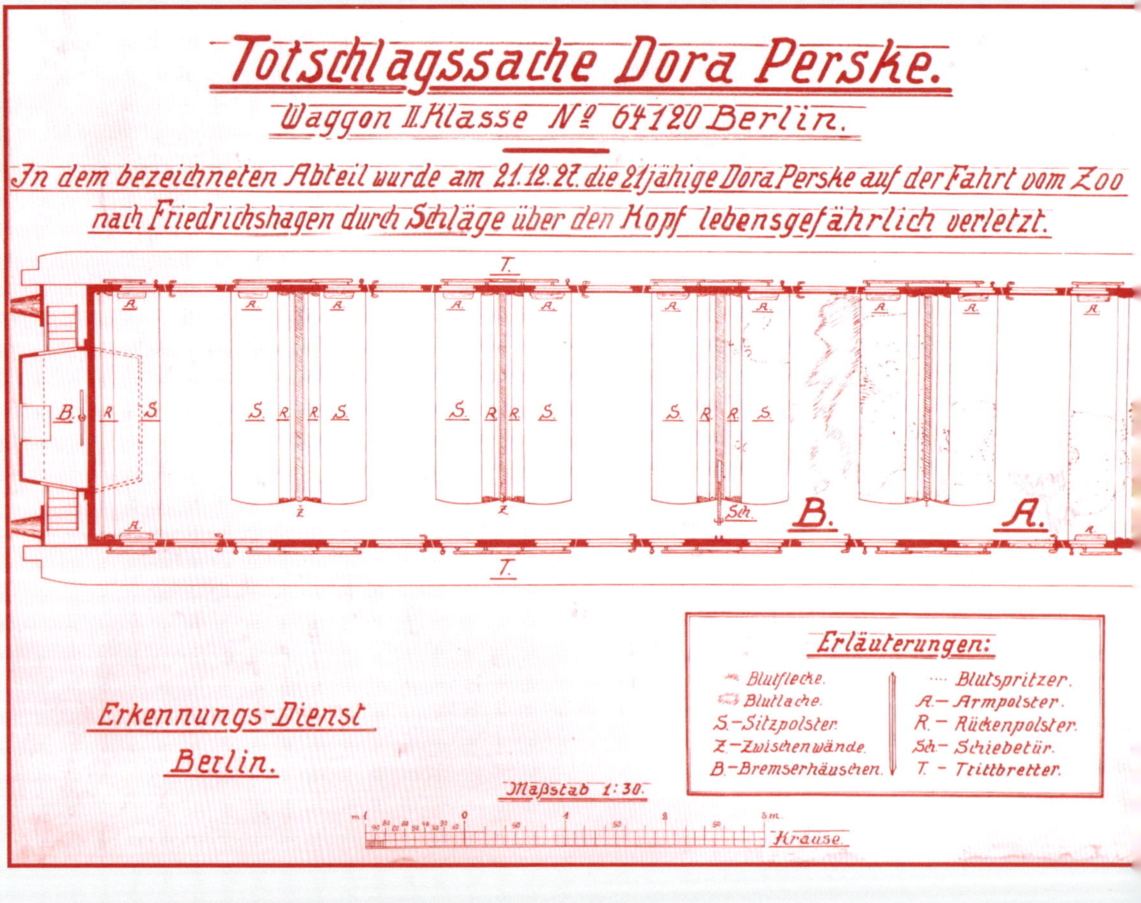
Totschlagssache Dora Perske.
Waggon II. Klasse № 64120 Berlin.
In dem bezeichneten Abteil wurde am 21.12.27. die 21jährige Dora Perske auf der Fahrt vom Zoo nach Friedrichshagen durch Schläge über den Kopf lebensgefährlich verletzt.
T.
A.
B.
R
S
S.
R
R
S.
Z
Sch.
B.
A.
T.
Erläuterungen:
Blutflecke.
Blutlache.
S.–Sitzpolster.
Z.–Zwischenwände.
B.–Bremserhäuschen.
Blutspritzer.
A.– Armpolster.
R.– Rückenpolster.
Sch.– Schiebetür.
T. – Trittbretter.
Erkennungs-Dienst
Berlin.
Maßstab 1:30.
Krause.

Dass hier ein Verbrechen vorliegt, daran gibt es keinen Zweifel. Da es auf dem Bahnhof Friedrichshagen keine Möglichkeit gibt, den Waggon abzukoppeln, wird er versiegelt und soll erst am Bahnhof Grunewald aus dem Verkehr genommen werden. Die Kollegen in Grunewald werden sofort verständigt. Mit nur vier Minuten Verspätung verlässt der Zug den Bahnhof Friedrichshagen.

Die Revierkriminalpolizei informiert ihrerseits die Mordinspektion im Polizeipräsidium, wo die Meldung kurz vor elf Uhr eingeht.

„Auch das noch! Kurz vor Weihnachten!", stöhnt Gennat. „Und genug Leute hab ich auch nicht." Gerne würde er Dr. Ludwig Werneburg mit dem Fall betrauen, doch der ist mit den Raubüberfällen auf Restaurants rund um den Zoologischen Garten beschäftigt, die sich in letzter Zeit häufen. Die Sache muss schnellstens aufgeklärt werden, denn die Öffentlichkeit ist sehr beunruhigt, und die Gastwirte beklagen Umsatzrückgänge. Wohl oder übel muss Gennat selbst raus. Zusammen mit Kriminalkommissar Pippo fährt er nach Grunewald.

Der Tatort: Die von der Polizei markierten Abteile und die zugehörige Tatortskizze

Der Waggon ist inzwischen zur kriminaltechnischen Untersuchung auf ein Abstellgleis gebracht worden. Raubmord oder Sexualverbrechen? Nur annähernd lässt sich der Tathergang aus den vorhandenen Spuren rekonstruieren. Zwar musste die Schwerverletzte umgehend in die Klinik gebracht werden, bei ihrer Bergung sind allerdings wertvolle Spuren vernichtet worden. Die Ermittler müssen sich mit den verbliebenen Spuren zufriedengeben. Das Abteil, in dem die Frau gefunden worden ist, weist überall Blutspuren auf. Wie von Sinnen muss der Täter, vermutlich mit einem scharfkantigen Gegenstand, einer Eisenstange etwa, auf sein Opfer eingeschlagen haben. Die Gegenstände im Nebenabteil, ein Hut, ein Muff, mehrere Päckchen und eine Handtasche, gehören zweifellos dem Opfer. Offensichtlich hat der Täter die Handtasche durchwühlt. Der Inhalt ist auf dem Boden verstreut. Ein kleines Portemonnaie, in dem sich etwas mehr als drei Mark befinden, und die Papiere sind jedoch noch vorhanden. Auch in diesem Abteil gibt es zahlreiche Blutspritzer. Gennat schließt daraus: Hier ist der Angreifer auf die Frau losgegangen. Sie ist ins Nebenabteil geflüchtet, wollte vermutlich die Notbremse ziehen. Der Täter ist ihr gefolgt und hat sie niedergeschlagen. Aus den Ausweispapieren geht hervor: Bei dem Opfer handelt es sich um die 21-jährige Dora Perske aus Berlin-Wilmersdorf.

Wo genau der Überfall passiert ist, lässt sich nicht exakt bestimmen. Jedenfalls muss die Tat kurz vor der Endstation Friedrichshagen geschehen sein, als niemand mehr zugestiegen ist. So konnte das Verbrechen auch erst entdeckt werden, nachdem der Zug „umgesetzt" worden war, um nach Stahnsdorf zurückzufahren. Der Zug traf planmäßig auf der Kehranlage ein, doch der Rangierer sah nicht in die Abteile. Die Fenster waren vereist.

War es ein Raubüberfall? Dora Perskes Schwester Charlotte hält es durchaus für möglich, dass ihre Schwester nicht mehr Geld als die drei Mark bei sich gehabt hat, die in ihrem Portemonnaie gefunden worden sind.

Gennat weiß: Jetzt muss alles sehr schnell gehen. Zeugen müssen aufgetrieben werden. Irgendjemand muss den Täter gesehen haben, als er den Zug verlassen hat. Hände und Kleidung müssen erheblich mit Blut besudelt gewesen sein, und auch die Mordwaffe muss er beim Verlassen des Zuges noch bei sich gehabt haben.

Die Aufklärung des Verbrechens droht schwierig zu werden, und Gennat setzt wieder auf die Unterstützung durch die Presse. Schon kurze Zeit nach dem Überfall bittet der Rundfunk die Bevölkerung um Mithilfe, und die Zeitungen berichten in ihren Abendausgaben ausführlich. Zahlreiche Frauen, die in der letzten Zeit in der S-Bahn beraubt oder belästigt worden sind, melden sich zwar bei der Kripo, konkrete Hinweise auf den gesuchten Täter ergeben sich aus den Aussagen allerdings nicht. Wieder einmal machen sich viele vermeintliche Zeugen wichtig.

Gibt es wirklich keine Zeugen? Polizeipräsidium und Reichsbahndirektion setzen eine Belohnung von 2000 Mark aus. Vielleicht hilft das dem Gedächtnis ja auf die Sprünge.

Die gesamte uniformierte und zivile Beamtenschaft wird informiert und angewiesen, Augen und Ohren offen zu halten. Gennat ermittelt auch in Dora Perskes Umfeld. Hat sie in letzter Zeit mit jemandem Streit gehabt? Kommt Eifersucht infrage? Wohl kaum, meint Doras Schwester. Doras einzige Schwäche: Sie habe sehr viel Wert auf ihr Äußeres gelegt, auf gute und modische Kleidung. Sie sei aber sehr solide, häuslich und fleißig gewesen und habe die Eltern im Geschäft, einer renommierten Fleischerei, nach Kräften unterstützt. Eine Beziehung habe sie auch nicht gehabt.

Gennat nimmt die Aussage mit Skepsis zur Kenntnis. Vertraut eine junge Frau der Schwester wirklich all ihre Geheimnisse an? Er hat seine Zweifel. Hatte sie vielleicht doch ein Verhältnis? Oder liegt das Motiv ganz woanders? Für die elterliche Fleischerei fuhr sie mehrmals in der Woche zum Zentralviehhof, um Ware einzukaufen. Selbstverständlich hatte sie dann viel Geld

Der geständige Täter Horst Kiebach auf einem Polizeifoto

bei sich. Wer wusste davon? War es ein geplanter Überfall? Unwahrscheinlich, meint Gennat, denn die Fahrt nach Hessenwinkel war rein privat, und niemand wusste davon. Wer Dora Perske hätte ausrauben wollen, hätte einen anderen Tag gewählt.

Die Ärzte können indes eine Vergewaltigung mit Sicherheit ausschließen. Die weiteren Informationen aus dem Krankenhaus sind wenig hoffnungsvoll. Doras Zustand verschlechtert sich, sie hat hohes Fieber. Wenig später erliegt sie ihren schweren Kopfverletzungen.

Gennat mobilisiert alle zur Verfügung stehenden Beamten, um Recherchen in den einschlägigen Kaschemmen anzustellen. – Wenn es um Mord geht, kann die Polizei mit der Unterstützung der Kleinkriminellen und auch der gestandenen Ganoven rechnen. Sie brechen zwar in die Wohnungen und Villen der vermeintlich Reichen ein, aber Mord ist für die meisten von ihnen tabu.

Gennat erstellt eine Art Täterprofil: Wer ist bekannt für die Ausführung derartiger Verbrechen. Im Visier der Kripo sind sogenannte Eisenbahn- oder S-Bahn-Fledderer und solche Täter, die schon mehrfach Frauen in der S-Bahn oder in Vorortzügen belästigt haben. Die von ihm begründete und zusammengestellte Todesermittlungskartei leistet wertvolle Dienste. Gennats Leute sind ständig unterwegs, um die aus der Kartei gefischten Verdächtigen zu überprüfen.

Doch dann erhält die Kripo einen anonymen Hinweis: Als Täter käme ein gewisser Horst Kiebach, wohnhaft Pappelallee 39 bei seinen Eltern, infrage.

„Horst Kiebach?", Gennat ist ganz Ohr, als er den Namen hört, und schon hat er die Akte aus seiner Kartei in der Hand. Er steht bereits auf der Liste der zu Überprüfenden. „Das passt", verkündet er. „Ist ein alter Kunde von uns. 1921 hat er sich an einem Mädchen vergangen. Er ist der Polizei als Handtaschen-, Eisenbahnräuber und Schankwirtsdieb bekannt und wegen Sittlichkeitsverbrechen, Diebstahl und Betrug schon mehrfach verurteilt worden. Brumme, Kemper und Werner, ihr geht los und haltet nach dem Jungen Ausschau. Er soll sich in der Nähe des Obdachlosenasyls rumtreiben und in der Münzstraße. Aber seid vorsichtig. Man kann nie wissen. Sein Foto haben wir in den Akten. Am besten, ihr nehmt es mit."

In der Pappelallee bei seinen Eltern ist der 21-jährige Horst Kiebach schon seit Tagen nicht mehr aufgetaucht. Aber noch am selben Nachmittag, es ist der 23. Dezember 1927, wird er zusammen mit einem Kumpel in der Nähe des städtischen Obdachs in der Fröbelstraße von den drei Kriminalbeamten erkannt und festgenommen. Gennat hat mit seiner Mahnung zur Vorsicht mal wieder Recht gehabt: Zum Glück sind sie zu dritt, denn Kiebach leistet heftigen Widerstand. „Die Annahme, dass die ‚Spur Kiebach' zutreffend sei, gewann schon im Augenblick der Festnahme an innerer Wahrscheinlichkeit dadurch, dass gelegentlich des Zufassens der Beamten ein zweifellos im Besitz des Festgenommenen gewesenes, mit Zeitungspapier umwickeltes 35 cm langes dreikantiges Eisen zu Boden fiel", heißt es in Gennats Bericht.

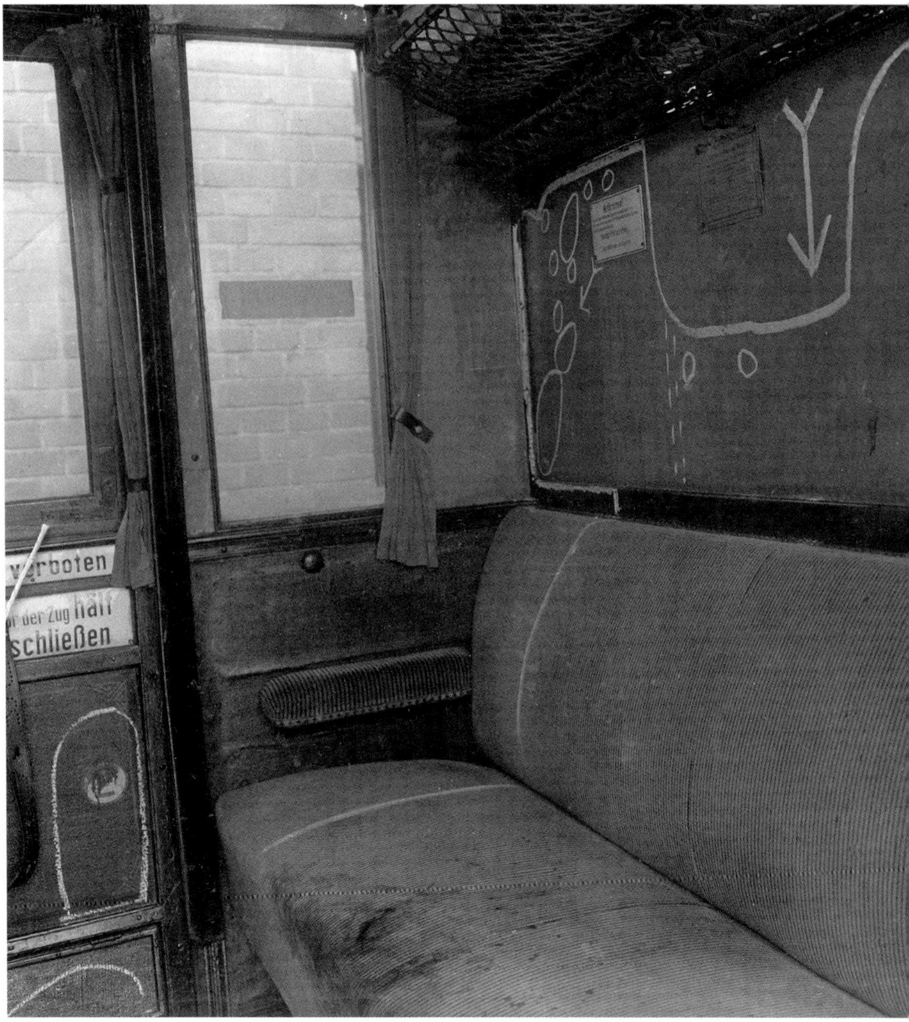

Horst Kiebach wird zu einem „informativen Verhör" zu Gennat gebracht. Den Grund für die Festnahme haben ihm die Beamten nicht genannt. Auch Gennat sagt ihm nichts dazu. Ihm werden keinerlei Vorhaltungen gemacht, insbesondere nicht darüber, um welche Straftat es sich handelt. „Mit dieser Taktik wurde der Zweck verfolgt, dem Kiebach die Möglichkeit zu nehmen, sich sofort auf die Abwehr der dieser Tat betreffenden Beschuldigungen einzustellen", schreibt Gennat.

Die ganze Nacht wird Kiebach verhört. Zunächst befragt Gennat Kiebach nur über seine privaten und finanziellen Verhältnisse. Er versucht ihm eine Brücke zu bauen und streut immer wieder ein, wenn er, Kiebach, etwas auf dem Gewissen habe, solle er es nur sagen.

Im Abteil sind die blutigen Spuren der Tat und die Markierungen der Kriminalpolizei zu sehen.

Plötzlich bittet Kiebach, mit Gennat allein sprechen zu dürfen. Mit einer unauffälligen Handbewegung schickt dieser Kommissar Pippo, der die meiste Zeit anwesend gewesen ist, und Fräulein Steiner, die Stenotypistin, aus dem Zimmer. Kiebach lässt den Kopf auf den Tisch sinken. Gennat drängt ihn nicht. Er lässt ihm Zeit.

„Ja, ich bin der Täter", sagt er nach einer Weile. Bis dahin ist ihm nicht mitgeteilt worden, worum es geht. Erst in den frühen Morgenstunden des 24. Dezember 1927 legt Kiebach ein umfassendes Geständnis ab.

Er sei vor einiger Zeit in einen Meineidprozess, der durch die Presse gegangen ist und in dem seine Schwester und seine Mutter verurteilt worden sind, verwickelt gewesen. Er habe Angst gehabt, darüber seine Verlobte zu verlieren, und versucht, sie mit Geschenken bei Laune zu halten. Er habe ihr vorgeschwindelt, eine gut bezahlte Arbeit gefunden zu haben und ihr große Weihnachtsgeschenke versprochen – ohne etwas in der Tasche zu haben. Das habe er sich durch einen Raubüberfall beschaffen wollen.

Dann habe er die Frau gesehen. Da sie gut gekleidet gewesen sei, habe er vermutet, dass sie Geld habe. Er habe Hunger und Durst gehabt und deshalb keinen inneren Widerstand gespürt, ihr etwas anzutun. Er habe die Eisenstange herausgezogen und auf sie eingeschlagen. Schreiend sei sie ins Nebenabteil gerannt, vermutlich habe sie die Notbremse ziehen wollen. Er sei ihr gefolgt und habe so lange auf sie eingeschlagen, bis sie bewusstlos zusammengebrochen sei. Dann sei er zurück in das Abteil gegangen, in dem noch ihre Sachen lagen, und habe die Geldbörse aus ihrer Handtasche genommen und daraus 55 Mark gestohlen. In Friedrichshagen sei er ausgestiegen und habe gleich den anderen Zug betreten, der auf dem gegenüberliegenden Gleis zur Abfahrt nach Berlin bereit gestanden habe.

In Karlshorst sei er ausgestiegen, habe Zigaretten gekauft und im Bahnhofsrestaurant eine Tasse Fleischbrühe getrunken, um seinen fürchterlichen Hunger zu stillen. Anschließend sei er zum Friseur gegangen und habe sich rasieren und die Haare schneiden lassen, um nicht erkannt zu werden, sollte ihn doch jemand gesehen haben. Bei Tietz am Alexanderplatz habe er sich ein Hemd gekauft, denn seines sei mit Blut besudelt gewesen. Die Nacht habe er mit einer Prostituierten in einem Hotel verbracht.

Gennat schreibt in seinen Bericht: „Wenn ein Laie den Kiebach – einen jungen Mann von nettem Äußeren – zunächst sieht, würde er ihm niemals eine derartige Tat zutrauen."

Am ersten Weihnachtsfeiertag wird Kiebachs Vater vernommen. Er ist Präparator und spezialisiert auf die Präparation von anatomischen und biologischen Objekten. Er hat eine eigene Werkstatt. Das Geschäft geht gut, denn zu seinen Kunden zählen unter anderem die Universitäten.

Fritz Kiebach lässt an seinem Sohn kein gutes Haar. Seit 1924 helfe er mehr schlecht als recht im väterlichen Betrieb. Meistens treibe er sich aber herum. Horst sei von jeher arbeitsscheu gewesen. Eine Lehre als Schlosser habe er abgebrochen, weil ihm die Arbeit zu anstrengend gewesen sei. Außerdem habe er seinen Lehrherrn beklaut.

Die Eisenstange erkennt er sofort wieder. Sein Sohn habe sie ursprünglich hergestellt, um den „Eisenkönig“ Siegmund Breitbart auf die Probe zu stellen, den berühmten Kraftmenschen, der auch im Zirkus Busch auftrat und Eisenstangen scheinbar spielerisch um die Handgelenke bog und sogar Ornamente formte. Kiebach hielt das für Schwindel und hatte die Kanten absichtlich scharf gemacht, weil er glaubte, Breitbart könne die Stange dann nicht so leicht verformen. Er habe den Artisten in einer Vorstellung auffordern wollen, sie zu verbiegen. Doch dazu kam es nicht mehr, denn Breitbart starb 1925.

Offenbar hält Gennat den Geständigen für selbstmordgefährdet. So schreibt er an den Direktor des Polizeigefängnisses:

„Im Übrigen darf ich Ihnen, Herr Gefängnisdirektor, gegenüber die Bitte äußern, darauf hinzuwirken, dass dem Kiebach seitens der dortigen Beamten keine Vorhaltungen oder Vorwürfe über die Schwere der von ihm begangenen Straftat gemacht werden, um zu vermeiden, dass Kiebach in Grübeleien darüber verfällt, wie er seinem Schicksal entgehen kann. Dagegen wäre es zweckmäßig und erwünscht, wenn Sie, Herr Gefängnisdirektor, oder einer der Herren Oberbeamten gelegentlich im Gespräch mit Kiebach auf die Tat zurückkommen würden, um auch außerhalb des Rahmens kriminalpolizeilicher bzw. gerichtlicher Vernehmungen eine – durch Fragen oder Vorhaltungen unbeeinflusste – Darstellung des Hergangs der Tat zu erreichen. Vielleicht machen sich die betreffenden Herren dann entsprechende Notizen, um die einzelnen Angaben nicht aus der Erinnerung zu verlieren.“

In seinem Abschlussbericht betont Gennat noch einmal, dass durch Kiebachs rasches und umfangreiches Geständnis die Tat schnell und vollständig aufgeklärt werden konnte. Das Gericht möge diese Tatsache berücksichtigen. Offenbar will Gennat verhindern, dass Kiebach zum Tode verurteilt wird.

An den Vater der Ermordeten schreibt Gennat nach Kiebachs Geständnis: „Kein Trost – immerhin aber eine gewisse Genugtuung ist es, dass die Untat ihre Sühne finden wird.“

Horst Kiebach wird am 29. November 1928 zum Tode verurteilt. Das Todesurteil wird aber in eine lebenslange Zuchthausstrafe umgewandelt.

Sylvester Matuska – Der Eisenbahnattentäter

Sonnabend, der 8. August 1931, 21.45 Uhr. Zwischen Jüterbog und dem Bahnhof Grüna-Kloster Zinna entgleist bei Kilometerstein 60,6 der D-Zug 43 Basel–Frankfurt–Berlin/Anhalter Bahnhof. Nordwestlich der Unglücksstelle liegt das Dorf Zinna, nordöstlich Kloster Zinna, im Süden Jüterbog. Das Unglück ereignet sich am Ausgang einer weitläufigen Linkskurve, unmittelbar an der Böschung eines breiten Bahndamms. Zu beiden Seiten verlaufen Telegrafenlinien. Die Lokomotive, der Postwagen sowie der anschließende Personenwagen kommen etwa 400 Meter hinter der Unglücksstelle zum Stehen. Die folgenden neun Wagen, sieben Personenwagen, der Speisewagen und der Paketwagen, werden vom vorderen Zugteil abgerissen, entgleisen und stürzen die östliche Böschung hinunter. Die Fahrgäste haben Glück im Unglück: Die Wagen bohren sich zwar tief in den märkischen Sand, dieser ist aber so lose, dass der Aufprall abgemildert wird. Aus der Linkskurve in die Gerade einbiegend, hat der Zug immerhin eine Geschwindigkeit von rund 100 Kilometern pro Stunde gehabt. Zwar sind – wie durch ein Wunder – keine Todesopfer zu beklagen, aber 109 Reisende werden verletzt, darunter zahlreiche schwer. Wie viele Personen bleibende gesundheitliche Beeinträchtigungen oder Behinderungen zurückbehalten werden, vermag noch niemand zu sagen.

Dank der Polizeiakten lassen sich die Folgen des Attentats in Jüterbog noch heute nachvollziehen.

Ein Unfall? Menschliches Versagen? Beides kann schnell ausgeschlossen werden. Vermutlich handelt es sich um ein Sprengstoffattentat. Umgehend wird die Kriminalpolizei im Berliner Polizeipräsidium alarmiert, und noch in der Nacht erscheinen Kriminalrat Gennat und seine Leute am Tatort.

Die Vermutung, dass es sich um ein Sprengstoffattentat handelt, wird rasch zur Gewissheit. Sowohl der Lokomotivführer und die Beamten des Postwagens als auch die Mitarbeiter des Mitropa-Speisewagens – die alle mit dem Schrecken davongekommen sind – sagen übereinstimmend aus, sie hätten in dem Augenblick, als der Zug entgleist sei, eine heftige Detonation, begleitet von einem blitzartigen Feuerschein wahrgenommen.

Die Täter – oder war es nur ein Täter? – müssen den Ort sorgfältig ausgewählt haben, denn sie sind wohl davon ausgegangen, dass der mit hoher Geschwindigkeit fahrende, plötzlich aus der Bahn gebrachte Zug mit großer Gewalt in die Tiefe stürzen und die Insassen unter sich begraben würde. Offensichtlich sollte eine Katastrophe herbeigeführt werden. Darüber hinaus lässt die Ausführung der Tat vermuten, dass die Täter über gute Ortskenntnisse verfügen. Sie müssen sich also längere Zeit in der Gegend aufgehalten haben. Die Befragungen der Dorfbewohner verlaufen jedoch erfolglos. Niemand hat etwas Verdächtiges beobachtet.

„Attentate auf die Eisenbahn sind so alt wie die Eisenbahn selbst", meint Gennat lapidar. Immer wieder haben Attentäter in der Vergangenheit Schienen und Schwellen manipuliert oder Hindernisse auf die Gleise gelegt, um einen Zug zum Entgleisen zu bringen: Oftmals leichtsinnige „Dummejungenstreiche", verübt von Kindern oder Jugendlichen. Gennat denkt aber auch an das Attentat von Leiferde am 19. August 1926, einen der schwersten Angriffe auf den Eisenbahnverkehr im Deutschen Reich. Die Täter hatten den Nachtschnellzug Warschau–Berlin–Paris durch Manipulation von Schienen und Schwellen zum Entgleisen gebracht. Das Motiv: Die Fahrgäste sollten ausgeraubt werden. 22 Reisende kamen ums Leben, viele wurden schwer verletzt. Die beiden 21- und 22-jährigen Täter wurden gefasst und zum Tode verurteilt, jedoch zu lebenslangem Zuchthaus begnadigt.

Geländeplan
zum
Eisenbahn-Sprengstoff-Attentat auf den D-Zug 43 zwischen Jüterbog u. Grüna-Kloster Zinna am 8.8.31.

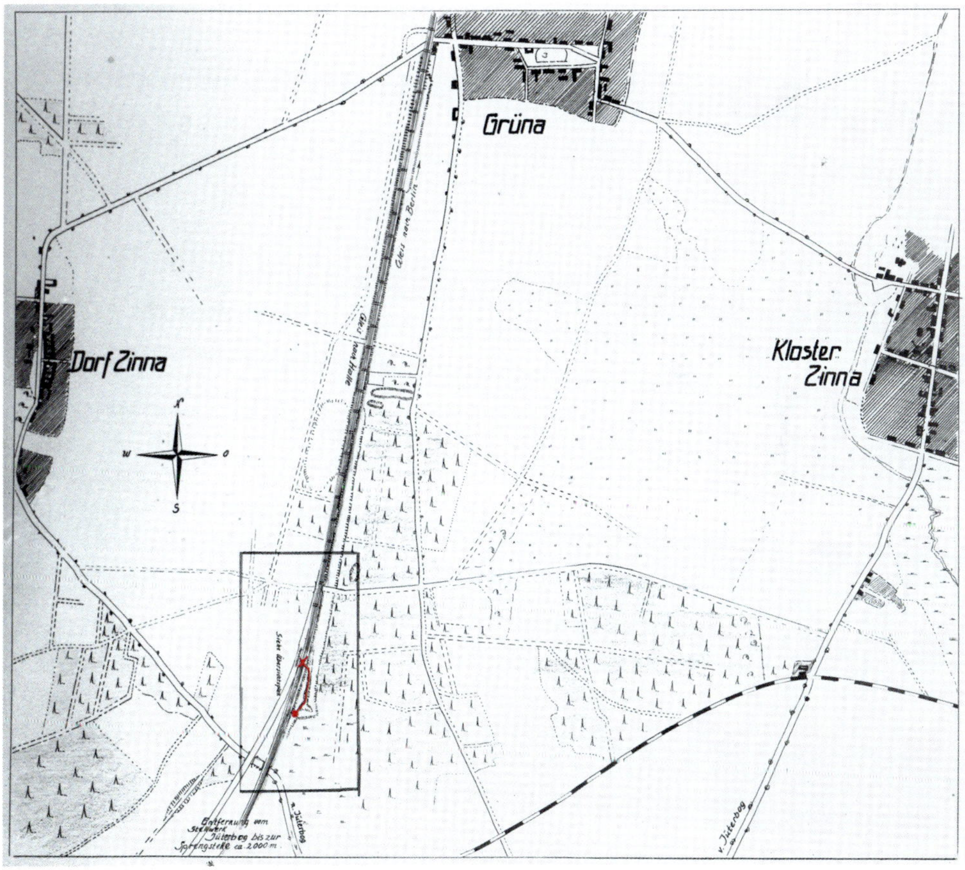

Tote sind im aktuellen Fall zwar nicht zu beklagen, dennoch offenbart dieser Anschlag, so Gennat, eine besorgniserregende, ja alarmierende Entwicklung: Sprengstoff wurde bisher nur in Kriegszeiten bei Sabotageakten gegen Eisenbahnlinien des Gegners verwendet, aber noch nie von Kriminellen.

Die ungeheure Gewalt der Explosion hat sogar ein dreieinhalb Meter langes Stück der rechten äußeren Schiene des Gleises Halle–Berlin herausgerissen und die darunterliegende Steinschicht pulverisiert. Im Umkreis von 100 Metern findet die Spurensicherung splittergroße Teile der Schiene, und noch in 160 Metern Entfernung vom Unglücksort, auf einem Ackerstück, entdeckt sie ein zwei Meter langes Schienenstück. Die Telegrafenleitungen an der Unglückstelle sind vollständig zerstört.

Das Motiv der Täter gibt den Ermittlern Rätsel auf: Hatten sie die Absicht, die Passagiere des verunglückten Zuges auszurauben? Auch ein politischer Beweggrund ist nicht auszuschließen. An einem der unversehrt gebliebenen Telegrafenmasten ist die Titelseite des nationalsozialistischen Hetzblattes „Der Angriff“ vom 7. August 1931 angepinnt. Jemand hat in Druckbuchstaben mit Tinte an den Rand geschrieben: „Attentat! – Revolution! – Sieg! – Sieg! 9/8“. Dazu sind Hakenkreuze quer über das Blatt gezeichnet.

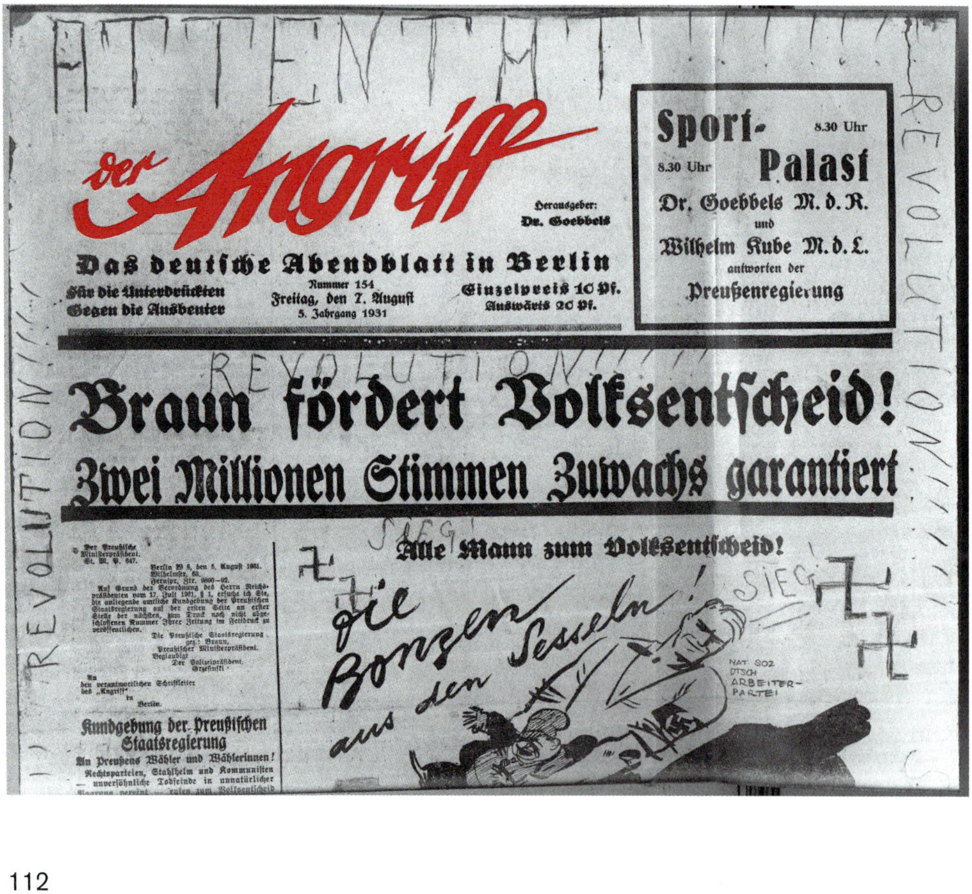
der Angriff

Herausgeber: Dr. Goebbels

Das deutsche Abendblatt in Berlin

Für die Unterdrückten / Gegen die Ausbeuter

Nummer 154 / Freitag, den 7. August / 5. Jahrgang 1931

Einzelpreis 10 Pf. / Auswärts 20 Pf.

Sport-Palast 8.30 Uhr
Dr. Goebbels M. d. R. und Wilhelm Kube M. d. L. antworten der Preußenregierung

Braun fördert Volksentscheid!

Zwei Millionen Stimmen Zuwachs garantiert

Alle Mann zum Volksentscheid!

Die Bonzen aus den Sesseln!

Der Preußische Ministerpräsident.

Kundgebung der Preußischen Staatsregierung

An Preußens Wähler und Wählerinnen!

Das am Tatort aufgefundene Titelblatt des rechtsradikalen Blatts „Der Angriff“

Gibt es einen Zusammenhang mit dem vom Stahlhelm initiierten und sowohl von der NSDAP als auch von der KPD unterstützten Volksentscheid zur Auflösung des preußischen Landtages am 9. August 1931? Ist das Titelblatt des „Angriffs" vom Täter oder erst nach der Tat von Unbeteiligten angebracht worden? Fragen, die die Polizei zur Stunde nicht zu beantworten vermag. – Der Volksentscheid wird im Übrigen an der geringen Wahlbeteiligung scheitern.

Gennat stellt sich die Frage, ob die Tat eine bewusste „Demonstration" von Nationalsozialisten gewesen sein könnte, oder ob „Linksfanatiker" das rechtsradikale Blatt benutzt haben, um den Verdacht auf die Nazis zu lenken. Letztlich hält er diese Überlegungen aber für unsinnig. „Keine Partei würde es wohl unternehmen", so Gennat, „durch Vernichtung oder Gefährdung des Lebens der Passagiere eines mit Fahrgästen aus den verschiedensten Bevölkerungsschichten besetzten Zuges für sich Propaganda zu machen!" Er meint sogar, dass ein Propagandazweck mit der Tat „vom Standpunkt der Logik und Vernunft aus" nicht beabsichtigt gewesen sein könne.

Ist also ein politischer Hintergrund auszuschließen? Die Ermittler stellen sich auch die Frage, ob der Anschlag tatsächlich dem D-Zug 43 gegolten habe oder ob die Täter von der irrtümlichen Annahme ausgegangen sind, Reichskanzler Heinrich Brüning und seine Begleiter kehrten in diesem Zug von ihrer Reise nach Paris zurück. Gennat hält das für ausgeschlossen, denn weder Presse noch Rundfunk haben im Vorfeld den Termin der Rückkehr des Reichskanzlers bekanntgegeben. Brüning und seine Begleiter werden zudem erst am 10. August nach Berlin zurückkehren.

Die Aufräumungsarbeiten dauern mehrere Tage, denn zur Bergung des Zuges wird ein Spezialkran benötigt. Auch die Spurensicherung ist 24 Stunden nach dem Unglück immer noch vor Ort und sucht das Gelände gründlich ab. An der Böschung, etwa 170 Meter vom Unglücksort entfernt, entdecken die Ermittler im dichten Gebüsch eine elektrische Leitung: einen dünnen, mit rosa Baumwolle umsponnenen und gewachsten Klingeldraht, mit dessen Hilfe die Bombe ferngezündet worden ist. Die technisch perfekte Durchführung des Verbrechens mit derart primitiven Mitteln verblüfft die Ermittler.

Das Motiv ist jedoch weiterhin rätselhaft. Weder sind Fahrgäste beraubt noch Wertgegenstände abhandengekommen. Die Kripo zieht jede Möglichkeit in Betracht und überprüft Fahrgäste sowie Begleitpersonal, ob jemand vor dem Unglück eine auffallend hohe Lebens- oder Unfallversicherung abgeschlossen hat. Könnte jemand ein Interesse daran gehabt haben, durch Herbeiführung einer derartigen Katastrophe jene Person verunglücken zu lassen? Die Nachforschungen laufen ins Leere. Vielleicht gibt es ja, so Gennat, „überhaupt kein plausibles Motiv", und die Tat ist „völlig unsinnig" gewesen.

Eine Sonderkommission wird gebildet: Leitung und Koordinierung der Ermittlungen übernimmt Gennat. Standort der Sonderkommission ist zunächst der Bahnhof des Dorfes Kloster Zinna, wo die Reichsbahndirektion noch in der Nacht auf einem Nebengleis einen D-Zugwaggon mit Funkeinrichtung zur Verfügung stellt, um die ständige Verbindung der verschiedenen Dienststellen untereinander und mit dem Polizeipräsidium in Berlin zu gewährleisten. Die örtlichen Polizeibehörden der Nachbarstädte Luckenwalde und Jüterbog sowie die in Jüterbog stationierten Teile der Reichswehr werden hinzugezogen, Ermittler der Reichsbahn sind mit den Untersuchungen der eisenbahntechnischen Details betraut.

Nach Abschluss der Untersuchungen vor Ort wird der ständige Sitz der Sonderkommission ins Berliner Polizeipräsidium verlegt. Zwar können im Zuge der Ermittlungen eine Reihe kleinerer Straftaten aufgeklärt und zahlreiche gesuchte Personen festgenommen werden, was die Urheber des Anschlags betrifft, tappt die Polizei jedoch weiterhin im Dunkeln.

Am Vormittag des 10. Augusts entdecken die Ermittler bei einer erneuten Untersuchung des Geländes in einer Mulde ein mit Laub und Erdreich gut verborgenes Paket. Der Inhalt: Eine Holzrolle mit dem Rest des rosa umsponnenen Klingeldrahts, mit dem die Sprengladung gezündet worden ist! Zudem eine Ausgabe des „Angriffs“ vom 7. August, der das Titelblatt fehlt, eine Rolle Isolierband, zwei leere Zigarettenschachteln sowie ein Bogen braunes Packpapier, auf dem mit Tinte eine Adresse geschrieben steht: Frau A. Ruppert, Berlin SW 48, Friedrichstraße 9.

Der abgerissene Teil des „Angriffs“, so das Ergebnis der mikroskopischen Untersuchung, passt exakt zu dem Teil am Telegrafenmast. Demnach ist das Blatt tatsächlich vom Urheber des Attentats zurückgelassen worden.

Gennat will gerade seine Leute in die Friedrichstraße schicken, als das Ehepaar Ruppert aufgrund der Zeitungsberichte über das Attentat aus freien Stücken im Polizeipräsidium erscheint. Ruppert ist Inhaber eines Geschäfts für Installationsbedarf in der Friedrichstraße 9 und ist sich sicher, dass der Attentäter in seinem Laden Material für den Anschlag erworben hat.

Die Rupperts erweisen sich als die wichtigsten Zeugen. Der Attentäter scheint tatsächlich in ihrem Geschäft die Rohre und den Klingeldraht gekauft zu haben: Am Vormittag des 6. Augusts betrat gegen elf Uhr ein Unbekannter das Geschäft und verlangte zwei anderthalb Meter lange Eisenrohre, angeblich, um eine Wasseranlage in seinem Landhaus bei Potsdam zu bauen. Der Unbekannte war gut gekleidet, sehr höflich, schien starker Raucher zu sein und sprach ein sehr schlechtes Deutsch, sodass es teilweise schwerfiel, ihn zu verstehen.

Ruppert hatte die verlangten Rohre nicht vorrätig und musste sie erst vom Großhändler holen. Der Kunde wartete solange im Geschäft, plauderte mit Frau Ruppert und rauchte derweil mehrere Zigaretten. Frau Rupperts Frage, ob er Österreicher sei, verneinte er und stellte sich als Francis Carnell, irischer Offizier im Ruhestand, vor. Seit vier Jahren sei er in Deutschland und lebe von seiner Pension, 700 Reichsmark, in einem Landhaus in der Nähe von Potsdam. Von seiner Frau, einer Deutschen, lebe er getrennt. Er sei sozusagen Strohwitwer. Ungeniert flirtete er mit Frau Ruppert und versuchte sie zu einem heimlichen Tête-à-Tête zu überreden. Frau Ruppert ging auf seine Avancen jedoch nicht ein.

Am Sonnabendvormittag kam er noch einmal in den Laden. Diesmal war Rupperts Tochter Hildegard im Geschäft. Auch mit ihr flirtete er und versuchte sie zu einem Stelldichein zu überreden, beschwörte sie aber, ihrer Mutter nichts davon zu sagen. Aber auch von Hildegard handelte er sich einen Korb ein.

Der angebliche Ire kaufte Isolierband und fragte nach 400 Metern Klingeldraht. Den gab es aber nur auf einer Holzrolle mit 500 Metern. Er nahm also die 500 Meter des mit rosafarbener Baumwolle umsponnen und gewachsten Drahtes. Hildegard wickelte die Holzrolle in einen Bogen braunen Packpapiers, in den vorher ein Paket mit Wäsche verpackt gewesen war, das Otto, der Sohn der Rupperts, der in Altstrelitz das Technikum besucht, an seine Mutter geschickt hatte.

Jetzt hat die Kripo zumindest eine detaillierte Beschreibung des mutmaßlichen Täters – oder zumindest eines Mittäters. Das Verhalten des Unbekannten gibt indes Rätsel auf: Zwar hat er mit beiden Frauen geflirtet, vermutlich aber nie die Absicht gehabt, sie tatsächlich wiederzusehen. Lan-

Nur mit schwerem Gerät können die entgleisten Reisezugwagen geborgen werden.

ge hat er mit den drei Rupperts geplaudert. Dabei hätte er doch im Gegenteil bestrebt sein müssen, sich nur kurze Zeit im Geschäft aufzuhalten. So haben die Rupperts die Möglichkeit gehabt, sich sein Gesicht einzuprägen. Hat er das Material nur für jemanden besorgt? Dann wäre er immerhin ein wichtiger Zeuge.

Ein politisches Verbrechen von Nationalsozialisten oder Kommunisten schließt Gennat nun endgültig aus. Besonders letztere sind in Bezug auf die Beschaffung von Material für Sprengstoffanschläge Profis und hätten sich nicht in die Gefahr begeben, identifiziert zu werden.

Der Materialkäufer ist, wie sich herausstellt, auch noch in anderen Geschäften gewesen. So auch in dem Installationsbetrieb schräg gegenüber der Rupperts, in der Friedrichstraße 234. Hier hat er Klingeldraht bestellt, aber nicht abgeholt. Die Personenbeschreibung stimmt mit der, die die Rupperts gegeben haben, überein: slawischer Typ, etwa 1,75 Meter groß, dunkles Haar, dunkler Anzug, untersetzte Figur. Aufgefallen ist, dass er keinen Hut trug.

Ein britischer Staatsangehöriger namens Francis Drake-Carnell, der ein Häuschen bei Potsdam bewohnt, 700 Reichsmark Pension bezieht und von seiner Frau getrennt lebt, kann tatsächlich ermittelt werden. Mit dem Attentat hat er allerdings nichts zu tun. Später sagt er aus, er habe im April in

Der Attentäter kaufte in verschiedenen Berliner Geschäften Material für seine Anschläge ein, unter anderem hier in der Lindenstraße/ Ecke Markgrafenstraße.

einem Café einen angeblichen Österreicher getroffen, und sie hätten lange geplaudert und Kriegserlebnisse ausgetauscht. Die Personenbeschreibung, die er gibt, passt mit jener der anderen Zeugen überein.

Fahndungsplakate, die „den Erfordernissen moderner Reklametechnik" entsprechen, trotzdem aber den „üblichen amtlichen Charakter wahren", so schreibt Gennat, werden gedruckt. Einzelheiten nennt die Polizei freilich nicht. Schließlich soll kein Täterwissen preisgegeben werden. Auch in internationalen Fachzeitschriften wird die Fahndung veröffentlicht. Die Mitteilungen gehen ebenfalls an die Zentralbehörden Dänemarks, Ungarns, der Schweiz, Englands, Polens, der Tschechoslowakei, Hollands, Schwedens, Frankreichs, Italiens, Österreichs, Jugoslawiens und Belgiens. Die wichtigste Frage: Sind im Ausland ähnliche Anschläge verübt worden? Sind Sprengstoffdiebstähle vorgekommen, die mit dem Attentat in Verbindung stehen könnten?

Was den Sprengstoff betrifft, tappt die Polizei noch immer im Dunkeln, denn trotz intensiver Nachforschungen können am Tatort weder Spuren

Das Viadukt bei Biatorbágy mit dem entgleisten Zug

noch Überreste des verwendeten Sprengstoffs gefunden werden. Die Chemisch-Technische Reichsanstalt simuliert auf dem Schießplatz Kummersdorf die Explosion, um zu klären, welcher Sprengstoff verwendet wurde. Ist es das hochexplosive Trinitrotoluol gewesen? Es könnte aber auch Ekrasit gewesen sein, ein Sprengstoff auf der Basis von Pikrinsäure.

Am 13. September 1931, es ist ein Sonnabend, erreicht die Behörden in Budapest gegen ein Uhr morgens der Funkspruch: „Attentat auf Nachtschnellzug Budapest–Wien". Der legendäre Orient-Express hatte Budapest fahrplanmäßig am 12. September um 23.30 Uhr in Richtung Wien verlassen und ist bei der Überfahrt des Viadukts bei Bia-Torbagy (heute Biatorbágy) entgleist. Neun der elf Personenwagen sind etwa 25 Meter in die Tiefe gestürzt. Dass es sich nicht um einen Unfall, sondern um ein Attentat handelt, ist schnell klar.

So lautet der Funkspruch, den die Budapester Polizei umgehend an die Kollegen in Wien sendet:

„In der Nacht um circa 24.00 Uhr vom 12. auf den 13. September wurde gegen den Nachtschnellzug Budapest–Wien Nr. 10 in der Nähe der Station Torbagy ein Attentat verübt auf die Weise, daß auf einem Viadukt eine in einem braunen Vulkanfiberkoffer angebrachte Höllenmaschine durch den verübten Druck des vorüberfahrenden Zuges auf eine elektrische Vorrichtung zur Explosion gelangte. […] Da es sich um ein Attentat schwersten Charakters handelt, welches in seinen Äußerlichkeiten dem in Jüterbog verübten Attentat ähnelt, ersuchen wir alle Polizeibehörden um weitestgehende Mitfahndung und Mitteilung aller sachdienlichen Daten."

Auch die Presse wird informiert. Der Chef der „Wiener Sonn- und Montagszeitung" gehört zu den ersten, die von der Katastrophe erfahren. Sofort klingelt er seinen Chefreporter aus dem Bett, den blutjungen Journalisten Hans Habe, der seit 1930 für die Zeitung arbeitet, und schildert ihm den Sachverhalt. „Der Wagen des Chefs holt Sie ab. Fahren Sie los!", endet er seinen knappen Bericht. Wenige Minuten später sitzt der 20-Jährige im Fond des noblen, von einem eleganten Chauffeur gelenkten Mercedes des Verlegers. Die Station Biatorbágy liegt näher an Wien als an Budapest, und so brauchen sie nur etwas mehr als eine Stunde, um an den Unfallort zu gelangen. Der Anschlag scheint Teil einer Serie zu sein: Am 31. Dezember 1930 sowie am 30. Januar 1931 sind bei Anzbach in Niederösterreich zwei

Anschläge versucht worden, die allerdings keinen größeren Schaden angerichtet hatten. Am 8. August folgte der Anschlag bei Jüterbog.

Über den verheerenden Anblick, der sich ihm am Unglücksort bietet, berichtet der junge Journalist:

„Entlang der Bahnstrecke, in der Nähe des gesprengten Viaduktes, sind primitive Holzsärge aufgereiht. Die Explosion war jedoch mit solcher Heftigkeit erfolgt, daß mehrere Passagiere buchstäblich ‚zerrissen' oder bis zur Unkenntlichkeit verstümmelt worden waren: Die Körperteile, die in den einzelnen Särgen liegen, gehören nicht unbedingt zusammen, in einem Sarg befinden sich drei Beine, in einem anderen zwei blutige, vollkommen entstellte Köpfe."

Hans Habe will seiner Zeitung eine minutiöse Schilderung der Ereignisse liefern und Augenzeugen befragen. Doch die Menschen stehen unter Schock und geben nur unklare Antworten.

Da tritt ein stämmiger, mittelgroßer Mann mit einem quadratischen Schädel und militärischem Haarschnitt an ihn heran und erzählt, er sei Passagier einer der abgestürzten Wagen gewesen. Zum Zeitpunkt des Unglücks habe er sich gerade auf dem „Klosett" aufgehalten. Wie durch ein Wunder hat er nur eine Schnittwunde an der Wange davongetragen. Er stellt sich als Sylvester

Matuska, ungarischer Geschäftsmann aus Wien vor. Ungemein anschaulich schildert er die Einzelheiten des Unfalls. Für den ehrgeizigen Journalisten ein Glücksfall. Zudem ist Habe dieser Matuska, der sich bemüht, den Verletzten nach Kräften zu helfen, sehr sympathisch. Dennoch ist er verblüfft über so viel Gelassenheit, wo der Mann doch selbst nur um Haaresbreite dem Tod entkommen ist!

Als genug Rettungskräfte vor Ort sind und sie nicht mehr helfen können, fährt Hans Habe zurück nach Wien und nimmt Matuska, der das gleiche Ziel hat, mit. Der Journalist möchte ein längeres Interview mit Matuska führen und verabredet sich daher mit ihm für den nächsten Vormittag in einem Wiener Café.

Die vorläufige Bilanz des Anschlags: 25 Tote, 120 Verletzte, 14 davon schwer. Da das Attentat dem Anschlag von Jüterbog ähnelt, informiert die Budapester Polizei umgehend das Berliner Polizeipräsidium. Gibt es einen Zusammenhang? Unweit des Tatortes wird, um einen Stein gewickelt, ein handschriftliches Pamphlet gefunden, das das „Prager Tageblatt" vom 15. September 1931 wie folgt zitiert:

„Arbeiter! Ihr habt keine Rechte! Nun werden wir euch solche von den Kapitalisten erwirken. Jeden Monat werdet Ihr von uns hören, denn unsere Freunde sind überall zugegen. Es gibt keine Arbeitsgelegenheit, nun werden wir sie schaffen. Alles werden die Kapitalisten zu zahlen haben. Fürchtet nichts, unser Benzin geht nicht aus!"

In Budapest sucht man die Schuldigen derweil unter den Kommunisten. Mindestens ein Dutzend werden umgehend verhaftet und verhört. Einer von ihnen wird schon wenige Stunden nach dem Attentat als mutmaßlicher Täter festgenommen.

Die Budapester und die Wiener Zeitungen berichten ausführlich, auch die Berliner Zeitungen schildern den Fall in großer Breite. Die „Wiener Sonn- und Montagszeitung" titelt am 14. September 1931: „Budapest-Wiener Schnellzug in die Luft gesprengt. 20 Tote, 80 Verletzte. Der Täter, ein Kommunist, verhaftet." Auf den Innenseiten folgt Hans Habes ausführlicher Bericht über mehrere Spalten, in dem er auch den Kaufmann Sylvester Matuska als einen der Überlebenden namentlich erwähnt und dessen Erlebnisse zitiert.

Die Budapester Kriminalpolizei vergleicht die Fälle von Jüterbog und Biatorbágy und findet eine Reihe von auffälligen Parallelen: Die Verwendung von Sprengstoff in einer Kurve auf einem erhöhten Bahnkörper sowie die Zurücklassung einer Art Proklamation, in der die Wiederholung einer derartigen Tat innerhalb eines Monats angekündigt wird. – Der Zug bei Jüterbog ist fünf Wochen vorher entgleist.

Die Berliner, die Budapester und die Wiener Polizei stehen in ständiger Verbindung. Besonders was die Identifizierung des Sprengstoffs betrifft, werden die Ergebnisse ausgetauscht. Die Sprengstoffmenge im Falle Jüterbog muss zweieinhalb bis drei Kilogramm betragen haben, und die Berliner Ermittler gehen mittlerweile davon aus, es mit dem hochexplosiven Trinitrotoluol zu tun zu haben, einem Erzeugnis der WASAG, der Westfälisch-Anhaltischen Sprengstoff-AG in Reinsdorf, einem Dörfchen unweit von Wittenberg. (Am 16. März 1935 wird es dort zu einer verheerenden Sprengstoffexplosion kommen, die 60 Todesopfer und zahlreiche Verletzte fordert. Das Fabrikgelände wird dabei vollständig zerstört werden. Auch dort wird die Berliner Kriminalpolizei ermitteln.)

Die ungarischen Spurensicherer finden indes ein 100 Gramm schweres Stück Ekrasit, das vermutlich aus der in der Nähe von Wien gelegenen Wöllersdorfer Munitionsfabrik stammt.

Im Unterschied zu Jüterbog ist die Bombe von Biatorbágy nicht ferngezündet, sondern durch den Zug selbst ausgelöst worden, als dessen Rad den Zünder berührte, der unter anderem aus einem Zollstock bestand. Primitives Material mit verheerender Wirkung: Die Sprengung hat ein über sieben Me-

Den herbeieilenden Menschen bietet sich unter dem Viadukt ein Bild des Schreckens.

ter langes Stück Schiene herausgesprengt. Aus Budapest kommt Detektiv-Inspektor Hain nach Berlin, um sich über die Ermittlungsergebnisse im Fall Jüterbog zu informieren.

In Wien staunt Hans Habe nicht schlecht, als er in dem Café, in dem er mit seinem Interviewpartner verabredet ist, diesen umgeben von dankbaren Zuhörern antrifft. In zum Teil blutrünstigen Details schildert er den Unfall, sein Überleben und seine Hilfsaktionen. Habe lässt sich noch einmal alles erzählen. Seine Zeitungen, die „Wiener Sonn- und Montagszeitung" und die „Wiener Montagspost", bringen am nächsten Tag sensationelle Berichte, und im Wiener Journalisten-Café Rebhuhn wird der Newcomer unter den Journalisten als Wunderkind gefeiert. Doch Triumph und Blamage liegen oft nahe beieinander …

Den überlebenden Passagieren ist Matuska ebenfalls aufgefallen. Die Tatsache, dass er den Unfall nahezu unversehrt überstanden und sich zudem ziemlich unberührt von den Schrecknissen gezeigt hat, weckte in so manchem einen bösen Verdacht. Der Leiter der Ermittlungen, der Wiener Polizeirat Dr. Schweinitzer, teilt den Verdacht und gibt die Informationen an die Kollegen in Budapest und Berlin weiter. Ein Sylvester Matuska ist den Berliner Behörden jedoch nicht bekannt.

Indes ermittelt die Wiener Polizei, dass ein gewisser Matuska tatsächlich in der Wöllersdorfer Fabrik Ekrasitpatronen gekauft hat, angeblich um einen Fabrikschonstein zu sprengen. Die Überprüfung ergibt, dass der Schornstein zu diesem Zeitpunkt längst umgelegt gewesen ist. Zudem lässt

Die von Matuska in Biatorbágy verwendete Zündvorrichtung

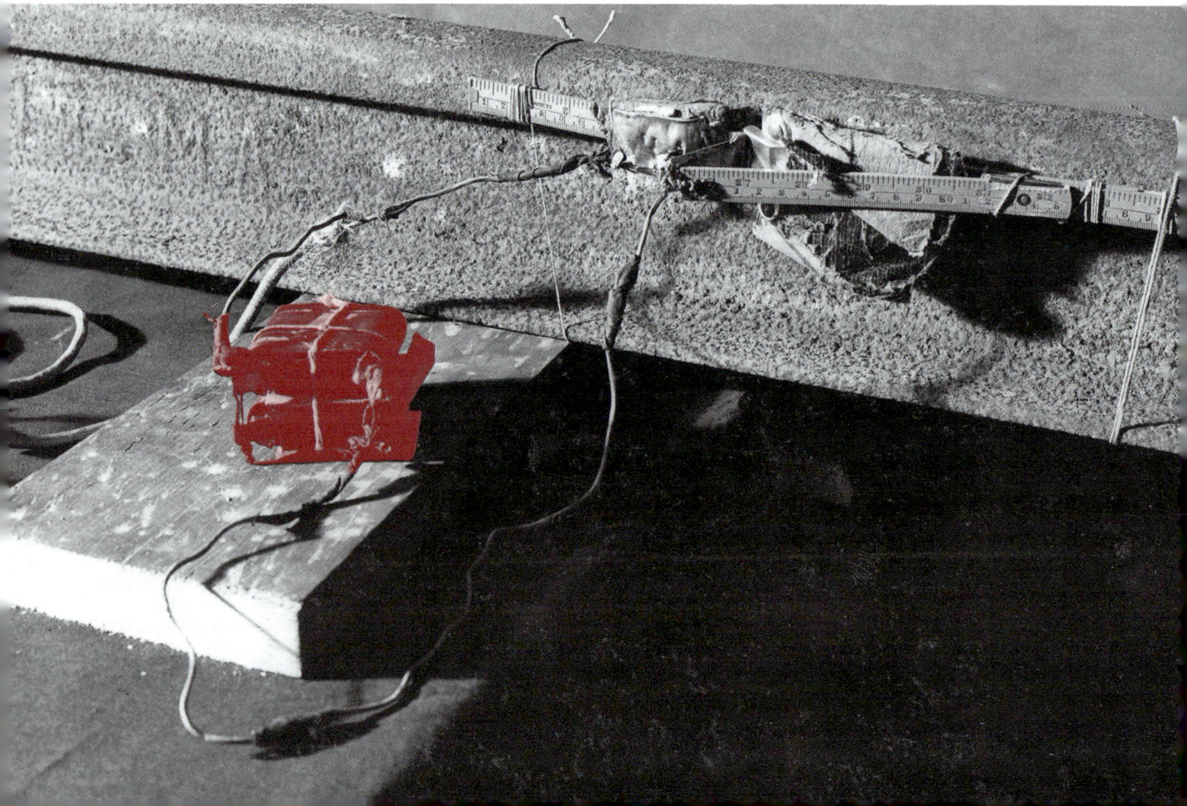

sich nachweisen, dass Matuska auch andere Zubehörteile für Sprengvorrichtungen in Wien gekauft hat.

Da er über den Zweck und die Verwendung des Sprengstoffs keine glaubhafte Auskunft geben kann, wird Sylvester Matuska am 10. Oktober 1931 verhaftet. Bei seiner Vernehmung auf der Polizeidirektion Wien gibt er sich geheimnisvoll und kündigt an, am Abend des 12. Oktober „aufklärende Angaben“ machen zu wollen. Nach dem Grund befragt, behauptet er, zu 30-tägigem Schweigen verpflichtet zu sein, andernfalls müssten seine Frau und er sterben.

Matuska hält sein Versprechen und räumt am 12. Oktober seine Mitwirkung an den Eisenbahnattentaten von Jüterbog und Biatorbágy ein. Treibende Kraft sei ein gewisser Bergmann gewesen. Matuska erzählt nun eine verworrene Geschichte: Bergmann habe ihn unter Druck gesetzt. Er habe mit ihm eine Sekte gründen wollen, deren Ziel es sei, einen Kommunismus auf christlicher Basis aufzubauen. Sie seien nach Berlin gefahren, wo Bergmann ihn in einen spiritistischen Klub eingeführt habe. Zeichen der Sekte: Man habe den Daumen der linken Hand im linken Ohr drehen müssen! Für seine Projekte habe er Bergmann auch mehrfach Geld geborgt, habe aber nie etwas zurückbekommen.

Bergmann habe gemeint, sie müssten die Aufmerksamkeit der Welt auf sich lenken und besonders den Armen zeigen, dass für sie etwas unternommen wird. Das sollte durch Sprengstoffattentate geschehen. Er, Matuska, habe die Sprengmittel und das nötige Material besorgt und es Bergmann gegeben. Im letzten Moment habe er Bergmann von dem Attentat abhalten wollen und gedroht, zur Polizei zu gehen, doch Bergmann habe sich nicht aufhalten lassen.

Detailliert berichtet Matuska auch von seinem Besuch bei dem Elektrohändler Ruppert, von seinem Versuch, mit der Mutter und der Tochter anzubandeln, sowie dass er sich als irischer Offizier ausgegeben hat.

Noch in der Nacht des 13. Oktobers informiert Dr. Schweinitzer seinen Kollegen Gennat in Berlin über Matuskas Teilgeständnis. Umgehend reisen Gennat und die Kommissare Dr. Emil Berndorff und Rudolf Lissigkeit nach Wien, um die Angaben Matuskas in Bezug auf das Attentat von Jüterbog zu überprüfen.

Wenn Matuska, wie er behauptet, nicht der Haupttäter ist, dann ist er zumindest ein Mittäter, denn seine Aussage offenbart eindeutig Wissen, das nur ein Täter haben kann. Nur der Materialeinkäufer selbst kann Details über den Einkauf bei den Rupperts wissen, denn Einzelheiten darüber sind nie veröffentlicht worden. Auch dass sich der Käufer als Ire ausgegeben hat, fand in der Presse nie Erwähnung. Einer der Wiener Beamten äußert sich über Matuska: „Er sagt jeden Tag etwas anderes. In seiner Aussage sind schon mehr ‚Gespenster‘ aufgetaucht, als in einem ganzen Gespensterfilm. Und dabei stößt man, inmitten der phantastischsten Märchen, plötzlich auf ein Stück Wahrheit.“

Ein Polizeifoto von Matuska: In dieser Kleidung kaufte er das Material für den Anschlag in Jüterbog.

In Anwesenheit von Gennat wird Matuska am 16. Oktober 1931 noch einmal zur Sache vernommen. Dabei ist der deutsche Kommissar nur Zuhörer, Fragen darf er nicht stellen.

Am Nachmittag des 16. Oktober legt Matuska ein volles Geständnis ab. Er ganz allein habe die Anschläge in Jüterbog und Biatorbágy verübt sowie zwei Anschlagsversuche bei Anzbach in Österreich. Die Bergmann-Geschichte sei, gesteht er nun, erfunden gewesen.

In Anzbach sei er zweimal daran gescheitert, die Schrauben an den Schienen rechtzeitig zu lösen. Beim ersten Versuch am Silvesterabend 1930 sei daher gar nichts passiert. Beim zweiten Versuch Ende Januar 1931 entgleiste der Zug, ohne dass größere Schaden entstand.

Das Attentat von Jüterbog habe sich so abgespielt, wie die Kripo es rekonstruiert hatte. Das rechtsradikale Blatt „Der Angriff" habe er deshalb angepinnt und die Worte „Sieg, Revolution und Attentat" darauf geschrieben, weil er dachte, am Tag der Volksabstimmung würde es in Berlin Unruhen geben. Zudem hatte er die Absicht, Attentate auch in anderen Ländern auszuführen. So wollte er etwa bei Amsterdam eine Brücke sprengen, auf den Zug Paris–Marseille einen Anschlag verüben und Sprengstoffanschläge auf Züge in Italien durchführen.

Angeblich habe er die Gegend um Jüterbog zufällig gewählt. Ursprünglich habe er hier einen Schweißapparat verwenden wollen, den er sich in Berlin besorgt hatte. Er habe damit aber nicht umgehen können. Es sei ihm nicht einmal gelungen, einen Blecheimer zu durchtrennen, geschweige denn Eisenbahnschienen.

Im April 1931 habe er zunächst in einem Hotel in Jüterbog gewohnt, habe jedoch befürchtet, aufgefallen zu sein, und sei daraufhin nach Luckenwalde gezogen.

Auch Matuskas Aufenthalte in Berlin können genau rekonstruiert werden. Der ominöse Bergmann existiert zwar nicht, Matuska behauptet nun aber, dass „Leo" immer bei ihm gewesen sei. „Leo" sei ein Telepath, der, als Matuska 15 Jahre alt war, in der Lehrerbildungsanstalt verschiedene telepathische Experimente mit ihm durchgeführt habe. Angeblich habe er ihm prophezeit, er werde ein berühmter Mann werden. Zu seinen Beweggründen befragt, betont Matuska noch einmal, der Alleintäter gewesen zu sein. „Nur der schon wiederholt beschriebene ‚Leo' war immer mit mir, wobei ich nun bemerke, dass er nicht in Wirklichkeit, sondern nur im Geiste bei mir war." Von dem geheimnisvollen Leo wird Matuska auch in seinem Prozess immer wieder sprechen. Vermutlich setzt er alles daran, für unzurechnungsfähig erklärt zu werden.

Gennat schreibt in seinem Abschlussbericht:

„Angesichts der ganzen Persönlichkeit des Matuska konnten seine eigenen Zugeständnisse als endgültige Beweise seiner Täterschaft nicht gewertet werden. Tatsächlich herrschten auch noch zu einem Zeitpunkt, in dem Matuska bereits ein Teilgeständnis abgelegt hatte, in der gesamten Öffentlichkeit erhebliche Zweifel an der Richtigkeit seiner Angaben. Es kam daher von vornherein darauf an, den Schuldbeweis gegen Matuska möglichst unabhängig von seinen eigenen Schilderungen zu erbringen. […] Zusammenfassend kann gesagt werden: Matuska ist über alle Einzelheiten so weitgehend unterrichtet, wie es nur der Täter selbst sein konnte."

Aufgrund von Matuskas Angaben zu den missglückten Schweißversuchen mit dem Blecheimer wird auf dem Gelände noch einmal nach dem Eimer gesucht. Tatsächlich wird er gefunden. Er ist mit einem Schneidbrenner dilettantisch durchgeschnitten worden.

Auch Matuskas Lebenslauf ist für Gennat interessant: Der ungarische Staatsbürger wurde am 29. Januar 1892 in Csantavér als Sohn eines Pantoffelmachers geboren und lebt zurzeit in Wien. Wie ein ehemaliger Schulkamerad berichtet, kreiste Matuskas Denken schon als Kind um Visionen gigantischer Explosionen: „Dunkle Nacht – Aufblitzen eines Feuerscheins – gewaltige Flammen – Detonation – Durcheinanderlaufen – und Schreien".

Ein biederer Familienvater: Matuska mit seiner Frau und seiner Tochter

In der ungarischen Stadt Kalocsa besuchte er das römisch-katholische bischöfliche Lehrerseminar und legte 1907 das Examen in sechs Fächern mit „sehr gut" und 13 Fächern mit „gut" ab.

Allein was sein Verhältnis zu Frauen betraf, fiel er unangenehm auf. Sprach er mit Frauen, egal welchen Ranges oder welchen Alters, soll er so in Ekstase geraten sein, dass er immer wieder mitten im Gespräch den Raum verlassen musste.

In der Schule und beim Militär fiel er wiederum durch sein „ständiges Geflunker" und seine Vorliebe, von sich selbst zu sprechen, aus dem Rahmen. Später tat er sich durch undurchsichtige Immobiliengeschäfte hervor. Im Frühjahr 1919 erwarb er von einem Gewürzhändler ein Haus und eröffnete einen Gewürzladen, in dem er Verwandte arbeiten ließ. Er selbst blieb Lehrer. Im September 1919 heiratete er eine Lehrerin. Kaufte und verkaufte wieder Häuser, pachtete im Juni 1931 einen Steinbruch, angeblich um Material für den Eisenbahn- und Straßenbau zu gewinnen.

Gearbeitet wurde hier jedoch nie. Der Steinbruch erlaubte es ihm aber, Sprengstoff zu erwerben.

Unter der Überschrift „Psychologische Momente“ schreibt Gennat in seinem 144 Schreibmaschinenseiten umfassenden Abschlussbericht:

„Wie bereits in den Akten erwähnt, hat Matuska angeblich den Plan verfolgt, eine Art Kommunismus auf religiöser Basis ins Leben zu rufen und für diese Richtung Mitglieder zu werben. Er und seine Anhänger, die er erst werben wollte, sollten sich an bestimmte, von ihm ausgearbeitete Vorschriften halten. Es sollten große, aufsehenerregende Taten verübt werden – zunächst nur von ihm selbst.

Wenn die Mitgliederzahl auf über 100 gestiegen sei, sollten sich auch andere Mitglieder in dieser Weise betätigen. Der Zweck dieser Aufsehen erregenden Taten bestand darin, dass die Welt aufmerksam würde auf das, war er [Matuska] zu leisten imstande sei. Nach dem Gelingen dieser Pläne wäre er dann hervorgetreten und hätte erklärt, dass er derjenige sei, der das alles ersonnen und ausgeführt habe. Die Welt sollte dann erkennen, dass er zum ‚Führer‘ dieser neuen Richtung sich eigne und bestimmt sei. Nur der Endzweck sei für ihn maßgebend gewesen, wenn dieser auch mit Opfern an Menschen verbunden sei. Neue große Gedanken hätten, wie die Geschichte beweist, vielfach Opfer auch an Menschenleben gefordert. – Deshalb habe er sich auch nicht gescheut, durch verbrecherische Handlungen sein Ziel zu erreichen.

Matuska steht, soweit meine Kenntnis der Geschichte der Eisenbahnattentate und ihrer Urheber spricht, einzig da. Tatsächlich ist er ja nur durch seine Festnahme an der Ausführung weiterer Verbrechen in Holland, Belgien und Frankreich gehindert worden. Wie oben erwähnt, scheint sich die Phantasie des Matuska schon in frühen Jugendjahren mit Explosionen und ähnlichen Vorkommnissen beschäftigt zu haben. Interessant sind auch die Ausdrucksformen seiner augenscheinlich von jeher stark ausgeprägten Erotik. Weiter zeigt sich sein überwertiges Geltungsbedürfnis – seine Neigung zum „Flunkern“ und Renommieren. […]

>>

Die von Matuska ausgeführten Taten sind die praktische Konsequenz seiner in großen Zügen wiedergegebenen Weltauffassung. Wie Matuska im Einzelnen zu dieser Weltauffassung gelangt ist, und wie es kam, dass zuletzt alle Hemmungen gegen die praktische Durchführung seiner Pläne zurücktraten, lässt sich nicht mit Sicherheit feststellen, ist auch nicht Aufgabe des Unterzeichneten. [...]

Überprüft man den Fall Matuska als Ganzes rückblickend aus dem Gesichtspunkt der Art seiner Aufklärung, so zeigt sich – und dies sind die kriminalistischen Lehren des Falles! –, dass er nur aufklärbar war durch das einheitliche Zusammenwirken der allerverschiedensten Faktoren. Zunächst wurde jeder Einzelfall in jedem Land für sich behandelt. Aber die tiefgründigste Feststellung des Tatbestandes im jeweiligen Einzelfall führt nicht zum Erfolg. [...] Erst als man die Ermittlungen auf eine internationale Basis stellte, wurde man den grundlegenden Erfordernissen des Falles gerecht. Erst durch die war die Möglichkeit gegeben, die Fäden zu finden, die die eine Tat mit der anderen verbanden.

Hätte Matuska nur eine Tat begangen, wäre seine Überführung voraussichtlich außerordentlich schwierig gewesen, zum Verhängnis wurde ihm letzten Endes – wie vielen Großverbrechern – seine unwiderstehliche Neigung, bestimmte Straftaten (mit gewissen Abweichungen) immer aufs Neue auszuführen.

In sinngemäßer Abänderung eines bekannten Sprichwortes kann man sagen: Nicht die Sonne – Matuska selbst hat seine Schuld an den Tag gebracht!"

Am 15. Juni 1932 beginnt vor dem Wiener Landgericht der Prozess gegen Sylvester Matuska. Auch vor Gericht spielt er noch Theater, gibt den Verwirrten, den psychisch Kranken, doch die Gerichtspsychiater erklären ihn für voll zurechnungsfähig. Da er in Österreich nur für die Attentate von Anzbach verurteilt werden kann, lautet das Urteil: sechs Jahre schwerer Kerker. Unter der Voraussetzung, dass im Falle eines Todesurteils dasselbe nicht vollstreckt wird, liefert Österreich den Attentäter an Ungarn aus, wo man ihn zum Tode durch den Strang verurteilt. Gemäß der Auslieferungsbedingungen wird die Hinrichtung allerdings nicht vollzogen. Nach Ende des Zweiten Weltkriegs kommt er unter ungeklärten Umständen aus dem Gefängnis frei und gilt lange als verschollen. Gerüchten zufolge wird er im Sommer 1953 während des Korea-Krieges von den Amerikanern gefangen genommen. Er trägt eine nordkoreanische Uniform und soll Sabotageakte, respektive die Sprengung von Brücken, für die Nordkoreaner durchgeführt haben.

Der Journalist Hans Habe wird nach dem „Anschluss" Österreichs an das Deutsche Reich 1938 ausgebürgert, geht 1940 zunächst nach Frankreich und später in die USA, wo er freiwillig in die U.S. Army eintritt, um gegen Hitler-Deutschland zu kämpfen. 1944 kehrt er nach Europa zurück, ist bei der Befreiung von Paris dabei und kommt in einer Propagandaabteilung nach Deutschland, wo er in der Amerikanischen Zone rund 16 Tageszeitungen gründet. Später arbeitet er als Journalist und Romanautor. Er stirbt 1977 in der Schweiz.

Gennat während der Ermittlungen in Wien zusammen mit Kollegen und – natürlich – Kuchen

Die Sache mit Charly

Wochenmarkt auf dem Winterfeldtplatz in Schöneberg. Es ist Sonnabend, der 22. Oktober 1932. Ein Geschiebe und Gedränge. Ein Kaleidoskop des Berliner Alltags der frühen Dreißigerjahre: Scharen schlecht bezahlter Dienstmädchen aus den hochherrschaftlichen Häusern im Tiergartenviertel oder am Kurfürstendamm eilen geschäftig, mit Kennerblicken die Preise vergleichend, von einem Stand zum anderen.

Ein Geschreie und Gefluche. Unermüdlich preisen die Händler ihre Waren an, wobei der Unterhaltungswert ihrer markigen Sprüche und abgestandenen Kalauer größer ist als der Werbeeffekt. Das Geld sitzt bei der Kundschaft eben nicht mehr so locker. Es wird mehr geschaut als gekauft.

„Äppel aus Werder, nur allerfeinste Ware! Sowat jutes kriejen Se nur bei Könicke! Allerbeste Äppel zu Preise wie beim Inventurausverkauf!" Der Obst- und Gemüsehändler Hermann Könicke ist in seinem Element. Hinter dem Marktstand ist er König. „Nur keene Hemmungen, kommen Se ruhig näher."

„Kiek mal, der olle Könicke hat seine Äppel wieder mit Spucke poliert!" Der vorlaute Steppke zeigt mit einer Hand auf die sorgsam drapierte Apfelpyramide und zerrt mit der anderen an der Jacke seiner Mutter, die einen roten Kopf bekommt. Aber Könicke hat den vorlauten Bengel gar nicht wahrgenommen. Im Moment ist er nicht bei der Sache. Suchend schweift sein Blick über den Platz. „Wo der Walter bloß bleibt", murmelt er. „Seit einer Viertelstunde ist der Junge schon vom Stand weg. Der wollte doch bloß nach die Preise bei die Konkurrenz kieken." Doch er hat keine Zeit, sich den Kopf zu zerbrechen. Das Geschäft muss schließlich weitergehen. Eine gutbürgerlich anmutende, etwas füllige Dame steht unschlüssig vor den Äpfeln. „Na, wie wär's gnä' Frau? Überraschen Se den Herrn Jemahl am Sonntag doch mal

Wochenmarkt auf dem Winterfeldtplatz

mit'n Appelkuchen. Wat sagen Se? Der Herr Jemahl besieht sich die Radieschen von unten? So'n Pech aber ooch!"

Plötzlich tippt jemand Könicke von hinten auf die Schulter. Walter ist völlig außer Atem. „Mensch, wo hast'e dir denn rumjetrieben, ick dachte schon ..." Ohne zu reagieren fällt Walter, noch immer nach Luft schnappend, dem Vater ins Wort „Die Äpfel sind bei Kalinke um zwei Pfennige billiger, die Birnen sogar um drei!"

Der Markttag vergeht für Hermann und Walter Könicke wie jeder andere. Die Geschäfte sind zwar ziemlich mies, aber sie kommen über die Runden.

Kurz nach 13 Uhr packen sie die Obst- und Gemüsereste in Kisten, verstauen diese auf dem kleinen Dreiradlaster und fahren nach Hause in die Lutherstraße (heute Martin-Luther-Straße), wo Hermann Könicke zusammen mit Frau und Sohn im Haus Nummer 19 im Erdgeschoss des Seitenflügels in einer Dreizimmerwohnung lebt.

Kaum haben die beiden Männer gegen 13.30 Uhr den Durchgang zum Hof betreten, als ihnen die Portiersfrau entgegenkommt. „Ihre Frau is heute wohl mit uff'n Markt jewesen!"

„Sie wissen doch, dass meine Aujuste wegen ihre Beene nich' so lange stehen kann. Die is zu Hause", brummt der alte Könicke missgelaunt.

„Nee, isse nich! Ick hab' jeklingelt und jerufen. Bloß det Fenster hat se vajessen zuzumachen."

Der alte Könicke wirft seinem Sohn einen sorgenvollen Blick zu. Beide wissen, dass Auguste die verdammten Morphiumpillen, die sie gegen die Schmerzen schlucken muss, nicht gut verträgt.

Kurzerhand steigt Walter durch das geöffnete Küchenfenster und geht gleich ins Schlafzimmer. Nur an der bunten Kittelschürze erkennt er, dass es seine Mutter ist, die da auf dem Bett liegt. Hände und Füße sind mit zerrissenen Laken an die Bettpfosten gefesselt, über dem Gesicht ist ein Kopfkissen festgebunden. Vorsichtig bindet Walter das Kissen los. Für die 74-jährige Auguste Könicke kommt jede Hilfe zu spät.

Gegen 15 Uhr fährt das geräumige Mordauto des Polizeipräsidiums vor. Schwerfällig klettert Kriminalrat Gennat aus dem Wagen, gefolgt von den Kommissaren Bunge, Sommer und Schneider, drei Beamten des Erkennungsdienstes, einem Arzt und einer Stenotypistin.

Die Männer von der Mordkommission betreten die bescheiden eingerichtete Wohnung. Die Diele ist mit allerlei Gerümpel und Haushaltsutensilien vollgestellt: Leiter, Bügelbrett, leere Obstkisten, gestapeltes Zeitungspapier, Kohlen und Brennholz.

Während der Arzt die Tote untersucht, nimmt die Spurensicherung ihre Arbeit in der Küche auf: Auf dem Herd steht eine Kasserolle mit kaltem Kaffee. Im offenen Feuerloch ist Holz aufgeschichtet. Streichhölzer liegen bereit. Frau Könicke hat sich wohl gerade den Kaffee aufwärmen wollen, als sie von ihrem Mörder überrascht wurde. Offenbar hat sich die alte Frau heftig gewehrt: Ihre Brille und ihr Gebiss liegen auf dem Boden, der Stock, den sie aufgrund eines schweren Venenleidens selbst in der Wohnung benötigte, lehnt am Herd.

Gennat wendet sich dem alten Könicke zu, der leise schluchzend auf dem Bett neben seiner toten Frau sitzt, und legt ihm beruhigend seine riesige Pranke auf die Schulter. „Was ist denn geraubt worden?", fragt er leise. Der Alte zeigt mit zitternder Hand auf einen Schreibtisch mit einem Aufsatz. Die Schubfächer sind herausgezogen und durchwühlt.

„So um die 4000 Mark", stammelt der Alte. „Wieviel jenau weiß ich nicht. Aujuste hat doch das janze Jeld verwaltet."

Gennat muss die Befragung abbrechen, denn der alte Könicke steht unter Schock. Offensichtlich haben die Täter gezielt nach dem Geld gesucht, denn sonst ist nichts in der Wohnung angerührt. Nach Aussage des Sohnes hat seine Mutter die Schlüssel zu den Schubfächern des Schreibtischchens stets in der Tasche ihrer Kittelschürze gehabt. Jetzt liegen sie auf dem Aufsatz.

Verwertbare Spuren finden sich kaum. Nicht einmal Fingerabdrücke. Allein das Taschentuch, das als Knebel gedient hat, könnte weiterhelfen. Wird das eingestickte Monogramm O. S. und das noch vorhandene Zeichen einer Wäscherei zum Täter führen?

Als die Beamten den Tatort verlassen, hat sich vor dem Haus eine neugierige Menschenmenge versammelt. Aufgeregtes Stimmengewirr empfängt sie: „Was ist denn da passiert?" – „Ne Frau is ermordet worden." – „2000 Mark hat sie in der Wohnung gehabt! Ist ja aber auch leichtsinnig." – „Ich wette, das war einer von diesen Bettlern, die sich hier neuerdings rumtreiben." – Die Gerüchteküche kocht.

Grausiger Fund: Die Brille und das Gebiss von Auguste Könicke liegen auf dem Boden der Küche.

Routinemäßig gehen die Ermittlungen ihren Gang: Befragungen der unmittelbaren Nachbarn, der Bewohner der angrenzenden Häuser und der Geschäftsleute in der Umgebung. Konkrete Angaben vermag aber niemand zu machen.

Am nächsten Morgen, pünktlich um zehn Uhr, erscheint Hermann Könicke in Gennats Büro. Der Markthändler, der gestern noch den Damen fröhlich sein Obst angepriesen hat, ist wie ausgewechselt: ein gebrochener, über Nacht um Jahre gealterter Mann. Mit einer Handbewegung bietet Gennat ihm einen Platz in einem der grünen Plüschsessel an. Er selbst macht es sich auf dem Sofa bequem, das unter seinem Gewicht bedrohlich aufstöhnt. Trudchen bringt Kaffee herein, doch Könicke winkt ab und beginnt zu erzählen.

„Wir wollten uns doch von det jesparte Jeld 'n Grundstück koofen. N' kleenet Häuschen wollt' ick druff bauen, für unsre letzten Jahre. Meine Aujuste sollte es noch scheen haben, wo se doch nich mehr richtich loofen konnte."

„Haben Sie denn gestern früh, bevor Sie zum Markt gefahren sind, fremde Personen im Hausflur oder auf der Straße bemerkt?", fragt Gennat ruhig.

Könicke schüttelt den Kopf.

„Ihr Sohn ist auch die ganze Zeit am Stand gewesen?"

„Wat soll denn det nun für 'ne Frage sein? Na klar war der Walter die janze Zeit uff'm Stand."

„Ja seh'n Sie, wir haben nämlich von Ihren Nachbarn gehört, dass Sie und Ihre Frau oft heftigen Streit mit Ihrem Sohn hatten."

„Die Portiersfrau, diese alte Tratsche, wenn ick die mang de Finger krieje, mach ick Hackfleisch aus ihr ..."

„Na, nun regen Sie sich mal nicht so auf. Wir haben das im Übrigen nicht nur von Ihrer Portiersfrau."

„Se glooben doch nich etwa", fällt Könicke Gennat ins Wort, „dass der Walter seine Mutter ..." Entsetzt starrt der Alte Gennat an. „Nee, det vajessen Se man schnell wieder! Det is doch janz normal, schon 33 und noch immer bei Vatern und Muttern! Det muss doch mal Zoff jeben!"

Gennat bohrt aber weiter: „Von Ihrer Wohnung bis zum Winterfeldtplatz braucht man sieben Minuten. Wir haben das nachgeprüft. Hin und zurück also etwa eine Viertelstunde. War Ihr Sohn vielleicht doch für diesen Zeitraum mal nicht am Stand?"

„Aber wenn ick es doch sage, Herr Kommissar. Der hat bloß mal für fünf Minuten seinen Rundjang jemacht, wegen die Preise bei die Konkurrenz. Und außerdem, der Walter is nich von die schnelle Truppe. Wenn Se 'ne Viertelstunde brauchen, braucht der 'ne halbe."

„Hat er vielleicht das Auto genommen?"

„Ausjeschlossen, det hätt' ick jemerkt. Nee, nee, Muttern wat antun, sowat macht der nich."

„Der oder die Täter müssen über Ihre Lebensgewohnheiten gut Bescheid gewusst haben. Wie erklären Sie sich das?"

Könicke zuckt mit den Schultern.

Wartende Taxis 1932 vor dem Stettiner Bahnhof

„Hatten Sie oft Besuch von Bekannten, oder von fremden Leuten?“

„Aber nee, die Aujuste war doch so misstrauisch. Besonders seit die Sache mit Charly.“

„Wer ist denn Charly?“

„Na, die Exfreundin von Walter. Meine Frau konnte det Aas nie leiden. ‚Die taugt nischt‘, hat se immer jesagt und ‚die will mir ausspionieren‘. Deshalb hat se ja ooch die Schlüssel vom Schreibtisch immer bei sich jehabt.“

„Hat Charly – wie heißt die Dame eigentlich wirklich? – von dem Geld gewusst?“

„Charlotte Kleber heißt se. Hat bei uns drei Jahre zur Untermiete jewohnt. Serviererin im Café Dressler am Potsdamer Platz war se. Nebenbei hat se noch in Nachtbars jekellnert und so. Vor anderthalb Jahren hat Aujuste se rausjeschmissen. Den Walter hat se ausjenommen wie ’ne Weihnachtsjanz.“

„Bringt Ihr Sohn oft Freunde mit nach Hause?“

Könicke gibt nur widerwillig zu, dass es immer wieder zu heftigen Auseinandersetzungen gekommen ist, wenn Walter Freunde mitgebracht hat.

Zu diesem Thema will Gennat auch Walter Könicke befragen, der schon auf dem Gang wartet. Trudchen führt ihn ins Büro. Angespannt und unruhig sitzt er auf dem Besucherstuhl. Gennat hat sich scheinbar in eine Akte vertieft und würdigt ihn keines Blickes, beobachtet dabei aber aus dem Augenwinkel jede Bewegung des jungen Könicke.

„Wir haben herausgefunden, dass Sie Taxifahrer waren. Wann haben Sie Ihre Stellung verloren und warum?“, beginnt Gennat endlich ohne aufzublicken.

„Das war im Juli. Mein Chef hat sich verkleinert. Wer kann sich jetzt noch eine Fahrt im Taxi leisten? Für mich war die Entlassung nicht schlimm, weil Vater seit Mutters Krankheit auf dem Markt ohnehin Unterstützung brauchte."

„Sind Sie am Sonnabend die ganze Zeit am Marktstand gewesen?" Gennat beobachtet ihn genau.

„Ja natürlich! Ich habe nur meinen Rundgang gemacht, so fünf Minuten etwa. Man muss aufpassen, dass die Konkurrenz einen nicht unterbietet. Heute rechnen die Kunden mit jedem Pfennig."

Ohne dass der Kommissar danach fragt, kommt Walter Könicke nun von selbst auf Charlotte Kleber zu sprechen und fordert Gennat auf, sich doch um ihren „jetzigen Anhang" zu kümmern. Walter bestätigt auch, dass sie mit den Gepflogenheiten der Geldaufbewahrung bei den Könickes vertraut gewesen sei. Sie habe auch gewusst, dass seine misstrauische Mutter die Schlüssel immer bei sich hatte.

„Haben Sie noch Kontakt zu Frau Kleber?", fragt Gennat.

Er schüttelt den Kopf. „Ich bin inzwischen anderweitig verlobt. Aber vor etwa einem Vierteljahr habe ich sie in Begleitung zweier junger Männer ge-

Das exklusive Kaufhaus Wertheim an der Leipziger Straße war bis zu seiner teilweisen Zerstörung 1944 das größte Warenhaus Europas.

sehen, zwei üble Gestalten mit Schiebermützen und schmierigen Anzügen. Sie sind weitergegangen, als ich einige Worte mit Charly gewechselt habe."

Gennat fragt sich, weshalb Walter seine ehemalige Freundin belastet. Will er den Verdacht von sich selbst abwälzen? In der Zwischenzeit lässt Gennat die Verlobte des jungen Könicke, die 20-jährige Grete Schneider, aufs Polizeipräsidium vorladen. Was weiß sie über Walter und das Verhältnis zu seinen Eltern?

Wenige Stunden später betritt eine attraktive junge Frau mit dunkelblondem, perfekt frisiertem Pagenkopf Gennats Büro. Unter einem sandfarbenen Mantel nach der letzten Mode trägt sie ein dunkelblaues, tailliertes Kostüm und eine weiße Seidenbluse. Grete Schneider ist Verkäuferin in der Damenkonfektion bei Wertheim am Leipziger Platz.

Freimütig erzählt sie von ihrem Verlobten, den sie erst Ende 1931 kennengelernt hat. Grete weiß auch, dass Walter keine Freunde mit nach Hause bringen darf und wie sehr er unter den häuslichen Verhältnissen leidet. Dabei ist das Verhältnis zu seinen Eltern zwiespältig. Er hat, erzählt Grete, den Dreiradlaster, mit dem sein Vater die Waren zum Markt fährt, von seinem gesparten Geld gekauft.

Was Grete sonst noch zu erzählen hat, bestätigt Gennats Befürchtungen: Walter Könicke bewegt sich in äußerst fragwürdigem Milieu.

„Ich komme bei Wertheim ja mit vielen Menschen zusammen", erzählt sie. „Mehr Menschenkenntnis als Walter habe ich auf jeden Fall. Leider ist er ziemlich naiv und gutgläubig und lässt sich immer wieder mit Leuten ein, denen ich lieber aus dem Weg gehen würde. Wir sind öfter im Delphi-Palast an der Kantstraße zum Tanzen. Das Publikum ist da nicht immer vom Feinsten. Walter hat vor allem Kontakt zu Zuhältern und anderen zwielichtigen Typen. Mir ist das immer peinlich. Schließlich könnten mich Kunden oder Kollegen sehen."

Für Kriminalrat Gennat ist Walter Könicke zwar noch immer der Hauptverdächtige, doch auch in diesem Fall will er sich nicht auf eine einzige Spur festlegen. Welche Rolle spielt diese Charly? Auch nach ihr lässt Gennat fahnden.

Bei einem Stück Stachelbeerbaiser sinniert der Dicke gerade über den möglichen Hergang des Verbrechens, als ein Kriminalassistent ins Büro stürzt und freudestrahlend verkündet: „Stellen Sie sich vor, Chef, wir haben sie!"

„Wen?", nuschelt Gennat kauend.

„Die Wäscherei! Die Inhaberin der Wäscherei in der Langestraße 69 hat das Wäschezeichen zweifelsfrei wiedererkannt. Welcher Kunde das Taschentuch hat waschen lassen, konnte sie aber nicht sagen."

„Also mal wieder viel Lärm um nichts", brummt Gennat und widmet sich wieder seinem Stachelbeerbaiser.

Am 25. Oktober erscheint kurz vor zehn Uhr ein Mann mittleren Alters vom Typ „Rausschmeißer" in Gennats Vorzimmer.

„Ich muss den Chef sprechen", antwortet er auf Trudchen Steiners Frage, was er denn wolle.

„Worum geht's denn“, will Trudchen, die gerade mit der Kaffeekanne hantiert, wissen.

„Das geht nur den Kommissar was an“, poltert der Unbekannte.

„Warten Sie einen Augenblick“, murmelt Trudchen beleidigt. Sie geht ins Nebenzimmer, und indem sie ihrem Chef eine Tasse Kaffee eingießt, flüstert sie ihm etwas zu.

„Soll reinkommen“, sagt Gennat laut vernehmbar und lässt den Teller mit dem Tortenstück schnell in der Schublade seines Schreibtisches verschwinden. „Was ha'm Se denn auf'm Herzen?“, fragt Gennat seinen Gast.

Die Kaffeekanne in der Hand, bleibt Trudchen gespannt in der Verbindungstür stehen.

„Ich muss Sie unter vier Augen sprechen, Herr Kommissar.“

Mit einer unauffälligen Handbewegung gibt Gennat Trudchen das ihr wohlbekannte Zeichen zu gehen und die Tür zu schließen.

Der Fremde legt die Ausgabe des „Berliner Tageblattes“ vom 23. Oktober auf Gennats Schreibtisch und tippt mit dem Zeigefinger auf die fetten Lettern der Überschrift „Raubmord in der Lutherstraße“.

Gennats phänomenales Gehirn beginnt zu arbeiten. Ja, natürlich. Er erinnert sich an das Gesicht. Er hat es auf dem letzten Silvesterball der Ringvereine gesehen, in denen sich viele Ganoven Berlins organisieren. Für Gennat sind Kontakte in diese Halbwelt oft nützlich. Als Ehrengast hat er den Taktstock geschwungen, und dieser Mann hat im Ganovenorchester den Kontrabass gespielt.

Jetzt nimmt der Fremde den Hut ab, setzt sich auf den Stuhl neben dem Schreibtisch und beginnt: „Der Raubmord an der alten Frau war eine Sauerei. Ich kann Ihnen helfen, den Täter zu fassen.“ Und nach einer Pause: „Ich stelle allerdings eine Bedingung.“

„Die wäre?“, Gennat ist gespannt.

„Mein Name tut dabei nichts zur Sache.“

Gennat weiß genau, was er verantworten kann, und sichert höchste Vertraulichkeit zu.

„Dann schießen Sie mal los“, fordert er sein Gegenüber auf.

„Namen kenne ich zwar keine“, beginnt dieser, „aber es war am Sonntag, also einen Tag nach dem Mord, als der Vorsitzende von ‚Felsenfest‘ für den Abend eine dringende Versammlung einberief, weil ein Mitglied einen Raubmord eingestanden habte. Die Versammlung hat natürlich einstimmig beschlossen, den Mörder aus dem Verein auszuschließen. Ich bin sicher, dass es dabei um den Raubmord in der Lutherstraße 19 ging. Übrigens ist der Täter erst vor ein paar Monaten aus dem Knast entlassen worden. Nach meinen Informationen waren es zwei, der Haupttäter ist aber das ausgeschlossene Vereinsmitglied.“

Kaum hat der anonyme Zeuge das Büro verlassen, greift Gennat zum Telefon und lässt sich mit dem Kollegen Gerhard Kanthak verbinden, dem Experten für Ringvereine. Tatsächlich hat Kommissar Kanthak eine Liste mit allen Namen der Mitglieder des Vereins „Felsenfest". Er verspricht, so schnell wie möglich eine Abschrift herüberzuschicken.

Die Liste ist noch nicht ausgewertet, als das Telefon klingelt. Gennat ist gerade nicht im Büro, und so nimmt Kommissar Sommer das Gespräch an.

„Ist da die Mordkommission?", fragt eine Stimme.

„Ja, Kommissar Sommer am Apparat. Wer spricht da?"

„Mein Name ist unwichtig ... Hören Sie lieber gut zu: Sie suchen doch den Mörder aus der Lutherstraße. Die Suche können Sie sich sparen. Der Mörder heißt Friedrich Mann. Den Tipp hatte er von seiner Freundin Charlotte Kleber. Die ist zurzeit in Lüttich."

Sommer will noch etwas sagen, doch der Anrufer hat schon eingehängt.

Zu Gennats Verblüffung erscheint der Anrufer am nächsten Morgen dann aber doch noch persönlich in seinem Büro. Er habe befürchtet, sagt er, die Kriminalpolizei würde einen anonymen Anrufer nicht ernst nehmen. Allerdings will er immer noch anonym bleiben.

Trotz dieses „heißen Tipps" aus der Unterwelt ist der Verdacht gegen Walter Könicke noch nicht aus der Welt. Im Gegenteil: Gennats Misstrauen gegen ihn wird weiter bestärkt: Denn Recherchen ergeben, dass es in Walters Vergangenheit einen dunklen Fleck gibt. Vor acht Jahren nämlich lief gegen ihn ein Ermittlungsverfahren in einem mysteriösen Todesfall. In der Motzstraße hatte sich eine Prostituierte, mit der Walter liiert war, aus dem Fenster gestürzt. Es hieß sogar, er sei ihr Zuhälter gewesen. Nach durchaus glaubhaften Zeugenaussagen ist es am Tag des „Unfalls" zwischen den beiden zu einem heftigen Streit gekommen. Hat er die Frau aus dem Fenster gestoßen? Nachgewiesen werden konnte ihm die Tat nicht. Die Ermittlungen wurden eingestellt.

Aus dem Schreibtisch von Auguste Könicke stehlen Friedrich Mann und Alfred Schulz etwa 3000 Mark.

Jetzt konzentriert sich allerdings die Fahndung auf Friedrich Mann, der bei der Kripo bereits ein „guter Kunde" ist. Rund sechs Jahre seines Lebens hat der jetzt 29-Jährige im Gefängnis verbracht, meist wegen Einbruchdiebstahls. Erst am 25. Juni 1932 ist er aus dem Gefängnis entlassen worden.

Mit dem Foto aus der Kartei machen sich die Kommissare noch einmal auf den Weg in die Lutherstraße. Die Aktion ist ein Volltreffer: Friedrich Mann ist am Mordtag im Haus gesehen worden! Endlich hat die Mordkommission eine heiße Spur. Doch bevor sie Mann festnehmen, lässt Gennat ihn einige Tage beschatten. Wer sind seine Komplizen, welchen Umgang hat er, trifft er sich vielleicht mit Walter Könicke?

Zwar beobachtet die Kripo, dass er in den einschlägigen Lokalen am Schlesischen Bahnhof relativ viel Geld ausgibt, doch zu Komplizen oder Mitwissern führt er sie nicht.

In der Nacht zum 31. Oktober wird Friedrich Mann, als er gerade seine Wohnung in der Langestraße 69 betreten will, verhaftet. Ein für Mann unglücklicher Zufall, denn eigentlich lebt er hier gar nicht mehr. Es ist die Wohnung seiner Frau, die die Scheidung eingereicht hat und von der er inzwischen getrennt lebt. Er hat nur noch etwas Wäsche holen wollen ...

Apropos Wäsche: Pikanterweise befindet sich in eben diesem Hause auch die Wäscherei, deren Inhaberin das Taschentuch, mit der Frau Könicke geknebelt worden ist, anhand des Wäschezeichens als aus ihrem Geschäft stammend erkannt hat!

Obwohl er eine geladene Dreysepistole bei sich hat, leistet Friedrich Mann bei seiner Festnahme keinen Widerstand und legt sofort ein Geständnis ab. Er betont allerdings, die Tat zusammen mit einem Komplizen ausgeführt zu haben, dessen Namen er jedoch nicht preisgeben will.

Die „Kakadu-Bar" ist bei Künstlern ebenso beliebt wie bei Gaunern.

Kommissar Gennat redet auf ihn ein: „Sie riskieren lebenslanges Zuchthaus oder gar ihren Kopf, und Ihr Komplize lacht sich ins Fäustchen. Denken Sie daran.“

Nach kurzem Nachdenken erklärt Mann, die Tat zusammen mit seinem 28-jährigen Freund Alfred Schulz verübt zu haben. Aber das genügt dem Kommissar nicht. Er ist überzeugt, dass die von den beiden Könickes verdächtigte Charly in irgendeiner Weise in die Tat verstrickt ist.

„Es war doch kein Zufall, dass Sie ausgerechnet die alte Frau Könicke überfallen haben“, beharrt der Kommissar.

„Doch! Reiner Zufall. Wir haben alles vorher ausgekundschaftet.“

„Und woher wussten Sie so genau, wo das Geld versteckt ist?“

„Das haben wir uns eben so gedacht und hatten Glück.“

Ohne auf die Antwort zu reagieren bohrt Gennat weiter: „Aha! Dass Frau Könicke die Schlüssel zu den Schubfächern in der Kittelschürze aufbewahrt, haben Sie sich also auch nur so gedacht!“

„Ja.“

„Nein", sagt Gennat jetzt ganz ruhig, „so ist es ganz bestimmt nicht gewesen. Wollen Sie nicht Ihr Gewissen erleichtern und sagen, wie es wirklich war?"

Nach einigen Minuten des Schweigens gibt Mann schließlich zu, den Tipp von seiner Freundin Charlotte Kleber bekommen zu haben. Seine Stimme zittert jetzt. Zur Beruhigung seiner Nerven bekommt er Zigaretten und zwei Glas Bier. Nun erfährt Gennat auch die Wahrheit über Charly: Wenn Charlotte Kleber auch nicht gerade ein Doppelleben führt, so ist ihr Lebenswandel doch recht eigenartig. Tagsüber verkehrt sie in den Lokalen am Schlesischen Bahnhof, unterhält auch Beziehungen zu Ringvereinen. Abends tritt sie als Tänzerin in den extravaganten und teuren Lokalen im Berliner Westen auf, in der renommierten „Barbarina" in der Hardenbergstraße oder in der „Kakadu-Bar" in der Joachimstaler Straße, unweit des Kurfürstendammes.

Anfang des 20. Jahrhunderts öffnete das Kaufhaus Peek & Cloppenburg an der Ecke Gertrauden- und Roßstraße seine Pforten.

In der „Barbarina" hat sie einen jungen Franzosen kennengelernt, einen in Paris lebenden angeblichen Brillantenhändler, dessen Geliebte sie wird. Als er wieder in Paris ist, schreibt er ihr leidenschaftliche Liebesbriefe, bittet sie immer wieder, doch endlich zu ihm zu kommen, und schickt ihr Geld für die Reise. Das verjubelt sie indes schnell. Was soll sie überhaupt in Paris, wo sich die Männer in Berlin doch auch ganz gut ausnehmen lassen? Ihren Pariser Verehrer hat sie schon fast vergessen, als sie in einer Kaschemme Friedrich Mann kennenlernt. Gerade aus dem Gefängnis entlassen, macht er einen heruntergekommenen, kranken Eindruck. Charlotte will ihm helfen, und prompt fällt ihr der Ex-Geliebte in Paris ein. Sie wird zu ihm fahren und sich einen größeren Geldbetrag von ihm leihen oder alternativ auch stehlen. Von diesem Geld wird sie dann mit dem kränkelnden Friedrich nach Italien reisen. Friedrich soll sich derweil ebenfalls Geld beschaffen. Bei den Könickes!

Ursprünglich ist der Überfall für den 15. Oktober geplant. Alfred und Friedrich müssen jedoch unverrichteter Dinge wieder von dannen ziehen, denn sie werden von einer Hausbewohnerin beobachtet. Erst am frühen Morgen des 22. Oktobers – Charly ist inzwischen nach Paris abgereist – klopfen sie an der Wohnungstür. Die misstrauische Frau öffnet nur einen Spalt. Die beiden Männer fragen nach Hermann Könicke, und als sie erfahren, dass Vater und Sohn auf dem Markt sind, tun sie überrascht und bitten, eine Nachricht hinterlassen zu dürfen. Als Frau Könicke aus der Küche Papier und Bleistift holen will, dringen sie in die Wohnung ein und wollen die Frau überwältigen. Doch die hat mehr Kraft als vermutet und wehrt sich so heftig und laut, dass es im ganzen Haus zu hören sein muss. Schließlich gelingt es den beiden Gaunern jedoch, sie zu fesseln und zu knebeln. Sie legen sie aufs Bett und binden ihr ein Kissen auf das Gesicht. Aus ihrer Kittelschürze nehmen sie die Schlüssel für die Schubfächer des kleinen Schreibtisches. Sie stehlen das Geld und flüchten. Sie teilen die Beute – nach Angaben von Mann nicht einmal 3000 Mark – und trennen sich. Mann kauft in der Gegend um die Frankfurter Allee erst einmal das Notwendigste: einen Anzug, einen Mantel, Schuhe, Unterwäsche und Strümpfe, eine billige Armbanduhr und einen Schlips. Als er aus dem „Berliner Lokal-Anzeiger“ erfährt, dass Frau Könicke den Überfall nicht überlebt hat, ist er angeblich zutiefst schockiert. Tagelang irrt er ziellos durch die Stadt, übernachtet in verschiedenen Hotels und zieht von Kaschemme zu Kaschemme, um sich sinnlos zu betrinken.

Von Kommissar Gennat nach dem Motiv für die Tat befragt, gibt er an: Arbeitslosigkeit und erhebliche finanzielle Schwierigkeiten, denn er erhält keinerlei Unterstützung. Außerdem hat er beim Ringverein „Felsenfest“, bei dem er Mitglied war, beträchtliche Schulden.

Manns Komplize, der einschlägig vorbestrafte, wohnungs- und arbeitslose Alfred Schulz, wird am 4. November in den Geschäftsräumen der Firma Peek & Cloppenburg in der Gertraudenstraße verhaftet, wo er sich gerade einen Anzug kaufen will. Er leugnet zunächst hartnäckig, mit der Tat etwas zu tun zu haben. Erst bei einer Gegenüberstellung mit Mann gesteht er. Schulz und Mann sind sowohl Schul- als auch Knastkameraden. 1927 haben sie sich in der Strafanstalt Tegel wiedergetroffen und dort bis 1931 eine Zelle geteilt.

Allein Charlotte Kleber ist noch flüchtig. Am 31. Oktober erbittet die Kripo Berlin Amtshilfe bei der Kripo in Paris. Kleber wird am 9. November 1932 festgenommen.

Der 29-jährige Friedrich Mann und der 28-jährige Alfred Schulze werden vom Schwurgericht des Landgerichts III am 7. Juli 1933 wegen Mordes zum Tode verurteilt. Die Urteile werden am 13. März 1934 in Plötzensee vollstreckt. Ob der Anstifterin des Verbrechens ebenfalls der Prozess gemacht worden ist, geht aus den Akten nicht hervor.

Unfreiwilliger Selbstmord

Im Dezember 1932 muss sich Gennat wieder einmal mit schlampiger Polizeiarbeit auseinandersetzen, denn offensichtlich hat die Revierkriminalpolizei in Friedrichshain einen Selbstmord voreilig zu den Akten gelegt. Ein Fall, der Gennat ganz besonders bewegt hat und von dem das mit der Schreibmaschine verfasste Vernehmungsprotokoll erhalten ist.

Nicht weit vom Schlesischen Bahnhof entfernt, im dritten Stock des Seitenflügels einer der unwirtlichen Mietskasernen in der Memeler Straße 68 (heute Marchlewskistraße), wird am frühen Morgen des 5. Dezember 1932 der Telegrafenarbeiter Willi Waldhelm von seiner Ehefrau tot aufgefunden. Todesursache: Gasvergiftung. Für die sofort herbeigeholten Beamten des zuständigen Polizeireviers liegt der Fall klar auf der Hand. Ihren Ermittlungen zufolge ist der Mann gegen 20 Uhr betrunken nach Hause gekommen und mit seiner Frau in so heftigen Streit geraten, dass er sie, zusammen mit der sechsjährigen gemeinsamen Tochter, hinauswarf. Später hat er seinen Wutausbruch bereut und in einer Anwandlung von Schwermut den Haupthahn der Gasleitung sowie den Hahn der Lampe im Schlafzimmer aufgedreht und sich ins Bett gelegt.

Die Memeler Straße in Friedrichshain um 1931

Seine Ehefrau hat die Nacht bei ihrer im selben Haus wohnenden Mutter verbracht. Als sie am Morgen in die gemeinsame Wohnung zurückkehrt, riecht sie sofort das Gas, ihrem Mann kann sie nicht mehr helfen. „Unzweifelhafter Selbstmord“, vermerkt der Beamte in seinem Bericht. Somit wird die Mordkommission gar nicht erst eingeschaltet. Doch der vermeintliche Freitod entpuppt sich schon wenig später als vorsätzlicher Mord.

Noch am selben Morgen nämlich gesteht die völlig verzweifelte Frau Waldhelm ihren Nachbarn, dem Ehepaar Petersen, dass sie es gewesen sei, die den Gashahn aufgedreht habe, als ihr stark angetrunkener Ehemann seinen Rausch ausschlief. Die Petersens hegen berechtigte Zweifel an der Glaubwürdigkeit des Geständnisses der wirr redenden Frau und behalten das Geheimnis zunächst für sich. Erst als Frau Waldhelm immer stärker von Gewissensbissen geplagt wird, sich aber davor scheut, allein ins Polizeipräsidium zu gehen, entschließt sich Herr Petersen, sie dorthin zu begleiten.

So sitzt am 29. Dezember 1932 die 26-jährige Klara Waldhelm Kommissar Gennat gegenüber. „Nun erzählen Sie mal in aller Ruhe, was passiert ist“, fordert er die völlig verzweifelte Frau auf.

„Wat soll ick denn sagen ...“, Frau Waldhelms leise Stimme zittert. Mit ihrem bleichen, von Sorgenfalten durchfurchten Gesicht wirkt die junge Frau eher wie eine 40-Jährige. Mit gesenktem Blick sitzt sie vor dem Kommissar. In der rechten Hand hält sie ein zerknülltes Taschentuch, das sie umklammert, als wolle sie sich daran festhalten.

„Ick hab doch keene Schuld, ick hab meinen Mann doch so doll lieb jehabt. Er hat mir doch aber nur jequält. Dabei hab ick doch immer mitjearbeitet, an die Nähmaschine. Und dann sind wir so in die Schulden jerasselt und dann kam ... Soll ick denn allet erzählen?“

Sie wirft einen scheuen Blick zu Gennat hinüber, der sie sanft auffordert: „Erzählen Sie einfach, wie Ihnen ums Herz ist.“

Nun wird Klara Waldhelm etwas gelöster und beginnt das sechsjährige Martyrium ihrer Ehe zu schildern: Das Bedrückendste sind die ständigen „Jeldsorjen“. Ihr Mann vertrinkt seinen nicht eben üppigen Lohn und gibt ihr allenfalls acht Mark Wirtschaftsgeld in der Woche. Das reicht freilich hinten und vorne nicht.

„Die Abzahlungsfritzen konnte ick nich’ mehr bezahlen. Ick kann doch ooch nich mehr, als den janzen Tag arbeiten!“, erklärt sie weinend.

Die Schulden der Waldhelms, die ausschließlich der Ehemann zu verantworten hat, belaufen sich inzwischen auf rund 800 Mark. Frau Waldhelm soll jede Woche fünf Mark abzahlen, aber auch die kann sie nicht durch ihre Heimarbeit aufbringen. Manchmal hat sie nicht einmal mehr Geld, um die nötigsten Lebensmittel einzukaufen. Immer wieder müssen sie und ihre kleine Tochter hungern. Ihren Mann kann sie nicht um Geld bitten. Auf Gennats fragenden Blick schluchzt sie: „Der ist doch dann immer jleich ausjerastet!“ Wenn sie es in ihrer Verzweiflung doch einmal wagt, dann droht er, ihr das Kind wegzunehmen und sie auf die Straße zu setzen. Doch damit nicht genung: Sie sind auch noch mit der monatlichen Miete von 22 Mark bereits vier Monate im Rückstand. Zwei Tage vor dem Tod ihres Mannes hat Frau Waldhelm einen Brief vom Hauswirt erhalten, in dem er ihr droht, wenn sie nicht endlich ihre Mietschulden zahle, müsse die Familie die Wohnung räumen. Ihrem Mann verheimlicht sie die neuerliche Hiobsbotschaft aus Angst vor seinen Wutanfällen, bei denen er sie verprügelt, Geschirr zerschmeißt und alles zertrümmert, was ihm in die Finger kommt.

„Weshalb sind Sie denn so tief in die Schulden geraten?", fragt Gennat vorsichtig nach.

Nun gibt Frau Waldhelm das für sie wohl bedrückendste Kapitel ihrer Ehe preis: Ihr Mann hat eine Geliebte gehabt, die sich von ihm hat aushalten lassen und der er sogar die Miete gezahlt hat. „Die Kledage hat er ihr ooch jekooft", ergänzt sie wütend. Für seine Familie, die er lieber heute als morgen losgeworden wäre, bleibt so nicht mehr viel übrig. Immer wieder wirft er seiner Frau vor, die Familie ruiniere sein Leben und beraube ihn seiner Freiheit.

„Ick sage allet wie's is. Ick hab doch keene Schuld. Ick hab ihn jern jehabt, aber mir hat er hinterjangen, mir wollt' er sojar rausschmeißen ... Und denn die Jeldsorjen, ach nee!", Klara Waldhelm verliert jetzt erneut die Fassung.

An Petersen gewandt, der auf Frau Waldhelms Wunsch während des Verhörs anwesend ist, brummt Gennat mit aufrichtiger Empörung: „Es ist ja aber auch furchtbar, beide verdienen und kommen trotzdem zu nichts!"

Nachdem sich Frau Waldhelm wieder beruhigt hat, ermuntert Gennat sie mit seinem berühmten „Nun erzählen Sie mal", den Abend der Tat zu schildern. Als sie zögert, fügt er ruhig hinzu: „Erzählen Sie nur, es ist besser, Sie schaffen sich das vom Herzen."

Es ist genauso gewesen, wie sie es schon den Petersens erzählt hat. Klara Waldhelm, die an diesem Abend den ständigen Druck nicht mehr zu ertragen vermag, ist in ihrer Verzweiflung kaum noch fähig, einen klaren Gedanken zu fassen. Wie in Trance dreht sie, als ihr Mann eingeschlafen ist, das Gas auf, verlässt mit dem Kind die Wohnung und übernachtet bei ihrer Mutter.

Die unangenehme Frage, ob sie, als sie den Gashahn aufgedreht hat, die Absicht gehabt hat, ihren Mann zu töten, kann Gennat der Frau nicht ersparen. Doch was er jetzt erfährt, ist interessant: In der Wohnung ihrer Mutter kommt Klara Waldhelm endlich zur Ruhe und erlangt ihre Selbstbeherrschung zurück. Nun wird ihr plötzlich bewusst, was sie angerichtet hat. Sie geht zurück, um das Gas wieder abzudrehen. Doch der Gasgeruch ist schon so stark, dass ihr Mann, falls er jetzt aufwachte, ihren Plan sofort erahnen würde. Aus Angst vor seiner maßlosen Brutalität verlässt sie unverrichteter Dinge schnell wieder die Wohnung.

„Ick bin jekommen, um zu büßen. Nu' is mir leichter, wo ick's runter hab. Ins Jefängnis leide ick nich so, wie die janzen sechs Jahre. Det werd ick nu' ooch noch ertragen. Aber meine Uschi, wat sag' ick bloß dem Kind?", Frau Waldhelms Stimme wird immer leiser.

Ein Mädchen spielt mit seinem Puppenherd, 1935

„Es wird schon alles nicht so schlimm werden", versucht Gennat sie zu beruhigen, „um das Kind werde ich mich kümmern." Dem Kommissar ist während des Verhörs nicht verborgen geblieben, wie sehr die Frau um ihre kleine Tochter besorgt ist, und mit aufrichtiger Anteilnahme fragt er ganz spontan: „Hat denn das Kind etwas zu Weihnachten bekommen?"

Gennat kann beruhigt sein: Frau Waldhelm hat ihrer Tochter eine Puppenherd geschenkt, weil das Mädchen für sein Leben gern der Mutter in der Küche hilft.

Nach einer kurzen Pause wendet sie sich ängstlich an Gennat: „Werde ich nochmal 'rauskommen bei meine Uschi?"

„Das lässt sich natürlich nicht voraussehen", zögert er etwas mit der Antwort, denn schließlich liegt diese Entscheidung bei der Justiz. „Man wird davon ausgehen", versucht er ihr Mut zuzusprechen, „dass ihr Handeln – ja sagen wir – eine plötzliche Eingebung war, hervorgerufen durch die große Aufregung. Und dass Sie von allein zu uns gekommen sind, lässt erkennen, dass Sie Ihr Handeln bedauern. Seien Sie ganz ruhig. Erhalten Sie sich man Ihrem Kinde."

Doch Frau Waldhelm gerät in Panik: Sie möchte unbedingt noch einmal nach Hause, die Unterbringung ihres Kindes regeln, die Wohnung in Ordnung bringen, mit ihrer Mutter das Nötigste besprechen. Es sind ja noch so viele Dinge zu erledigen. Doch diesen Wunsch kann Gennat ihr beim besten Willen nicht erfüllen. Überdies hält er sie für hochgradig selbstmordgefährdet. Beschwichtigend redet er ihr zu: „Beruhigen Sie sich erst einmal. Verlieren Sie nur nicht die Nerven. Sie müssen nun schon bei uns bleiben. Hier im Polizeipräsidium kriegen Sie auch ein Einzelzimmer!"

Gennat, der nur zu gut weiß, dass ein Kriminalbeamter einen nicht zu unterschätzenden Einfluss auf die Darstellung eines Sachverhaltes hat, vermerkt in seinem Abschlussbericht: „Frau Waldhelm hat die Tat in einem Zustand ausgeübt, in dem sie sich durch das Verhalten ihres Mannes in einer an sich durchaus berechtigten Empörung und Erbitterung befand."

Ob ihr diese Bemerkung helfen wird, ist ungewiss. Zum Urteil finden sich in den Akten keine Hinweise.

Gennat über „Todesermittlungssachen“

In den Dreißigerjahren zieht sich Gennat mehr und mehr aus der aktiven Ermittlungsarbeit zurück. Krank und übergewichtig, bleibt er meist in seinem Büro. Dennoch behält er die Fäden stets in der Hand und führt seine Kommissare, Marionetten gleich, durch die Ermittlungen.

In den seit 1927 erscheinenden „Kriminalistischen Monatsheften“ und anderen Fachpublikationen meldet er sich immer wieder zu Wort. Im 1936 erscheinenden „Handwörterbuch der Kriminologie“ verfasst er den Artikel zum Stichwort „Mord“. Auch die Tagespresse druckt Beiträge des schwergewichtigen Kommissars.

Gennat ist keineswegs medienscheu. In seinem Büro gehen Journalisten ein und aus, denn er weiß die Unterstützung der Presse zu schätzen – und die Presseleute hören dem originellen Urgestein nur allzu gern zu.

Gennat steht im Licht der Öffentlichkeit, denn einen interessanteren, aufregenderen Beruf als den des Kriminalkommissars vermochten sich Außenstehende kaum vorzustellen. Er selbst hätte ob solcher Naivität lachend abgewinkt: „Nee, nee, da machen Sie sich ein völlig falsches Bild. Die Arbeit der Kriminalpolizei, besonders der Mordkommission, wird keineswegs von interessanten, aufregenden Fällen bestimmt. Größtenteils besteht sie aus endlosen Protokollierungen ein und desselben Sachverhalts sowie akribischer und ermüdender Kleinarbeit. Glauben Sie mir, würde die kriminalistische Ermittlungsarbeit so nüchtern dargestellt, wie sie vielfach ist, so würde der Film, der Roman, sehr bald langweilig werden.“

Ein Interview mit Gennat ist nicht überliefert, es könnte aber so oder ähnlich ausgesehen haben:

„Was ist das Besondere an einer Mordermittlung?“

Gennat betrachtet nachdenklich das Ende seiner Brasil: „Mord ist ein rein strafrechtlicher Begriff“, erklärt er. „Die Frage, ob im Einzelfall die entsprechenden Voraussetzungen vorliegen, ist besonders im Anfangsstadium der Ermittlungen nicht immer mit Bestimmtheit zu sagen. Die Erscheinungsformen eines Selbstmords, eines Unfalls, ja selbst eines natürlichen Todes oder eben einer Tötung durch fremde Hand können im ersten Augenblick sehr ähnlich sein. Deshalb habe ich meinen Jungs eingehämmert, jeden Fall zunächst als Todesermittlungssache und nicht von vorn herein als Mordsache zu behandeln. Es kann ja auch ein Selbstmord, vielleicht sogar ein Unfall vorliegen. An

Gennat und seine Kollegen untersuchen eine Pistole.

erster Stelle muss immer die kriminalistische Diagnose stehen, und sie darf keinesfalls durch Voreingenommenheit gefährdet werden. Eines müssen Sie immer bedenken – die möglichen strafrechtlichen Folgen für den Täter sind die härtesten, die das Gesetz kennt: Die Verhängung und Vollstreckung der Todesstrafe setzt ein unbedingt einwandfreies Beweismaterial voraus."

„Das ist einleuchtend. Wir brauchen uns nur an den Mordfall Martha Franzke zu erinnern ..."

„Genau das war solch ein Fall", unterbricht Gennat sogleich. „Wenn wir nicht sehr sorgfältig ermittelt und die Zeugenaussagen nicht mit so großer Skepsis behandelt hätten, wäre unter Umständen eine Unschuldige hingerichtet worden. Gerade in diesem Fall hat sich auch mein Grundsatz bewährt, Verdächtige nicht schon zu Beginn der Ermittlungen als Angeschuldigte zu behandeln, sondern zunächst lediglich als Auskunftspersonen. Damals hatten wir die verdächtige Friseuse anfänglich nur als Zeugin befragt. Sie ahnte noch gar nicht, dass sie schon unter Mordverdacht stand. Es ist viel zweckmäßiger, die Anschuldigung an den Schluss der Ermittlungen zu stellen, sie also erst dann auszusprechen, wenn man sie auch konkret begründen kann. Zwei gefährliche Klippen hat der Kriminalist immer zu umschiffen: einerseits die Nichtaufklärung einer Tat, andererseits die Beschuldigung eines Unschuldigen. Auch bei Nichtaufklärung eines Falles geraten leider immer wieder Unschuldige in Verdacht. Der einwandfreie Nachweis ihrer Schuldlosigkeit ist letztlich nur durch Ermittlung des wahren Täters zu führen. Gelingt dies nicht, so besteht der Verdacht weiter. Vielleicht nicht einmal bei der Behörde – aber in der Umgebung des Verdächtigen. Ein solcher Verdacht ist schon so manchem zum Verhängnis geworden!"

„Davon einmal ganz abgesehen, sind ja auch derartige Fahndungspannen für die Kriminalpolizei ausgesprochen peinlich."

„Da sprechen Sie einen ganz wichtigen Punkt an. Die Mordinspektion steht in der Tat wie keine andere Abteilung der Kriminalpolizei im Blickpunkt der Öffentlichkeit. Das Presseecho auf Mord ist, verständlicherweise, besonders stark. Sehen Sie, wird einem Arbeiter die Kleidung gestohlen, dann ist das für den Betroffenen gewiss eine äußerst wichtige Angelegenheit, für die Öffentlichkeit ist sie eher uninteressant. Mordschlagzeilen hingegen, noch dazu sensationell aufgemacht, wirken auflagesteigernd. Überhaupt werden Erfolge und

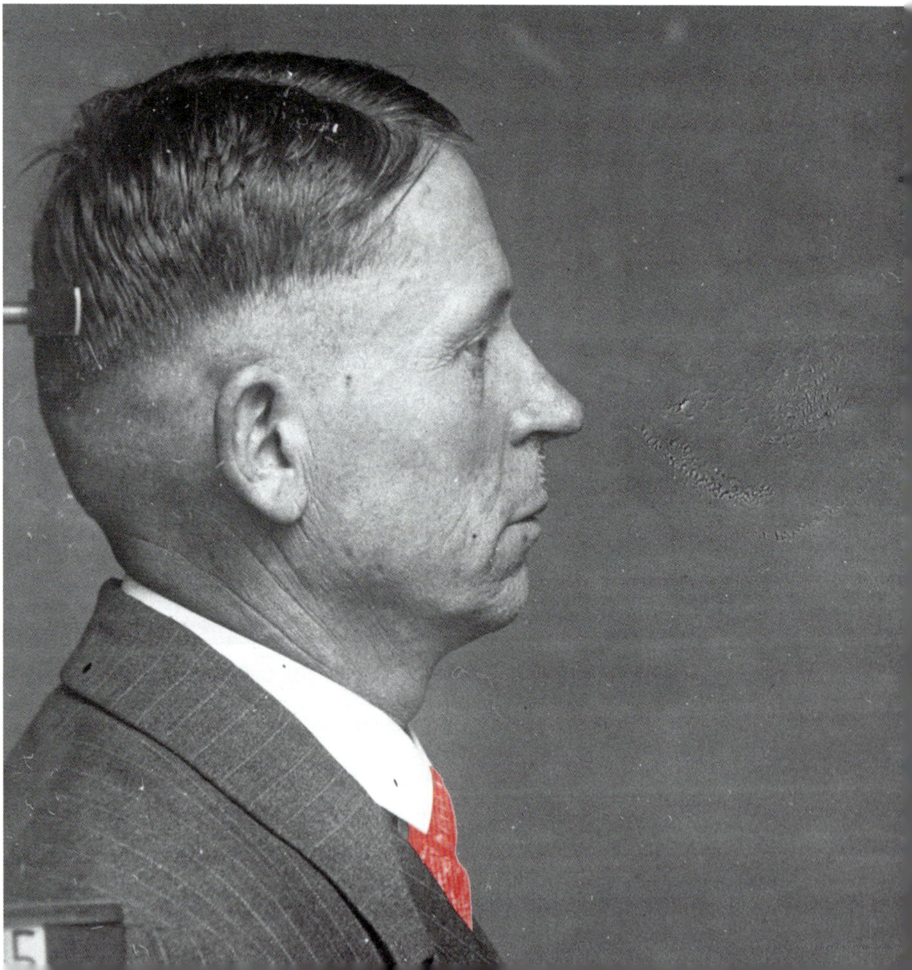

Misserfolge gerade bei der Bearbeitung von Kapitalverbrechen erfahrungsgemäß als Gradmesser für die Qualität kriminalpolizeilicher Arbeit betrachtet.“

„Um gleich bei der Presse zu bleiben: Ein Blick in die Tageszeitungen, die ja inzwischen fast täglich von Morden und Mordversuchen berichten, erlaubt wohl den Schluss, dass die Zahl der Kapitalverbrechen in den letzten Jahren sprunghaft angestiegen ist.“

„Das ist leider ein weit verbreiteter Irrtum. Sie werden es kaum für möglich halten, aber die Anzahl der Kapitalverbrechen unter den Todesermittlungssachen ist vergleichsweise gering. Der sogenannte unnatürliche Tod wird meistens durch Selbstmord herbeigeführt, mit einigem Abstand folgen die Unfalltoten. Die Opfer von Tötungsdelikten stellen nur einen Bruchteil dar. Allein 1928 hatten wir in Berlin 82 Tötungsdelikte zu verbuchen, 1630 Selbstmorde, 1146 tödliche Unfälle und noch einmal 634 tödliche Unfälle im Straßenverkehr.“

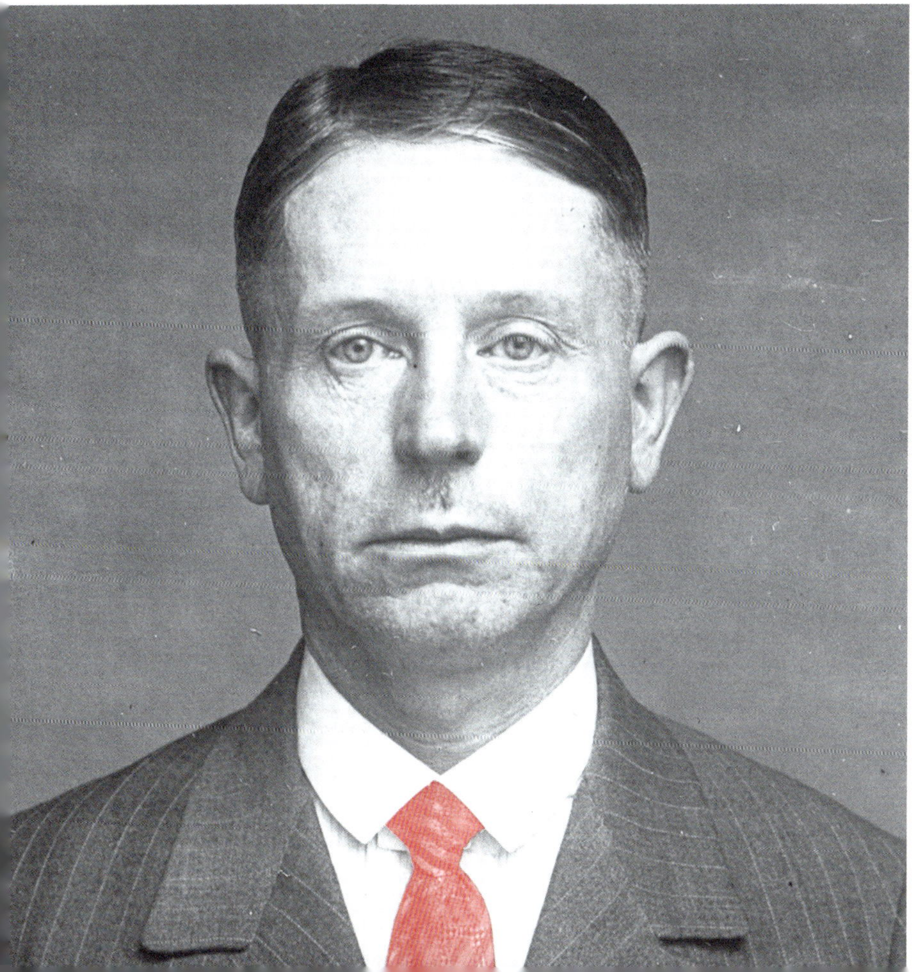

Peter Kürten, der „Vampir von Düsseldorf“, 1931

„Bei den Kapitalverbrechen handelt es sich sicher in erster Linie um Raub- und Sexualmorde?“

„Auch das ist falsch! Nicht zu unterschätzen ist die Zahl all der Morde, die verübt werden, um beispielsweise bevorstehenden finanziellen Verpflichtungen zu entgehen, um in den Genuss einer Erbschaft zu gelangen oder um eine Versicherungssumme zu kassieren. Die Skala dieser Taten ist breit gefächert und reicht von der Beseitigung der schwangeren Geliebten über die Ermordung unehelicher Kinder bis hin zur Vortäuschung des eigenen Todes, um so eine Lebensversicherung ausbezahlt zu bekommen. Einmal hatten wir es mit einem äußert raffinierten Fall der letzten Kategorie zu tun: Ein Möbelhändler in Ostpreußen steckte sein Geschäft in Brand, nachdem er zusammen mit einem Angestellten einen Wandergesellen erschlagen und die Leiche in das Geschäft gebracht hatte. Ihm wurden persönliche Gegenstände und Schmuckstücke des Möbelhändlers zugesteckt. So hatte es den Anschein, dass der Geschäftsmann dem Brand zum Opfer gefallen sei. Aber der Schwindel flog auf, und der Möbelhändler hatte neben dem Versicherungsbetrug auch noch einen Mord am Hals.

Der Hauptanteil unter den Mordtaten kommt jedoch den Familien- und Liebestragödien zu. Diese kann man aber eigentlich nicht als typische Kapitalverbrechen betrachten.“

„Ist das nicht eine etwas zynische Bewertung?“

„Das mag im ersten Moment so klingen, aber schauen Sie, in solchen Fällen sind Täter und Opfer durch eine bestimmte persönliche Beziehung miteinander verbunden. Der Täter will allein und ausschließlich diese eine Person töten. Für Außenstehende stellt er keine Gefahr dar. Oft begeht er nach der Tat sogar Selbstmord. Diese Verbrechen, wie tragisch sie auch sein mögen, können, nüchtern betrachtet, nicht mit den Mordtaten gleichgestellt werden, in denen sich ein Täter eine beliebige Person als Opfer aussucht. Der Serienmörder Peter Kürten beispielsweise hatte ganz Düsseldorf in Panik versetzt. Theoretisch hätte ihm ja jeder zum Opfer fallen können.“

„Im Allgemeinen ist die Mordinspektion doch ausgesprochen erfolgreich, was die Aufklärung von Kapitalverbrechen betrifft?“

„In der Ermittlung von Todesursachen, meinen Sie! Lassen Sie sich von derartigen Erfolgsmeldungen nicht aufs Glatteis führen. Es gibt da nämlich ein ganz anderes Problem: Unzählige Kapitalverbrechen werden gar nicht erst als solche erkannt. Und oft sind sie so raffiniert ausgeführt, dass nicht einmal ein Verdacht entsteht. Leider kommt es immer wieder zu Schwierigkeiten, die wahre Todesursache einwandfrei zu klären. Was wie ein Unfall, Selbstmord oder gar wie ein natürlicher Tod aussieht, kann ein verschleierter Mord sein. Natürlich gibt es auch den umgekehrten Fall. Auch was zunächst nach Mord aussieht, kann sich später als Selbstmord oder als ein natürlicher Tod herausstellen. Vor Jahren hatte ich es mit einem scheinbaren Raubmord zu tun, der sich letztlich als Selbstmord entpuppte. Er wurde vom Selbstmörder eigens inszeniert, weil er seine Familie in den Genuss der Lebensversicherung bringen wollte, die im Falle des Selbstmordes natürlich nicht gezahlt hätte. Andererseits entpuppte sich wenig später ein scheinbarer Selbstmord durch Erhängen als kaltblütiger Mord. Die Frau war von ihrem Ehemann vorher erwürgt worden. Er hatte ihren Selbstmord nur vortäuschen wollen.“

„Die Polizei wird doch aber sicher jeden Todesfall gewissenhaft untersuchen?“

„Leider muss ich zugeben, dass insbesondere die Revierkriminalpolizeien, die ja immer die ersten am Tatort sind, in vielen Fällen schlampig arbeiten.“

„So war es doch damals auch im Mordfall Waldhelm?“

„Sie erinnern da an den Selbstmord in der Memeler Straße, der sich als Mord herausstellte. Die Ehefrau des Toten ist seinerzeit gar nicht vernommen worden. Zudem war der Kriminalassistent, der den Bericht mit dem Vermerk ‚unzweifelhafter Selbstmord‘ verfasst hatte, gar nicht am Tatort. Er kannte den Sachverhalt nur aus zweiter Hand. Dieser Fall hat deutlich gezeigt, wie wichtig meine Forderung nach sorgfältiger Tatortarbeit letztlich ist. Ich will ja nicht dem Vielschreiben das Wort reden, man kann aber wohl mit Recht sagen, dass bei jedem Kaninchen- oder Bagatelldiebstahl umfangreichere schriftliche Berichte verfasst werden als bei einem Selbstmord. 1932 wurden in Berlin 2050 Selbstmorde verübt. Wie viele vertuschte Morde mögen darunter gewesen sein?“

„Ist damals eigentlich ein Disziplinarverfahren gegen den verantwortlichen Beamten eröffnet worden?“

„Nein. Ich habe mich ganz bewusst dagegen ausgesprochen. Es kommt ja nicht darauf an, einen Beamten zu disziplinieren, sondern vielmehr, die Fehlerquelle gewissenhaft auszuwerten und daraus zu lernen.“

„Der als Selbstmord oder Unfall getarnte Mord: Kommt so etwas in der Praxis denn wirklich so häufig vor?"

„Häufiger, als wir uns das vorstellen können. Oft werden Morde nur rein zufällig entdeckt. Nehmen wir ein Beispiel: Ein Mann wird mit schweren Kopfverletzungen auf der Straße vor seinem Haus gefunden. Befund: Er war herzkrank und ist in einem Anfall von Atemnot aus dem Fenster seiner im dritten Stock gelegenen Wohnung auf die Straße gestürzt."

„Offensichtlich ein tragischer Unfall."

Kommissaranwärter bei der Ausbildung in der Charlottenburger Hochschule für Kriminalisten, 1931. Anhand eines rekonstruierten Falls lernen sie, einen Selbstmord von einem Unfall oder einem Mord zu unterscheiden.

„Falsch! Der skeptische Ermittler ließ den Toten obduzieren. Resultat: Es lag ein Raubmord vor. Der Alte war vor dem Sturz mit einem Hammer erschlagen und dann erst aus dem Fenster gestoßen worden. Die Täter waren seine Untermieter.

Ein anderer Fall, in dem ein Mord zunächst unbemerkt blieb, wurde vor einiger Zeit von der Presse mit unverhohlener Häme ausgeschlachtet. Ein 86-jähriger Mann war in seiner Laube in Charlottenburg tot aufgefunden worden. Der Arzt, der den Totenschein ausstellte, meinte, es lägen keine Anhaltspunkte vor, die auf ein Verbrechen hindeuteten. Diagnose: Herzschlag. Lediglich einem Zufall, nämlich der Tatsache, dass er keine Angehörigen hatte

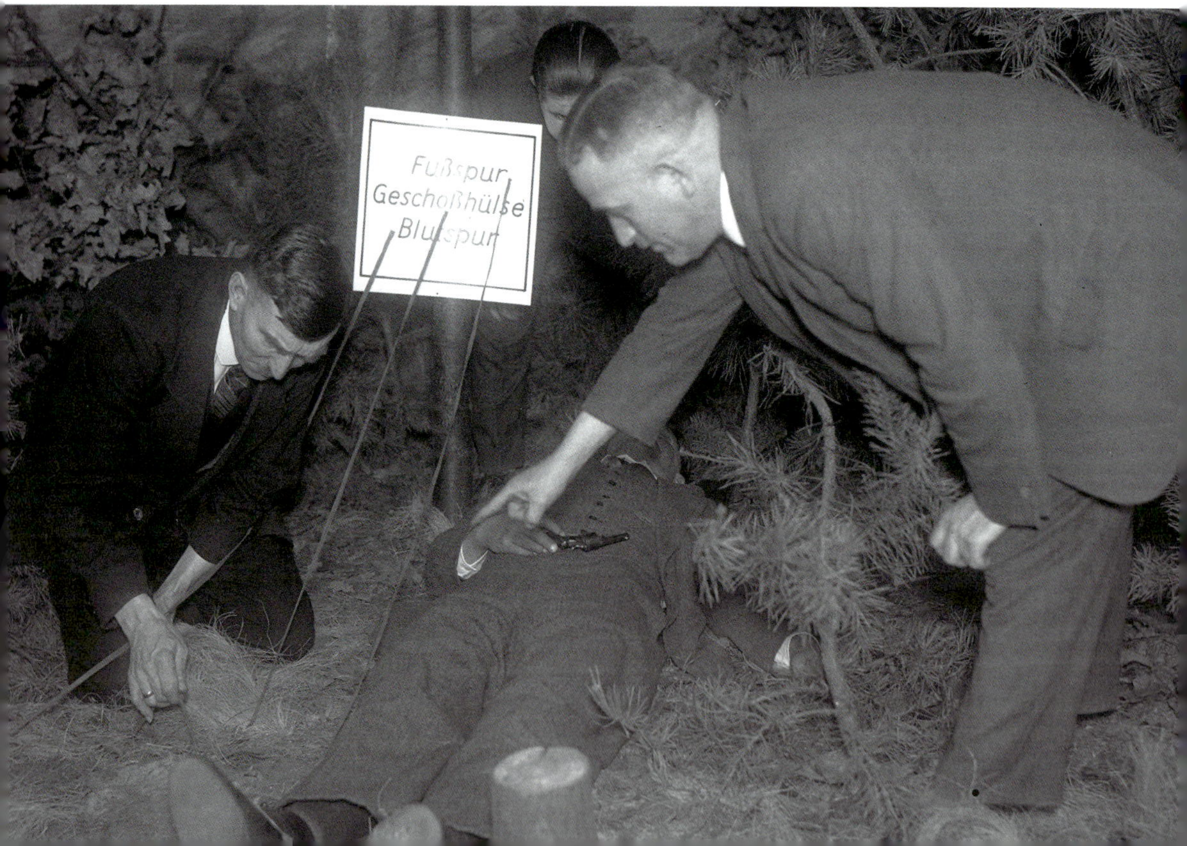

Auszubildende an der Charlottenburger Hochschule für Kriminalisten vermessen und protokollieren 1931 Kampf- und Schleifspuren an einem rekonstruierten Tatort.

und daher die Leiche ins Leichenschauhaus überführt und obduziert wurde, war es zu verdanken, dass die Wahrheit ans Licht kam: In der Luftröhre fanden die Ärzte ein Taschentuch in der Form eines Knebels. Der Alte war also doch einem Raubmord zum Opfer gefallen. Erst jetzt, nachdem wertvolle Zeit verstrichen war, wurde die Mordkommission eingeschaltet.“

„Wie viele Kapitalverbrechen mögen als natürliche Todesursache durchgehen?“

Nachdenklich schaut Gennat aus dem Fenster auf die gerade vorbeifahrende Stadtbahn. „Ein Untersuchungsrichter soll einmal gesagt haben: Wenn auf den Gräbern all derer, die eigentlich ermordet worden sind, Lichter brennen würden, dann wären unsere Friedhöfe des Nachts heller erleuchtet als der Kurfürstendamm. Ich fürchte, er hat recht.“

„Lässt sich, wenn es sich um einen Raubmord handelt, ein typisches Täterprofil erstellen?“

„Solchen verallgemeinernden Kategorien stehe ich immer skeptisch gegenüber. Aber in der Tat, die überwiegende Mehrheit der Täter ist männlich und etwa zwischen 20 und 30 Jahre alt. Die meisten Kapitalverbrechen werden von noch sehr jungen Leuten verübt. Dabei steht in der Mehrzahl der Raubmorde die vom Täter angestrebte oder tatsächlich erzielte Beute in einem absoluten Missverhältnis zu der Brutalität seines Vorgehens. Gerade jugendliche Mörder gehen besonders brutal vor: Alten Leuten, die schon durch Erwürgen getötet wurden, wird ein Knebel in den Mund gezwängt und dieser nicht selten sogar festgebunden. Manchmal werden die Opfer dann sogar völlig überflüssigerweise an Händen und Füßen gefesselt.“

„Nun zu einem ganz anderen Aspekt: Immer wieder entsteht der Eindruck, dass es gerade Serienmorde bzw. Sexualmorde sind, mit deren Aufklärung sich die Kriminalpolizei sehr schwer tut.“

„Das ist leider richtig. Gerade bei Sexualmördern dauert es oft viele Monate oder gar Jahre, bis der Täter endlich gefasst werden kann. Im Allgemeinen macht der Lustmörder auf seine Mitmenschen den Eindruck eines durchaus harmlosen, gutmütigen Menschen, dem niemand solche Taten zutrauen würde. Hinzu kommt, dass Täter und Opfer oft in keinerlei Beziehung zueinander stehen und sich oftmals erst unmittelbar vor der Tat rein zufällig begegnen. Leider bleiben derartige Verbrechen immer wieder unaufgeklärt. So fand man eines Nachts im Februar 1927 eine 17-Jährige aus Rostock, die in Pankow als Dienstmädchen angestellt war, in der Stubnitzstraße mit durchschnittener Kehle. Ihr Arbeitgeber konnten nicht viel über ihren Umgang sagen. Wir fanden nur heraus, dass es die junge Frau mit Männerbekanntschaften nicht so genau nahm. Obwohl aus der Bevölkerung 241 Hinweise eingingen, was letztlich bedeutet, dass wir 241 Verdächtige verhören mussten, konnten wir den Täter nie fassen.“

„Halten Sie persönlich Sexualmörder für besserungsfähig?“

„Ich möchte gern daran glauben, aber die Praxis belehrt mich immer wieder eines Besseren. Ich will Ihnen nur ein Beispiel von vielen nennen. Sie erinnern sich sicher an den Serienmörder Carl Großmann, den Blaubart vom Schlesischen Bahnhof. Mit 24 Jahren, das mag um 1894 gewesen sein, hatte er sich an einem vierjährigen Mädchen vergangen und kam zum ersten Mal ins Gefängnis. Kurz nach seiner Entlassung vergewaltigte er eine Zwölfjährige. Eine erneute Gefängnisstrafe folgte. Kaum war er wieder auf freiem Fuß, verging er sich abermals an einem Kind. Er wanderte erneut ins Kittchen. Gleich am Tag seiner Entlassung vergewaltigte er ein zehnjähriges und ein vierjähriges Kind. Letzteres verletzte er so schwer, dass es wenig später starb. Diesmal musste er für 15 Jahre ins Zuchthaus. Das alles geschah in Bayern. Als er seine Strafe abgesessen hatte, wurde er nach Berlin abgeschoben. Hier mordete er weiter. Allein im letzten Dreivierteljahr vor seiner Verhaftung 1921 hatte er mindestens sechs bis acht Frauen ermordet. Wie viele Morde er in Berlin verübt hat, konnte nie zweifelsfrei festgestellt werden, aber es können gut und gerne an die 30 gewesen sein. Entschuldigen Sie mein hartes Urteil, aber ich nenne einen derartigen Umgang mit solch gefährlichen Triebtätern behördliche Beihilfe zum Mord."

Carl Großmann, der „Schlächter vom Schlesischen Bahnhof"

„Es ist weithin bekannt, dass Sie die Kommissare für Ihre Mordkommissionen sehr sorgfältig auswählen. Welche Kriterien sind dabei ausschlaggebend?"

„Ein Kriminalkommissar muss, so meine ich, nicht nur Eignung, sondern auch Neigung besitzen. Schließlich hängt der Erfolg der Ermittlungsarbeit nicht zuletzt von der Persönlichkeit des ermittelnden Beamten ab, denn er selbst bestimmt ja Umfang und Tempo seiner Tätigkeit. Wenn er den hartnäckigen Willen hat, den betreffenden Fall aufzuklären, wird er ihn ganz anders bearbeiten, als wenn er ihn nur rein formal bearbeiten würde. Leute, die Dienst nach Vorschrift schieben, können wir bei der Mordinspektion nicht gebrauchen. Ein Kriminalkommissar muss jene Freude am Beruf haben, jenen gesunden, sozusagen sportlichen Ehrgeiz besitzen, der ihn zu Höchstleistungen anspornt und das, obwohl, wie Sie wissen, die Kriminalpolizei unanständig schlecht bezahlt wird.

Darüber hinaus muss ein Kriminalbeamter über ein scharf ausgeprägtes Verantwortungsgefühl verfügen und in der Lage sein, die eigene Arbeit ständig mit kritischem Blick zu überprüfen. Er muss sie gewissermaßen vom Standpunkt des Verteidigers oder des Richters aus überwachen.

Eines steht für mich jedenfalls fest: Die schnelle Ermittlung des Täters ist die beste Präventivmaßnahme. Je schneller ein Täter gefasst wird, desto größer wird für potentielle Nachahmer das Risiko. Letztlich hängt es auch von der Effektivität unserer Arbeit ab, ob die Kriminalität zurückgeht oder noch weiter ansteigt."

Das „Mordauto“: Ein Teil der Ausstattung des fahrenden kriminaltechnischen Laboratoriums der Berliner Kripo, 1938

KOMMISSAR GENNAT IM DRITTEN REICH

Die Nationalsozialisten und die Kriminalpolizei

Für die Berliner Kriminalpolizei hatte das „neue Zeitalter“ bereits im Sommer 1932 begonnen. Nachdem Reichspräsident Paul von Hindenburg auf Betreiben des Generals Kurt von Schleicher am 30. Mai den der Zentrumspartei angehörenden Reichskanzler Heinrich Brüning entlassen und mit Franz von Papen am 1. Juni einen bekennenden Gegner der Weimarer Republik zum neuen Kanzler ernannt hatte, überschlugen sich die Ereignisse. Am 3. Juni trat von Papen aus der Zentrumspartei aus und kam so seinem Ausschluss zuvor. Sein „Kabinett der nationalen Konzentration“, bestehend aus adligen konservativen Beamten ohne politisches Mandat, hatte keine parlamentarische Mehrheit und wurde nur von der Deutschnationalen Volkspartei toleriert. Auf eine Notverordnung des Reichspräsidenten gestützt, konnte er jedoch unabhängig vom Reichstag regieren. Mit der Aufhebung des von der Regierung Brüning durchgesetzten Verbots der nationalsozialistischen Wehrverbände SA und SS am 16. Juni erkaufte sich von Papen die Tolerierung durch die NSDAP.

Reichskanzler Franz von Papen und Reichswehrminister Kurt von Schleicher besuchen 1932 gemeinsam ein Galopprennen.

Von Papens nächster Coup war der sogenannte Preußenschlag: Auf Grundlage der Notverordnung entließ er am 20. Juli 1932 die von dem Sozialdemokraten Braun geführte preußische Landesregierung und jagte gleichzeitig die republikfreundliche Berliner Polizeiführung, den Polizeipräsidenten Albert Grzesinski, seinen Stellvertreter Dr. Bernhard Weiß sowie den Kommandeur der Berliner Schutzpolizei, Magnus Heimannsberg, aus dem Amt. Von Papen ließ sich zum Reichskommissar für Preußen einsetzen.

Bei den Reichstagswahlen am 31. Juli 1932 wurde die NSDAP mit 37,3 Prozent zur stärksten Partei. Der Weg für die NSDAP war geebnet.

Das Hauptaugenmerk der Nationalsozialisten galt zunächst der Schutzpolizei, die so rasch wie möglich gefügig gemacht werden sollte. Der neue kommissarische preußische Innenminister Hermann Göring beauftragte Anfang Februar 1933 Kurt Daluege mit der Umstrukturierung der preußischen Polizei. Der ehemalige Leiter der Berliner Müllabfuhr hatte in der SS Karriere gemacht und wurde, obwohl ihm jedwede Kenntnis der Polizeiarbeit fehlte, im Mai 1933 zum Leiter der Polizeiabteilung im Innenministerium ernannt. Seine erste Amtshandlung: Säuberungen in den Reihen der Schutzpolizei.

Innerhalb der Berliner Kriminalpolizei kam es schon bald zu organisatorischen Veränderungen. So wurden zwischen Mai und Dezember 1933 die Inspektionen A bis G zu drei Kriminalgruppen zusammengefasst: Die Kriminalgruppe B (Betrug), die Kriminalgruppe E (Zentralinspektion zur Bekämpfung des gewerbsmäßigen Einbruchs und Diebstahls) und die Kriminalgruppe M (Gewaltverbrechen). Letztere war aus der früheren Mordinspektion sowie den Inspektionen „Sittlichkeitsdelikte“ und „weibliche Kriminalpolizei“ hervorgegangen. Chef der Kriminalgruppe M wurde Ernst Gennat.

Säuberungsaktionen in den Reihen der Kriminalpolizei blieben 1933 und 1934 zunächst weitgehend aus. Kaum mehr als ein Dutzend Kriminalbeamte sollen aus politischen Gründen entlassen worden sein. Zwar wären die neuen Machthaber die altgedienten Kriminalkommissare der Weimarer Republik gerne losgeworden, doch waren die hochqualifizierten Beamten nicht ohne Weiteres zu ersetzen. Dem neuen Regime gegenüber kritisch eingestellte Beamte wurden jedoch oftmals versetzt. So wurde etwa der der SPD nahestehende Rudolf Lissigkeit, einer von Gennats besten Mordkommissaren, in die Provinz abgeschoben.

Für den Aufbau der Geheimen Staatspolizei (Gestapo) wurden Spezialisten benötigt, die den Gestapoleuten, die keinerlei Voraussetzungen mitbrachten, die fachlichen Grundlagen für ihre Arbeit vermitteln sollten. So wurden viele Kriminalbeamte zur Gestapo versetzt. Der dadurch verursachte Personalnotstand bei der Kripo führte dazu, dass man sogar Kriminalbeamte zurückholte, die wegen mangelnder Linientreue entlassen worden waren. Zudem wurden Beamte, die während der Weimarer Republik aufgrund ihrer Sympathien für die NSDAP die Kripo freiwillig verlassen hatten oder ihres Amtes enthoben worden waren, wieder eingestellt.

In den Folgejahren verschärfte das NS-Regime dann jedoch seinen Kurs. Vermehrt kam es zu Straf- und Disziplinarverfahren gegen Kommissare, die den neuen Machthabern nicht genehm waren. Der Vorwurf lautete in der Regel: Bestechlichkeit. Viele der Beschuldigten wurden inhaftiert, manche verübten Selbstmord, so auch Gennats Kollege, der Kriminaldirektor Otto Trettin. Selbst Gennat sollte etwas angehängt werden – aber ohne Erfolg. Genaue Unterlagen darüber sind allerdings nicht erhalten geblieben.

Die Mehrheit der Kripobeamten war, wie auch Gennat, noch während der Kaiserzeit zur Kripo gekommen. Viele von ihnen vertraten nach wie vor konservative Positionen und strebten die Rückkehr zu einem archaischen Strafrechtssystem an. Der Grundsatz „Im Zweifel für den Angeklagten", für den Gennat eintrat, stieß bei vielen seiner Kollegen auf Unverständnis. Sie konnten sich mit der neuen liberalen Rechtsauffassung nicht abfinden und fühlten sich von der Justiz der Weimarer Republik im Stich gelassen.

Bereits 1926 hatte Robert Heindl, einer der renommiertesten Kriminalisten seiner Zeit, mit seinem Buch „Der Berufsverbrecher – Ein Beitrag zur Strafrechtsreform" die Diskussion über den Umgang mit Verbrechern angeheizt. Seine Studie fiel auf fruchtbaren Boden: In nur drei Jahren erfuhr sie sieben Auflagen. Heindl stellte darin die These auf, dass der weitaus größte Teil der Kriminalität auf das Konto sogenannter Berufsverbrecher gehe. Gelänge es, meinte er, diese in Vorbeugehaft zu nehmen, so wäre damit ein Großteil der Kriminalität bekämpft. Die liberal Gesinnten unter den Kriminalisten bezweifelten, dass man Verbrechen auf diese Weise verhindern oder auch nur eindämmen könne. Auch Ernst Gennat hatte die gesellschaftlichen Ursachen von Kriminalität längst erkannt und hielt polizeiliche Zwangsmaßnahmen für wenig effektiv. Gennat soll einmal gesagt haben: „Die beste Prävention ist eine gute Polizeiarbeit." Das heißt: rasche Aufklärung.

Die Unzufriedenheit über schlechte Bezahlung und mangelnde Aufstiegschancen in den Reihen der Kriminalpolizei wuchs seit Beginn der Zwanzigerjahre kontinuierlich. Die ständige Finanznot, in der sich das Land Preußen zur Zeit der Weimarer Republik befand, ließ die Neuschaffung von Stellen für höhere Beamte nicht zu. Das bedeutete in der Praxis: Viele erreichten bis zu ihrer Pensionierung nicht viel mehr als den Rang eines Kriminalkommissars.

Zu den prominentesten Vertretern dieser Gruppe gehörte der 1885 geborene Erich Liebermann von Sonnenberg. Nach Abschluss eines Jurastudiums war er 1910 zur Kriminalpolizei gekommen und hatte sich durch die Aufklärung zahlreicher Mordfälle einen Namen gemacht. Ideologisch stand Liebermann von Sonnenberg rechts. Von 1904 bis 1914 gehörte er der antisemitischen Deutschsozialen Partei und von 1919 bis 1931 der Deutschnationalen Volkspartei an. Als erklärter Gegner der Republik zählte er zu jenen Beamten, die die hohe Kriminalitätsrate allein der liberalen Auslegung der Gesetze zuschrieben.

So kam es nicht von ungefähr, dass er im Frühjahr 1932, zusammen mit seinem jüngeren Kollegen Arthur Nebe, die Fachschaft Kriminalpolizei in der „Nationalsozialistischen Beamten-Arbeitsgemeinschaft" der Berliner Polizei gründete. Schon bald hatte die Organisation aus den Reihen der Kriminalbeamten starken Zulauf.

Arthur Nebe in der Uniform eines SS-Gruppenführers, um 1943

Ernst Gennat hingegen war frei von beruflichem Ehrgeiz. Der „Buddha der Kriminalisten" wusste was er konnte – das war ihm Ehrgeiz genug. Der „Nur-Kriminalist" hatte gewiss eine politische Meinung, aber Politik im eigentlichen Sinne interessierte ihn schlichtweg nicht. In der Tat war er, wie zeitgenössische Beobachter es ausdrückten, politisch ziemlich unbedarft, um nicht zu sagen naiv. Er las wohl nicht einmal die politischen Seiten der Tageszeitungen. Sein ganzes Denken kreiste ausschließlich um die Kriminalistik. Dabei ist es keineswegs ein Widerspruch, wenn seine Kollegen behaupteten, Gennat sei „demokratisch bis auf die Knochen" gewesen. „Er verwandte", so einer von ihnen, „leider Gottes seine ganze Zeit darauf, die Daumen auf seinen Kommissaren zu haben. Er ließ sie niemals aus den Augen."

Die Ernennung zum Regierungsrat 1934 war für ihn, der nicht daran dachte, in die NSDAP einzutreten, die letzte Beförderung. Zwar wurde er 1935, als Chef der Kriminalgruppe M, noch stellvertretender Leiter der Berliner Kriminalpolizei, aber seine jüngeren Kollegen hatten ihn, was den Dienstgrad anbetraf, längst überrundet. Die führenden Aktivisten der NSDAP stiegen schnell auf und übersprangen hin und wieder auf wundersame Weise einen Rang. So wurde Liebermann von Sonnenberg, der bis 1932 erst bis zum Kriminalkommissar aufgestiegen war, 1933 zum Regierungsrat und 1935 zum Leiter der Berliner Kriminalpolizei ernannt.

Die glänzendste Karriere machte der einstige Musterschüler Gennats, Arthur Nebe. Schon in jungen Jahren sympathisierte er mit republikfeindlichen Kräften und gehörte nach 1933 zu den schillerndsten Gestalten der Kriminalpolizei. 1920 gründete er in Berlin die „Deutschnationale Jugendgruppe Prenzlauer Berg". 1923 bildete er dann mit einigen anderen Polizeibeamten eine völkisch-antisemitische Gruppe, die sich den Kampf gegen das „Juden- und Freimaurertum" innerhalb der Polizeibeamtenschaft auf ihre Fahnen ge-

Das Reichskriminalpolizeiamt am Werderschen Markt, 1939

schrieben hatte. Die Prüfung zum Kriminalkommissar schaffte er 1923 erst im zweiten Anlauf. Bei der Kripo wurde Ernst Gennat sein Lehrmeister, der ihn in der Folgezeit immer wieder gerne als Mordkommissar einsetzte.

Schon im Sommer 1931 war Nebe Mitglied der SS geworden und rückte jetzt immer näher an die NSDAP. Aus Karrieregründen hatte er sich in den Jahren 1924 bis 1930 politisch zurückgehalten und abgewartet, wie sich die Lage entwickeln würde. Unmittelbar nach der Machtübernahme wurde Nebe ins Innenministerium berufen, wechselte am 1. April 1933 ins preußische Geheime Staatspolizeiamt und stieg am 1. Januar 1935 zum Leiter des preußischen Landeskriminalamtes auf. Schließlich wurde er mit dem Aufbau einer Institution betraut, von der Gennat immer geträumt hatte: einer zentralen Polizeibehörde. Am 20. September 1936 wurde zunächst das 1925 gegründete preußische Landeskriminalpolizeiamt vom Berliner Polizeipräsidium getrennt und mit der fachlichen Leitung aller deutscher

Kriminalpolizeien betraut. Das preußische Landeskriminalamt sollte von nun an die gesamte Kripo im Reich koordinieren und kontrollieren. Ein knappes Jahr später, am 16. Juli 1937, erfolgte die Umwandlung in das Reichskriminalpolizeiamt (RKPA). Leiter der neugeschaffenen Behörde wurde Arthur Nebe.

Gleichzeitig richtete man im gesamten Reich Kriminalpolizeileitstellen ein, die dem RKPA direkt unterstanden und das sie koordinierte und kontrollierte. Die Kriminalpolizei im Polizeipräsidium war von nun an die „Staatliche Kriminalpolizeileitstelle Berlin".

Nachdem man das neu geschaffene Amt zunächst provisorisch im Polizeipräsidium untergebracht hatte, zog es 1939 mit dem ihm angegliederten Kriminaltechnischen Institut in ein eigenes Gebäude am Werderschen Markt 5–6. Noch im September 1939 wurden das RKPA, in dem inzwischen 302 Kriminalbeamte Dienst taten, und das Amt Kriminalpolizei des Hauptamtes Sicherheitspolizei als Amt V in das neue Reichssicherheitshauptamt (RSHA) eingegliedert.

Schon bald erlangte das RKPA, wie bereits Gennats Mordinspektion in den Zwanzigerjahren, internationales Renommee. Im Ausland galt es als Vorbild für effektive Polizeiarbeit. Bis September 1939 gaben sich ausländische Besucher, vor allem hochrangige Kriminalbeamte, buchstäblich die Klinke in die Hand. Arthur Nebe empfing Kollegen aus ganz Europa.

Während sich das Regime bis zur Sommerolympiade 1936 mit Terrormaßnahmen noch zurückhielt, verschärfte sich der Kurs der Polizei nach den Spielen drastisch. Neben der Kriminalprävention ging es jetzt mehr und mehr um die „Säuberung" der „Volksgemeinschaft" von unliebsamen Personen. Dabei überschnitten sich die Kompetenzen von Gestapo und Kriminalpolizei.

Jahrzehntelang ist das Bild der Kriminalpolizei im NS-Staat von mehr oder weniger schöngefärbten „Tatsachenberichten" aus der Feder einstiger Kriminalbeamter geprägt gewesen. Heute wissen wir, dass nicht nur die Gestapo, wie oft behauptet, sondern auch die Kriminalpolizei zwischen 1933 und 1945 für Tausende von Deportationen von „Berufsverbrechern" und „Asozialen" in die Konzentrationslager verantwortlich war. Hinzu kamen etwa 30 000 Sinti und Roma, die nicht von der Gestapo, sondern von der Kriminalpolizei deportiert wurden. Auch bei der Deportation jüdischer Mitbürger leistete die Kriminalpolizei der Gestapo Hilfestellung. Unbestreitbar ist ebenso, dass Kriminalbeamte innerhalb der berüchtigten Einsatzkommandos in den von der deutschen Wehrmacht besetzten Gebieten an der Seite der SS an zahllosen Mordaktionen beteiligt waren. So ist bekannt, dass Arthur Nebe, als Leiter der SS-Einsatzgruppe B 1941 in der Sowjetunion etwa 45 000 Menschen ermorden ließ.

Die Grundlage für die neue Rechtsauffassung im NS Staat lieferte die am 28. Februar 1933 vom Reichspräsidenten erlassene „Verordnung zum Schutz von Volk und Staat", die die Grundrechte der Weimarer Verfassung außer Kraft setzte. Damit waren alle Beschränkungen hinfällig, die der Polizei

Der Berliner Polizeipräsident Magnus von Levetzow (l.) zusammen mit Hermann Göring im Frühling 1933

durch Gesetze des Reiches und der Länder auferlegt waren. Magnus von Levetzow, der neue Berliner Polizeipräsident, forderte die Kriminalpolizei auf, das „gewerbsmäßige Berliner Verbrechertum zu vernichten“ und versicherte, die Beamten bei ihrer Arbeit nicht zu behindern, sondern die von ihnen „angewandten Methoden“ zu unterstützen.

Ein „Gesetz gegen gefährliche Gewohnheitsverbrecher“ trat 1934 in Kraft. Ein als solcher Verurteilter konnte nun in zeitlich unbegrenzte Sicherheitsverwahrung genommen werden. Schon am 13. November 1933 war vom Preußischen Innenministerium ein geheimer Erlass über die „Anwendung der vorbeugenden Polizeihaft gegen Berufsverbrecher“ ergangen, wonach Personen, die bereits mehrfach zu Gefängnisstrafen verurteilt worden waren und aller Wahrscheinlichkeit nach vom Erlös aus ihren Straftaten lebten, in unbefristete Vorbeugehaft genommen werden konnten. Sexualstraftäter und Personen, die nicht als „Berufsverbrecher“ galten, von denen die Polizei aber vermutete, dass sie in Zukunft schwerere Straftaten begehen könnten, sollten ebenfalls interniert werden. Für diesen Personenkreis fand man die Bezeichnung „Gewohnheitsverbrecher“. Vollstreckt wurde die Haft vornehmlich in Konzentrationslagern. Männliche Vorbeugehäftlinge wurden unter anderem in die KZs Sachsenhausen, Esterwegen, Buchenwald und Dachau, weibliche in die Lager Lichtenburg, Ravensbrück, Flossenbürg und Mauthausen gebracht.

Am 17. Juni 1936 ernannte Hitler per Führererlass den Reichsführer SS Heinrich Himmler zusätzlich zum Chef der Deutschen Polizei im Reichsministerium des Innern. Damit war die Verschmelzung von Polizei und SS endgültig vollzogen. Am 26. Juni 1936 wurde Reinhard Heydrich zum Chef der Sicherheitspolizei, die von jetzt an aus Gestapo und Kriminalpolizei bestand.

Auch die Zeit der „populären“ Kommissare war vorüber. Medienstars durften sie von nun an nicht mehr sein. Die gleichgeschaltete Presse berichtete nur noch in knappen Mitteilungen über Verbrechen, wenn sie nicht sogar totgeschwiegen wurden. Die Namen der ermittelnden Beamten wurden nicht mehr genannt. Nur selten beherrschten Raubmorde die Schlagzeilen in einer Ausführlichkeit, wie die Leser es vor 1933 gewohnt waren. So sollte der Eindruck einer „Volksgemeinschaft“ ohne Verbrecher vermittelt werden. Doch die Realität sah anders aus. Ernst Gennat und seine Leute hatten alle Hände voll zu tun – allerdings unter erschwerten Bedingungen, denn öffentliche Fahndungen waren kaum noch möglich. Polizei und Presse mussten sich der Anordnung des Ministers für Volksaufklärung und Propaganda beugen. Von nun an gingen alle Pressemitteilungen der Kriminalpolizei zuerst an Goebbels' Ministerium, das entschied, was die Öffentlichkeit wissen durfte und was nicht.

So wurden zwar immer wieder Polizeiberichte veröffentlicht, aber nur noch solche, die propagandistisch ausgeschlachtet werden konnten. Meldungen über spektakuläre Mordfälle boten etwa reichlich Gelegenheit, sogenannte Volksschädlinge anzuprangern. Straftaten, die offensichtlich auf das Konto von Serientätern gingen, waren hingegen für das nationalsozialistische Regime äußerst peinlich, hatte es doch großspurig den „Kampf gegen das Verbrechertum", vornehmlich gegen die sogenannten Berufsverbrecher propagiert. So konnten die Brüder Götze zwischen 1934 und 1938 ihr Unwesen treiben. Auf ihr Konto

Arthur Nebe (2. v. l.), Heinrich Himmler (3. v. l.) und Reinhard Heydrich (4. v. l.) beraten nach dem Attentat auf Hitler im Münchner Bürgerbräukeller am 8. November 1939 polizeiliche Maßnahmen.

gingen mehr als 150 Straftaten, darunter Raubüberfälle auf Liebespärchen im Grunewald, ein Mord und mehrere Mordversuche. Der Bevölkerung wurden die Taten verschwiegen. Höchstens hinter vorgehaltener Hand wagte der eine oder andere Geschädigte davon zu reden.

Kriminalität im Dritten Reich

Die Arbeit von Gennats Mordinspektion, die nun Kriminalgruppe M heißt, ändert sich in den Dreißigerjahren zunächst nicht wesentlich, denn die Art der Verbrechen und deren Motive unterscheiden sich kaum von denen der Zwanzigerjahre. Die soziale Situation der „kleinen Leute“ ist unverändert. Der von der NS-Propaganda verheißene Wohlstand bleibt für weite Teile der Bevölkerung ein leeres Versprechen. Alleinstehende, meist ältere Frauen, die Zimmer untervermieten, um ihre Miete zahlen zu können, ledige oder verwitwete Kneipenwirtinnen und Inhaberinnen kleiner Geschäfte, die ums finanzielle Überleben kämpfen, werden auch zwischen 1933 und 1945 am häufigsten Opfer von Raubüberfällen oder Raubmorden. Wie in den Jahren der Weimarer Republik, sind die Täter meistens arbeitslose Jugendliche. Erbeutet werden in aller Regel nur geringe Geldbeträge.

Am 25. Juli 1936 wird die 66-jährige Martha Mehlis in ihrer Wohnung in der Schreinerstraße in Berlin-Friedrichshain ermordet aufgefunden. Der Verdacht fällt sofort auf ihren ehemaligen Untermieter, den arbeitslosen Franz Romey. Im Juni hat er sie schon einmal bestohlen, ihr aber versprochen, das Geld zurückzahlen, sobald er wieder Arbeit habe. Als Pfand lässt der gelernte Zimmermann seine Arbeitswerkzeuge bei ihr zurück. Als er dann beschließt, außerhalb Berlins auf Arbeitssuche zu gehen, bittet er sie, ihm zumindest einen Teil seiner Wäsche und seinen Hobel zurückzugeben. Als sie dies ablehnt, kommt es zu einem heftigen Streit, in dessen Verlauf er sie erschlägt. Da sie seine Sachen auf dem Dachboden versteckt hat, kann er sie in der Wohnung nicht finden. Daher nimmt er nur die 22 Reichsmark mit, die sie in ihrem Portemonnaie hat.

Innerhalb der Kriminalpolizei gibt es durchaus Meinungsverschiedenheiten in Bezug auf die Beurteilung der Tat. Kommissar Werner Togotzes, der die Ermittlungen geleitet hat, vermerkt in seinem Schlussbericht, dass die Angaben Romeys glaubwürdig seien. Er war sich sicher, dass keine planmäßige Tat vorgelegen habe, sondern dass die Tat aus der Augenblickssituation heraus im Affekt geschehen sei. Regierungsrat Ernst Gennat, der inzwischen auch ständiger Vertreter des Leiters der Berliner Kriminalpolizei ist, will hingegen einen vorsätzlichen Raubmord nicht ausschließen. Die Anklage folgt jedoch dem offiziellen Bericht und lautet auf Totschlag und Diebstahl. Romey entgeht also der Todesstrafe. Am 28. April wird er zu 15 Jahren Zuchthaus verurteilt.

1937 häufen sich derartige Taten. Am 20. August 1937 fällt die 70-jährige Apollonie Schindler in ihrem Seifengeschäft in der Schillerstraße 59 in Charlottenburg einem Raubmord zum Opfer. Die Beute: 5,35 Reichsmark.

Kommissar Werner Togotzes mit seiner Sekretärin im „Mordauto“, 1938

Diesmal berichten Tagespresse und Rundfunk ausführlich über den Mord und rufen die „Volksgenossen zur tatkräftigen Mitarbeit an der Aufklärung dieses schweren Verbrechens“ auf. Schon nach wenigen Tagen führt tatsächlich einer der rund 300 eingegangenen Hinweise auf die Spur des 24-jährigen Karl Sailer, der Ende Juli seine Arbeit verloren hat. Bemerkenswert ist in diesem Fall das Urteil: Die Staatsanwaltschaft beantragt die Todesstrafe, doch das Gericht verurteilt den Täter lediglich zu 15 Jahren Zuchthaus wegen Totschlags. „In der Urteilsbegründung ging der Vorsitzende ausführlich auf die Frage ein, ob der Angeklagte bei der Ausführung der Tat mit Überlegung gehandelt hat oder nicht“, berichtet die „Deutsche Allgemeine Zeitung“ vom 21. Dezember 1937. Und weiter:

„Das Schwurgericht sei im Gegensatz zur Auffassung der Staatsanwaltschaft zu der Überzeugung gelangt, dass sich Sailer in einem so starken Erregungszustand befand, dass ihm die folgerichtige Abwägung der für und wider die Tat sprechenden Umstände nicht möglich war."

Der „Berliner Lokal-Anzeiger" schreibt:

„Nach seinem ganzen Vorleben neigt [der Täter] auch nicht zu Gewalttaten. Ferner war in Betracht zu ziehen, dass er in den letzten zwei Tagen vor der Tat nichts mehr zu sich genommen hatte. Bei der Strafzumessung wurde zugunsten des Angeklagten berücksichtigt, dass er ein an sich arbeitsamer Mensch ist, und dass er ein volles Geständnis abgelegt hat."

Die Staatsanwaltschaft verzichtet auf eine Revision.

Derart vergleichsweise milde Urteile sind jedoch eher die Ausnahme. In der Regel schreckt die NS-Justiz keinesfalls davor zurück, auch gegen Jugendliche Todesurteile auszusprechen.

Am 22. Februar 1933 erklärt der kommissarische preußische Innenminister Hermann Göring SA und SS zur „Hilfspolizei". Sie verfügt über schwarze Listen mit Namen etwa von unliebsamen Politikern, Andersdenkenden oder jüdischen Fabrikanten und Geschäftsleuten. SA-Einheiten versetzen die Bürger immer häufiger durch ihr brutales Vorgehen in Angst und Schrecken.

Selbst die berühmt-berüchtigten Ganovenvereine, die Ringvereine, sollen sich im Laufe des Jahres 1933 nicht etwa aus Furcht vor der Polizei weitgehend aufgelöst haben, sondern aus Angst vor dem Terror der SA. Ein bezeichnendes Beispiel, in welcher Weise die SA ihre Macht auskostet, ist der Fall Schlesinger:

Der Wagen des Textilfabrikanten Otto Schlesinger aus Chemnitz wird am Abend des 2. Februar 1934 von SA-Männern angehalten. Unter einem Vorwand lässt man ihn aussteigen, zerrt ihn in ein anderes Auto und verschleppt ihn nach Berlin, wo man ihn in der Schöneberger Ziethenstraße in einem zum Privatgefängnis umgestalteten Keller einsperrt und foltert. Wilde Konzentrationslager und Privatgefängnisse von SA und SS sind in dieser Zeit keine Seltenheit. Sie dienen nicht nur der Demütigung jüdischer Bürger, auch politische Gegner werden in solchen Lagern gefoltert und ermordet: Kommunisten und Andersdenkende jedweder Couleur.

Hier aber sind die SA-Leute über ihr Ziel hinausgeschossen. Es ist der Hartnäckigkeit Gennats zu verdanken, dass man die Entführer Schlesingers fasst. Bei der fingierten Übergabe des Lösegeldes kommt es allerdings zu einer Panne. Erst nach einer spektakulären Verfolgungsjagd durch den Berliner Westen kann der Wagen mit den Entführern und ihrem Opfer gestoppt und die Täter festgenommen werden.

Manchmal sind es aber auch skurrile Geschichten, bei denen selbst der erfahrene Kriminalist nicht weiter weiß und die Akte mit einem Schmunzeln schließt. So ist es sicherlich auch geschehen, als Gennat in einer nasskalten Novembernacht des Jahres 1934 in die Wohnung zweier Schauspielerinnen gerufen wird. Das Aktenmaterial zu diesem Fall ist äußerst dürftig. Ob er sich tatsächlich so zugetragen hat, wie es im Folgenden geschildert wird, ist nicht gewiss. Aber es könnte so gewesen sein …

Von der Schlägertruppe zur Hilfspolizei: Ein Appell der SA im März 1933 in Berlin

Der blaue Skarabäus

Täter in Hypnose: Erik Jan Hanussen bringt bei einer Darbietung um 1932 eine Frau dazu, etwas zu stehlen.

Ein lauer Spätsommerabend im September des Jahres 1934. In einer luxuriösen Wohnung in der Bleibtreustraße trifft regelmäßig ein illustrer Kreis zusammen. Die Damen in Abendkleid und Nerzstola, die Herren im Smoking. Einmal im Monat gibt Baron von Helmersdorf – der nicht so heißt, aber sich gerne so nennt – eine seiner berühmten Soireen. Eingerahmt von Darbietungen attraktiver Nachtclubtänzerinnen, die er von seinen Reisen an die Côte d'Azur mitzubringen pflegt – der Teufel weiß, womit der Baron die Mädchen an die Spree lockt –, widmet man sich, wie er es nennt, „parapsychologischen Experimenten": Tischrücken bei Kerzenschein und Konversation mit den lieben Verstorbenen im Jenseits. Baron von Helmersdorf ist ein glühender Verehrer des vor anderthalb Jahren unter mysteriösen Umständen ums Leben gekommenen Hellsehers Erik Jan Hanussen. Entsprechend überrascht

der Baron seine Gäste immer wieder mit Auftritten geheimnisumwobener Wahrsager und Hellseher.

Ein Zimmer der großen Wohnung hat der Baron eigens für seine Abendgesellschaften hergerichtet. 15 Stühle stehen im Halbkreis um einen pastellfarbenen Teppich, darüber hängt ein Kristalllüster mit Wachskerzen, auf den Anrichten befinden sich Girandolen. Die Stimmung ist perfekt.

Von Helmersdorf tritt in die Mitte und kündigt seinen heutigen Gast an, den Hellseher und Hypnotiseur Igor aus dem fernen Sibirien. Zwei Diener in roter Livree öffnen die Flügeltür. In kniehohen Stiefeln, traditionellem Russenhemd und Pluderhose tritt der Star des Abends mit ausgebreiteten Armen in den Raum, als habe er soeben die Bühne des Wintergartens erobert. Die 15 Gäste applaudieren wohlwollend. Mit seinen strähnigen langen Haaren und dem Vollbart wirkt er wie der leibhaftige Rasputin. Nachdem er in gebrochenem Deutsch eine kleine Ansprache über das Übersinnliche und das Hellsehen gehalten hat, kündigt er den noch skeptischen Zuschauern ein hypnotisches Experiment an.

„Werrr heute ist meine Medium?", fragt er. Ohne eine Antwort abzuwarten, geht er auf einen dunkelhaarigen Mann unbestimmbaren Alters zu.

„Der ägyptische Gesandtschaftsattaché, das geht doch nicht ...", murmelt von Helmersdorf erschrocken.

Der Angesprochene aber lächelt: „Ich stehe Ihnen gerne zur Verfügung, Meister." Er steht auf und verneigt sich leicht vor den Gästen. Igor weist ihn mit einer Handbewegung an, auf dem Stuhl, der in der Mitte des Raumes steht, Platz zu nehmen.

„Mensch, Magda, kiek mal, is det 'n scheener Mann!", flüstert Jette ihrer Freundin zu.

Magda pufft ihr mit dem Ellenbogen in die Seite: „Du sollst doch nicht Berlinern ... Wat hast'e jesagt?"

„Ist das ein scheener Mann!", wiederholt Jette abwesend und starrt den jungen Mann an, als sei sie diejenige, die hypnotisiert ist.

Inzwischen hat Igor sein Medium in Trance versetzt und beginnt nun, ihm Befehle zu erteilen: „Sie aufstehen und gehen zu Dame in rrrotes Kleid für Abend und küssen Hand." Der Ägypter geht auf die verdutzte Jette zu und erfüllt den Befehl. Igor ist sicher kein begnadeter Hellseher, dafür aber ein umso besserer Menschenkenner. Insgeheim beobachtet er Jette schon eine Weile und hat längst erraten, was in ihrem Kopf vorgeht. Er will die Situation auf die Spitze treiben.

„Ziehen aus Sie Dame linke Schuh", befiehlt Igor. Das Medium zieht Jette den roten Lackpumps aus. „Sie jetzt gehen zu Garrrçon, lassen geben sich Flasche Champagner." Der Ägypter gehorcht. Der Hausdiener reicht ihm die Flasche aus einem vergoldeten Eiskübel. „Sie jetzt füllen Schuh von Dame mit Champagner." Ein Raunen geht durch die Reihe der Gäste. „Trrrinken Sie aus!", dröhnt Igors Stimme. Die Gäste halten den Atem an. Das Medium gehorcht wieder. Hier und da ein Tuscheln unter den Zuschauern. Igor befiehlt dem jungen Ägypter, den Schuh zurückzugeben und sich wieder auf den Stuhl in der Mitte zu setzen. Er weckt sein Medium, das nicht einmal zu ahnen scheint, was in den letzten Minuten geschehen ist. Begeisterter Beifall.

Nach dem Ende der obskuren Vorführung bittet der Baron seine Gäste ans Büfett und lässt Champagner in Kristallgläsern reichen. Die beiden Hausdiener stecken einigen Gästen kleine Briefchen mit einem weißen Pulver zu. Auch Magda bekommt eines. Dass hier Kokain konsumiert wird, ist ein offenes Geheimnis.

Baron von Helmersdorf will den ägyptischen Gesandtschaftsattaché gerade mit Magda und Jette bekanntmachen, als der Hausdiener an ihn herantritt und ihm zuflüstert: „Die Grünfinken sind wieder ausgeflogen." Der Baron weiß um die Bedeutung dieses Hinweises: Eine Razzia steht ins Haus. Der aufmerksame Diener hat vom Balkon aus Mannschaftswagen der Polizei von der Kantstraße in die Bleibtreustraße einbiegen sehen. Der Baron klatscht dreimal in die Hände und verkündet: „Liebe Gäste, leider bin ich gezwungen, diesen gemütlichen Abend abzubrechen." Jeder versteht. Niemand will sich mit Kokain erwischen lassen. Die Diener sammeln schnell die Gläser ein, räumen die Reste des Büfetts ab und stellen die Stühle weg. Die Gäste verlassen die Wohnung über die Hintertreppe.

Die gutbürgerliche Charlottenburger Bleibtreustraße ist Schauplatz spiritistischer Sitzungen.

Magda und Jette sind die letzten, doch als sie auf den Hof hinaus wollen, setzt ein heftiger Gewitterregen ein, der sie bis auf die Knochen durchnässen würde. Auf der Hintertreppe wollen sie nicht bleiben, die Polizei könnte sie hier entdecken. Aber sie kennen sich aus, es ist schließlich nicht das erste Mal, dass sie das Haus auf diesem Weg verlassen. Die beiden tasten sich an der Hauswand entlang in den Kellereingang. Es riecht nach den im Keller eingelagerten Kohlen. Die beiden befürchten, sich schmutzig zu machen, wagen aber nicht, das Licht anzuknipsen. Es könnte sie verraten.

Plötzlich fährt Jette zusammen und packt Magda am Arm: „Magda, da is' wer, da hat gerade wat jeraschelt", flüstert sie zitternd. „Mensch Magda, ick graule mir!"

„Nimm dich zusammen", herrscht Magda sie an. „Willst du bis aufs Hemd nass werden und dir die Klamotten versauen?"

„Meine Schuhe sind eh im Eimer. Mir is jetzt alles egal. Ich will hier nur raus!", jammert Jette, die sich jetzt an Magda klammert.

Ein zischendes Geräusch und das Aufflammen eines Lichtes lässt beide Frauen zusammenfahren. Jemand hat ein Streichholz entzündet. „Sie brauchen sich nicht zu fürchten, mein Fräulein, ich werde schon achtgeben, dass Ihnen nichts geschieht. Sie haben mein Ehrenwort", ertönt eine sanfte Männerstimme.

Die beiden Frauen sind sprachlos. Der Mann, der jetzt ein zweites Streichholz anreißt, ist der schöne Ägypter. Mit Hilfe des Streichholzflämmchens findet er den Lichtschalter und knipst die fahle Flurbeleuchtung an. Jettes Blick fällt sofort auf einen auffälligen Ring mit einem blauen Stein, den der Ägypter am Ringfinger der linken Hand trägt.

„Es tut mir leid, dass ich Ihren Schuh ruiniert habe", wendet sich der Ägypter grinsend an Jette, die entgeistert entgegnet: „Ich denke, Sie waren hypnotisiert! Sie konnten doch gar nicht ... " Der charmante junge Mann legt ihr den Arm um die Schultern und lacht: „Nein, nein, ein Khalil lässt sich nicht hypnotisieren. Aber sollte ich den Leuten den Spaß verderben?"

Jette ist enttäuscht, dennoch läuft ihr angesichts der vertraulichen Geste des Angebeteten ein wohliger Schauer über den Rücken.

„Wo uns nun schon der Zufall hier zusammengeführt hat, sollten wir uns auch näher kennenlernen", sagt Khalil und schaut dabei auf seine goldene Taschenuhr. „Es geziemt sich aber nicht, jetzt noch Damen auszuführen. Es ist immerhin schon zwei Uhr morgens, aber ich erlaube mir, die Damen morgen, entschuldigen Sie, heute zum Fünfuhrtee ins Adlon einzuladen."

„Na aber jerne", fällt Jette ihm strahlend ins Wort.

Magda pufft ihr wieder in die Seite, setzt ihre blasierte Miene auf und erwidert höflich reserviert: „Wir nehmen die Einladung des Herrn Attachés gerne an."

Inzwischen hat der Regen aufgehört, und Khalil fragt: „Darf ich die Damen wenigstens noch nach Haus begleiten?"

„Das ist nicht nötig", erwidert Magda kühl, „wir ziehen es vor, noch einen Spaziergang zu machen." Der Ägypter ist zu gut erzogen, um sich aufzudrängen, und verabschiedet sich. Magda und Jette gehen zu Fuß in die Cicerostraße 14, nicht weit vom Hochmeisterplatz in Wilmersdorf, wo sie sich eine Wohnung teilen.

„Immer wieder kommt bei dir die Nutte vom Schlesischen Bahnhof durch!", beginnt Magda auf dem Nachhauseweg völlig unvermittelt über Jette herzufallen.

„Was hab ick denn falsch jemacht?", fragt Jette entrüstet.

„Du hast dich benommen wie das letzte Flittchen. Wie du dich an die Männer ranschmeißt, das ist ja widerwärtig."

Jetzt platzt Jette der Kragen: „Ach nee! Und was machst du da draußen in Babelsberg? Dem George hast du schöne Augen gemacht, an den Willy Fritsch wolltest du dich ranschmeißen und an den Willy Birgel – von dem Albers will ich gar nicht erst reden. Du bist doch nur eifersüchtig!"

„Ich und eifersüchtig? Dass ich nicht lache! Ich will dir doch nur eine Enttäuschung ersparen. Ein Gesandtschaftsattaché! Wenn der erst weiß, wo du herkommst, lässt der dich fallen wie eine heiße Kartoffel. Glaub mir das, Schätzchen!"

„Wenn du es ihm nicht sagst, wird er es nicht erfahren", meint Jette trotzig. Damit ist das Gespräch beendet, und die beiden Frauen reden an diesem Abend kein Wort mehr miteinander.

Die 23-jährige Jette stammt in der Tat aus der Gegend am Schlesischen Bahnhof und hat sich vom billigen Straßenstrich in ein nobles Bordell in der Schlüterstraße hochgearbeitet. Einer ihrer Freier, ein wohlhabender Industrieller ohne Familie, hat ihr vor knapp einem Jahr ein kleines Vermögen vermacht, das ihr nun ein sorgenloses Leben erlaubt. Die 25-jährige Magda nennt sich Schauspielerin. Fast regelmäßig bekommt sie auch kleine Rollen bei der UFA, aber für die große Karriere reicht ihr Talent nicht. Sie hat es auch nicht nötig. Ihre Eltern besitzen eine Brauerei in Bayern und sorgen für ihren Lebensunterhalt.

Beim Tanztee im Adlon wird getanzt und geplaudert. Magda und Jette sind in ihrem Element. „Weshalb sprechen Sie eigentlich so gut Deutsch?", möchte Magda wissen.

Khalil erzählt: „Mein Großvater hat vor etlichen Jahren für das Reisebüro Stangen in der Friedrichstraße Gesellschaftsreisen nach Ägypten organisiert. Er ist mit vielen deutschen Geschäftsleuten zusammengekommen, und die Kontakte sind bestehen geblieben. Mein Vater hat sogar in Berlin studiert. Meine vier Brüder und mich hat Vater zwar in Cambridge erziehen lassen, die Ferien haben wir aber oft in Deutschland verbracht."

Jette betrachtet schon seit geraumer Zeit den Ring mit einem auffälligen blauen Stein. „Dieser Stein", beginnt sie, „er sieht aus wie ein Käfer. Hat er eine Bedeutung?"

„Gewiss. Das ist ein Skarabäus." Khalil hält ihr lächelnd die Hand hin, damit sie ihn genau betrachten kann. „Bei uns ist er heilig. Seit Jahrhunderten ist dieser Ring im Besitz meiner Familie. Man schreibt ihm eine mysteriöse Kraft zu. Mein Vater hat es abgelehnt, ihn zu tragen, aber ich bin nicht abergläubisch." Auf Jettes fragenden Blick erklärt er: „Meine Familie meint, er bringe Unglück. Bis jetzt sind alle Familienmitglieder, die diesen Ring getragen haben, eines unnatürlichen Todes gestorben. Mein Ururgroßvater soll vergiftet worden sein, mein Urgroßvater ist von einer Räuberbande erschlagen worden, mein Großvater ist bei einem Schiffsunglück auf dem Nil ums Leben gekommen. Sie alle haben diesen Ring getragen."

„Und Sie tragen ihn wieder?“ Jette ist entsetzt.

Khalil lacht. „Das waren unglückliche Zufälle. Der Ring kann gewiss nichts dafür.“

Er findet Gefallen an den beiden Frauen. Auch wenn er die offenherzige Jette ein wenig lieber mag, als Magda mit ihren Allüren. Kaum ein Tag vergeht, an dem sich die drei nicht sehen. Nachmittags gehen sie zum Fünfuhrtee ins Adlon oder ins Hotel Eden, abends ziehen sie durch die Bars und Tanzlokale am Kurfürstendamm. Khalil besucht mit ihnen das Ägyptische Museum und erzählt zu jedem Ausstellungsstück wunderbare Geschichten.

Hin und wieder besorgen sie sich Kokain, das man – auch unter dem Naziregime – auf dem Kurfürstendamm an bestimmten Ecken problemlos bekommt.

Khalil ist in seinem möblierten Zimmer am Hohenzollerndamm nur noch seltener Gast. Streng genommen wohnt er längst in der Cicerostraße. Dort vertreibt er Magda und Jette die Zeit mit Geschichten aus seiner Heimat, erzählt von Abenteuern auf dem Nil und in der Wüste, von Karawanen und Haremsdamen, von gefährlichen Reisen nach Persien und Indien.

„Baron von Münchhausen muss dagegen ein Langweiler gewesen sein“, bemerkt Magda spitzzüngig.

Tanztee auf dem Dachgarten des Hotel Eden, um 1937

Wenn Magda in Babelsberg ist, amüsiert sich Khalil mit Jette, wenn Jette nicht im Haus ist mit Magda. Doch die kluge Magda macht gute Miene zum bösen Spiel, ist sie doch davon überzeugt, seine wahre Geliebte zu sein. Allein ihrer guten Erziehung wegen wird er sich früher oder später für sie entscheiden.

Jette ist weniger zufrieden, denn sie möchte gerne mehr Zeit mit dem Geliebten verbringen. Zwar hat auch sie einst davon geträumt, Schauspielerin zu werden, doch jetzt hat sie andere Pläne. Was soll sie, wenn sie erst einmal mit Khalil verheiratet ist, bei der UFA? Das Leben an der Seite eines Gesandtschaftsattachés ist ungleich aufregender. Die UFA kann ihr gestohlen bleiben. Doch es ist wie verhext. Gerade in den letzten Wochen erhält sie laufend Anrufe von Produzenten und Regisseuren, die sie bitten, sich für eine kleine Rolle vorzustellen. Schlecht gelaunt fährt sie mehrmals in der Woche mit der S-Bahn vom Bahnhof Charlottenburg nach Babelsberg, wird dann von einem zum anderen geschickt. Letztlich kommt aber nicht einmal eine Statistenrolle dabei heraus. Sie ärgert sich über die verlorene Zeit, in der Magda allein mit Khalil zu Hause ist.

Der Traum der Filmsternchen: Filmaufnahmen im Jahr 1935 in den UFA-Ateliers von Neubabelsberg

An einem Nachmittag Ende Oktober hat Jette genug von Babelsberg. Am Bahnhof Grunewald steigt sie aus und fährt vom gegenüberliegenden Gleis mit dem nächsten Zug zurück in die Stadt. Es ist noch nicht einmal 16 Uhr, als sie wieder in der Cicerostraße ist. Magda ist zu Hause. Sie telefoniert und hört nicht, dass Jette zurückgekommen ist.

Jette will nicht horchen, aber sie vernimmt einige Wortfetzen und stutzt. Nun will sie doch wissen, mit wem Magda spricht. Auf Zehenspitzen schleicht sie an die Wohnzimmertür und horcht.

„Nun stellt euch nicht so an", hört sie Magda sagen, „bei euch laufen so viele Produktionen an, da könnt ihr die Jette ruhig noch ein paarmal zu Vorstellungsgesprächen einladen. Und wenn ihr der Kleinen mal eine Rolle gebt – sie sieht doch ganz passabel aus –, dann wird euch auch kein Zacken aus der Krone fallen. Die Hauptsache, ihr haltet sie mir möglichst den ganzen Tag vom Hals. Was sagst du? Sie ist heute nicht gekommen? Gott sei Dank musste Khalil dringend ins Außenministerium. Heute ist es nicht schlimm, wenn sie plötzlich vor der Tür steht. Also dann, ich verlass mich auf dich." Magda hängt den Hörer ein.

Jette ist wie vom Schlag getroffen. Daher weht also der Wind. Soviel Hinterlist hat sie Magda nicht zugetraut. Aber nein, sie wird sich nichts anmerken lassen. Sie schleicht zurück zur Wohnungstür, öffnet sie leise, schlägt sie laut wieder zu und geht ins Wohnzimmer. Magda sitzt an ihrem Schreibtisch über irgendwelchen Papieren und beachtet Jette kaum.

Am nächsten Nachmittag trifft sich Jette mit Khalil im Café Reimann. Als er erfährt, was Magda inszeniert hat, schüttelt er nur den Kopf.

„Lass uns ein paar Tage zusammen wegfahren", schlägt Jette vor.

Khalil druckst herum. Er habe wenig Zeit. In der Botschaft sei so viel zu tun. Außerdem müsse er erst die Erlaubnis seines Vorgesetzten einholen.

Inzwischen ist es Anfang November. „Magda, ich muss mit dir reden", beginnt Jette eines Abends. Magda, die in einer Zeitschrift blättert, schaut gelangweilt auf. „Aber reg dich bitte nicht auf. Khalil und ich fahren für ein paar Tage an den Tegernsee."

„Zu dieser Jahreszeit? Seid ihr verrückt? Also mit mir könnt ihr da nicht rechnen", sagt Magda und blättert weiter in ihrer Zeitschrift.

Jette kann es nicht fassen. Sie hat mit einer Szene gerechnet, mit einem Wutanfall, aber nicht mit dieser Art von Gleichmut. Na ja, denkt sie, das dicke Ende kommt vielleicht noch.

Außenansicht des Cafés Walter Reimann am Kurfürstendamm, 1925

In den nächsten Tagen amüsieren sich die drei wie eh und je. Gehen in teure Restaurants, ziehen nachts durch die Bars und besorgen sich hin und wieder Kokain.

So auch am Abend des 15. November 1934. Khalil erzählt wieder seine Geschichten, und Magda und Jette hören fasziniert zu. Magda macht eine Flasche Bordeaux auf. Khalil allerdings mag keinen Rotwein. Ein guter alter Whisky ist ihm lieber.

Jette wacht am nächsten Morgen mit höllischem Kopfweh auf. An den Abend kann sie sich überhaupt nicht mehr erinnern. Trotzdem steht sie früh auf, denn sie will im Reisebüro an der Joachimsthaler Straße die Fahrkarten nach München abholen.

Als sie zurückkommt, ist es in der Wohnung noch immer still. Zuerst will sie Khalil wecken, um ihm die Fahrkarten zu zeigen. Leise öffnet sie die Tür zum Schlafzimmer. Khalil schläft fest. Jette schüttelt verwundert den Kopf. „Khalil, flüstert sie, ich habe unsere Fahrkarten." Sie rüttelt ihn an den Schultern. Aber er rührt sich nicht. Jettes Herz beginnt zu rasen.

„Magda, Magda! Schnell, mit Khalil ist etwas passiert", ruft sie und reißt die Tür zum Wohnzimmer auf, wo Magda in der Nacht eingeschlafen ist. Schlaftrunken richtet sie sich auf. „Was machst du denn für einen Radau?"

„Khalil! Er ist krank oder ohnmächtig, oder tot!", schluchzt Jette fast hysterisch. „Wir müssen einen Arzt holen, schnell. Hol rasch Dr. Bittner!"

Magda ist plötzlich hellwach.

„Nein, der ist Parteigenosse. Der macht uns garantiert Ärger."

„Dann hol Dr. Goldstein."

„Der ist Jude. Der bekommt dann durch uns Ärger."

„Dann ruf ich Kommissar Gennat an."

„Untersteh dich! Du wirst uns nicht die Polizei auf den Hals hetzen!"

„Hast du etwa Angst vor der Polizei?", fragt Jette misstrauisch. Magda bleibt ihr die Antwort schuldig und holt schließlich einen Arzt aus der Nachbarschaft.

„Tja, meine Damen, soweit ich es auf den ersten Blick beurteilen kann, ist ihr junger Gast an Herzversagen gestorben. Auf dem Nachttisch steht ein Glas mit Whisky, daneben ein Fläschchen mit einer schwer bestimmbaren Flüssigkeit. Es könnte ein Rauschmittel sein. Es tut mir wirklich leid, meine Damen, aber ich muss das Polizeipräsidium verständigen." Die beiden Frauen werden blass, Magda eine Spur blasser als Jette.

Wenig später erscheint die Reservemordkommission, an deren Spitze Hans Lobbes steht, in der Cicerostraße. Der Brisanz dieses Falles ist er sich vollauf bewusst: Ein ausländischer Diplomat wird tot in der Wohnung zweier hübscher, aber nicht eben sehr solider Damen aufgefunden. Das gibt Ärger! Lobbes will keine Entscheidung treffen, ohne vorher seinen Chef zu konsultieren. Wenig später erscheint auch Ernst Gennat am möglichen Tatort. Der Dicke staunt nicht schlecht, als er Jette in der Wohnung vorfindet. Er kennt sie noch aus ihrer Zeit vom Schlesischen Bahnhof. Damals hat sie so manche Nacht in Polizeigewahrsam verbracht.

Khalil hieß in Wirklichkeit Mustapha Barhan Nour. In diesem Bett fand man am 16. November 1934 seine Leiche.

Es werden jedoch keine Hinweise gefunden, die darauf hindeuten, dass der Ägypter einem Verbrechen zum Opfer gefallen ist. Sofort wird die ägyptische Gesandtschaft benachrichtigt, die darauf drängt, den Fall unbedingt diskret zu behandeln. So wird Khalil zunächst als unbekannter Toter ins Leichenschauhaus eingeliefert. Die Obduktion deckt sich mit den Vermutungen des Arztes. Die Angelegenheit wird still und diskret abgewickelt, der Leichnam ohne Aufsehen nach Ägypten überführt. Für Gennat eine Spur zu diskret, aber für die Kriminalpolizei ist der Fall damit erledigt.

Wenige Tage später erscheint Jette in Gennats Büro, um Anzeige zu erstatten.

„Lass mich raten: Du hast dich doch wieder rumgetrieben und ein böser Bube hat dich beklaut", flachst Gennat.

„Ich treibe mich nicht mehr rum", sagt Jette beleidigt. „Ich will die Magda anzeigen, die hat den Khalil vergiftet."

Gennat verschlägt es die Sprache. Erst nach einer Weile fragt er: „Weißt du eigentlich, was du da sagst?"

„Sie hat ihn vergiftet", wiederholt Jette hartnäckig.

„Kannst du das beweisen?"

„Nein. Aber ich weiß, dass sie es getan hat. Er hat nämlich mich geliebt. Mit mir wollte er verreisen. Das hat sie nicht ertragen."

Gennat schüttelt den Kopf: „Aus dem Obduktionsbericht geht eindeutig hervor, dass der Ägypter an Herzversagen gestorben ist. In dem Fläschchen auf seinem Nachttisch waren 0,55 Gramm Heroinhydrochlorid. 0,1 Gramm sind für den Menschen bereits tödlich. Und dazu noch Alkohol ..."

„Aber Khalil war vorsichtig. Er wusste, wie viel er verträgt."

„Da hat sich schon so mancher überschätzt. Hör zu, Jettchen, um eure Eifersüchteleien kann ich mich beim besten Willen nicht kümmern. Die Ermittlungen sind abgeschlossen und es besteht kein Grund, sie wieder aufzunehmen. Außerdem wäre das Außenministerium sehr ungehalten. Nimm's mir nicht übel, aber mit diesen Herren da oben möchte ich lieber nichts zu tun haben. Sei lieber vorsichtig. Wenn du keine Beweise hast, kriegt dich die Magda noch wegen übler Nachrede dran!"

Jette nickt. Doch plötzlich hellt sich ihre Miene auf: „Ich hab den Beweis! Wo ist Khalils Ring?"

„Welcher Ring?", Gennat versteht nicht.

„Khalil trug einen Ring mit einem blauen Stein." Jette erzählt ihm die Geschichte des blauen Skarabäus.

Gennat überlegt. „Nein, der Ägypter trug keinen Ring, als er ins Leichenschauhaus kam. Vielleicht hat er ihn schon vorher verloren", sagt er schließlich.

„Nein, Magda hat ihn gestohlen!", behauptet Jette empört.

„Na, nun mach aber mal halblang! Am besten, du gehst jetzt nach Hause. Du wirst sehen, bald lernst du wieder einen netten jungen Mann kennen, und dann ist dein Ägypter vergessen."

Jette geht enttäuscht nach Hause, aber sie ist weiterhin fest davon überzeugt, dass ihr Geliebter vergiftet worden ist.

Gennat behält recht: Jette lernt schon wenige Wochen später einen englischen Geschäftsmann kennen, den sie heiratet und mit dem sie nach London geht. Magda heiratet ebenfalls einige Monate später – einen Industriellen aus dem Ruhrgebiet, mit dem sie eine Zwölfzimmerwohnung im Tiergartenviertel bezieht und bald Mutter eines kleinen Mädchens wird, das auf den Namen Eva-Maria getauft wird. Aber Magdas Ehe ist nicht glücklich. Während einer Urlaubsreise in die Schweizer Alpen kommt sie auf mysteriöse Weise ums Leben. Bei einer Bergwanderung abgestürzt, heißt es in der Todesanzeige. Doch niemand glaubt an einen Unfall, obwohl zwei ägyptische Studenten die Unfallversion als einzige Augenzeugen bestätigen.

In der Nacht vom 23. auf den 24. November 1943 – eine der schwersten Bombennächte, die Berlin erlebt – sitzt die nunmehr siebenjährige Eva-Maria im Luftschutzkeller ihres Wohnhauses dicht an ihren Vater geschmiegt. Die Sirenen heulen noch, da ist aus der Ferne schon das Brummen der britischen Bomber zu vernehmen. Eva-Maria hält ein Kästchen in den Händen, das ihrer verstorbenen Mutter gehört hat. Es ist verschlossen, aber das Kind will endlich wissen, welches Geheimnis es birgt. Sie öffnet es mit Hilfe einer ihrer Haarspangen. Neben einigen wertlosen Schmuckstücken aus der Jugendzeit ihrer Mutter enthält es einen Ring mit einem blauen Stein, der die Form eines Käfers hat.

„Papi, was ist das?", fragt das Kind.

Der Vater betrachtet verblüfft den Ring. „Das ist ein Skarabäus. Den Ägyptern ist er heilig. Wo die Magda den wohl her hatte?"

In diesem Augenblick geht ein Bombenteppich auf das Tiergartenviertel nieder. Putz und Staub rieseln auf Eva-Maria und ihren Vater nieder. Ob sie überlebt haben, ist nicht bekannt.

Die Rabenmutter

Es ist schon dunkel, als die Portiersfrau Emmi Hinze am Sonntag, dem 3. Februar 1935, um kurz vor 18 Uhr von einem Besuch bei einer Freundin in die Weinstraße 27 in Friedrichshain zurückkehrt – seit 1933 heißt der Bezirk Horst-Wessel-Stadt. Sie knipst das Licht im Flur an und geht gleich durch in den Hof, um zu sehen, ob in der Kellerwohnung Licht brennt. In dieser lebt die 25-jährige Charlotte Jünemann alleine mit ihren drei kleinen Kindern, nachdem ihr Ehemann im Oktober des Vorjahres in die Irrenanstalt Herzberge eingewiesen wurde. Doch aus der Wohnung dringt kein Licht.

„Das Gör plärrt ja immer noch", murmelt Emmi Hinze, als sie an der Wohnungstür horcht. Schon am Morgen, als sie aus dem Keller Kartoffeln geholt hat, weinte eines der Kinder. Jetzt macht sie sich doch Sorgen, denn seit Tagen hat sie die Mutter nicht mehr gesehen und abends brennt nie Licht.

Kurz entschlossen geht sie in die zweite Etage hinauf und klingelt bei Otto Jünemann, dem Schwager von Charlotte Jünemann.

Noch 1966 bietet die Weinstraße einen trostlosen Anblick.

„Bei Ihrer Schwägerin scheint etwas nicht in Ordnung zu sein", sagt die besorgte Nachbarin. „Die Kinder weinen schon den ganzen Tag und es brennt kein Licht in der Wohnung."

„Dieses Flittchen treibt sich sicher schon wieder rum!" Otto Jünemanns Gesicht verfinstert sich. Es ist kein Geheimnis, dass er von der Ehefrau seines Bruders nicht viel hält.

„Vielleicht ist ihr ja was passiert", gibt Emmi Hinze zu bedenken.

Otto Jünemann nickt. „Ich hab zwar keinen Schlüssel für die Wohnung, aber ich komme mal mit runter."

Wenig später stehen Otto Jünemann und Emmi Hinze vor der Tür der Kellerwohnung. Eines der Kinder weint noch immer, wenn auch nur leise.

„Sie wird den armen Jungen wieder verdroschen haben." Otto Jünemann kocht vor Wut. Er klopft sachte an die Tür. „Bernd? Ich bin's, Onkel Otto. Seid ihr allein? Hat die Mutti euch eingeschlossen?"

Nur ein leises Wimmern kommt aus der Wohnung.

„Da stimmt was nicht", sagt Otto Jünemann. „Meine Schwägerin wird toben, aber ich muss in die Wohnung."

Schon ist er auf dem Hof und im nächsten Augenblick hört Emmi Hinze Glas splittern.

Beißender Gestank schlägt Otto Jünemann entgegen, als er durch das Fenster in die armselige Kellerwohnung seines Bruders, des Pantoffelmachers Bernhard Jünemann, klettert. Otto knipst das Licht an. Der vierjährige Bernd kauert auf dem Boden des schmalen, mit Gerümpel vollgestellten Korridors. Trotz der Kälte ist der Junge barfuß. Er zittert. Seine Windeln sind völlig verdreckt, das dünne Hemdchen starrt vor Schmutz.

„Hat Mutti denn die Inge und den Wolfgang mitgenommen?", fragt Otto.

Doch das Kind ist viel zu schwach, um reagieren zu können.

Otto Junemann zieht seine Joppe aus, wickelt das Kind darin ein und nimmt es auf den Arm. Im Schlafzimmer findet er die fünf Monate alte Inge und den zwei Jahre alten Wolfgang. Sie liegen in einem verrosteten Kinderbettgestell auf einer verdreckten und durchnässten Matratze. Wie sein Bruder trägt Wolfgang nur ein dünnes Hemd, Inge ist in eine zerrissene Gardine gewickelt. Beide geben kein Lebenszeichen von sich. Otto Jünemann verständigt die Polizei.

Der diensthabende Gerichtsmediziner Dr. Waldemar Weimann stellt fest, dass die Kinder schon am Freitag verstorben sein müssen. Sie sind verdurstet und verhungert. Bernd, dem Emmi Hinze vergeblich warme Milch einzuflößen versucht hat, wird ins „Horst-Wessel-Krankenhaus", das frühere Städtische Krankenhaus Friedrichshain, gebracht, wo der Junge vier Tage später stirbt.

Die Küche der Wohnung ist, wie Otto Jünemann bemerkt, ein „Saustall": Ein heilloses Durcheinander aus schmutzigem Geschirr, verschimmelten Essensresten und schmutziger Wäsche.

Auf die Frage, ob er wisse, wo sich seine Schwägerin aufhalten könnte, zuckt Otto Jünemann mit den Schultern. „Überall und nirgends. Die treibt sich sicher wieder mit irgendwelchen Männern herum."

Schon am nächsten Morgen berichtet die gleichgeschaltete Presse über den Fall. „Die Schreckenstragödie in der Weinstraße – Suche nach der verschwundenen Mutter", überschreibt das „Acht-Uhr-Abendblatt" seinen Bericht, und „Der Montag" titelt in fetten Lettern: „Entsetzliche Kindertragödie im Berliner Nordosten".

Otto Jünemann gibt derweil auf dem Polizeipräsidium zu Protokoll, was er am Vorabend schon zwischen Tür und Angel gesagt hat: Seit knapp einem Jahr wohnt er im selben Haus wie sein Bruder Bernhard. Dieser hat 1932 geheiratet, vorher aber schon einige Jahre mit dieser „unmöglichen Frau" zusammengelebt.

1935 herrscht in Berlin Wohnungsnot: Blick in eine Notwohnung

„Charlotte ist mit dem Haushalt und den drei Kindern hoffnungslos überfordert", sagt er. „Jeder im Haus weiß, dass sie ihre Kinder schlecht versorgt und oft verprügelt."

„Und warum hat niemand die Fürsorge informiert?", fragt Frau Kriminalrat Friederike Wieking nach, die von Regierungsrat Gennat mit dem Fall betraut worden ist.

„Angeblich kümmert sich die Fürsorge um die Familie. Aber haben Sie schon mal gesehen, dass die Behörden, wenn es um Kindesmisshandlung geht, rechtzeitig einschreiten? Die tun doch erst was, wenn das Kind im wahrsten Sinne des Wortes in den Brunnen gefallen ist. Das war in der Weimarer Zeit so und daran hat sich auch jetzt noch nichts geändert."

Kriminalrätin Wieking weiß, dass das, was Otto Jünemann hier andeutet, nicht völlig von der Hand zu weisen ist. Angesichts der verwahrlosten Wohnung hat auch sie sich insgeheim schon gefragt, weshalb die Fürsorge nichts unternommen hat.

„Weshalb ist ihr Bruder eigentlich in Herzberge?", will sie wissen.

„Die Leute im Haus erzählen, er sei verrückt geworden. Aber das ist Unsinn. Er kam mit Charlotte aus dem Kino und wusste mit einem Mal nicht mehr, wo er wohnte, und erkannte auch seine Frau nicht mehr. Charlotte hat sofort einen Arzt gerufen. Der wies ihn schließlich in die Nervenklinik ein. Das war im Oktober. Ich glaube, die Ärzte wissen noch immer nicht genau, was ihm fehlt. Charlotte treibt sich nur noch herum, der Haushalt verwahrlost immer mehr, und das Geld, das sie von der Fürsorge bekommt, verjubelt sie in Lokalen, wo sie Männerbekanntschaften sucht. Sie ist, wenn Sie mich fragen, eine krankhafte Nymphomanin. Kaum hat sie Geld in der Hand, verpulvert sie es, geht ins Kino, kauft Zigaretten. Manchmal raucht sie fünfzig Stück am Tag. Diese Frau ist nicht ganz richtig im Kopf und hat allenfalls den Verstand einer Zwölfjährigen. Ich habe nie verstanden, wie mein Bruder auf diese Person hereinfallen konnte."

„Haben Sie denn schon mal persönlich mit jemandem von der Fürsorge gesprochen?", fragt Kriminalrätin Wieking

Otto Jünemann nickt. „Vor ein paar Tagen klingelte bei mir eine Fürsorgerin. Sie stellte sich als Frau Neiße vor und erklärte, sie träfe meine Schwägerin nie an und stecke ihr nun einen Zettel mit der Aufforderung durch die Tür, mit den Kindern zu einer ärztlichen Untersuchung zu erscheinen. Sollte sie dieser wiederholten Aufforderung nicht nachkommen, würden die Kinder von der Fürsorge abgeholt. Ich habe der Frau nur gesagt, dass es Zeit wird, dass man meiner Schwägerin die Kinder endlich wegnimmt."

Aufgrund der Berichte in den Zeitungen erscheint am Montagmorgen die Fürsorgerin Neiße von sich aus auf dem Polizeipräsidium und bestätigt, ständig Ärger mit Frau Jünemann gehabt zu haben. Aufforderungen, die Kinder untersuchen zu lassen, ignorierte sie hartnäckig. Am 25. Januar hinterließ Frau Neiße dann einen Zettel mit einer erneuten Aufforderung und der Drohung, ihr die Kinder wegzunehmen. Charlotte Jünemann sei aber wieder nicht erschienen.

„Welchen Eindruck hatten sie von den Wohnverhältnissen der Familie Jünemann, wenn Sie Hausbesuche machten?", fragt Frau Kriminalrat Wieking.

„Meistens hat sie uns gar nicht erst in die Wohnung gelassen. Sie hat uns beschimpft und angepöbelt. Die Wohnung war schmutzig und völlig verwahrlost. Die Kinder lagen in unbezogenen, verschmutzten Betten."

„Waren die Kinder wenigstens ausreichend ernährt?"

„So leidlich. Die beiden kleineren zumindest. Der Älteste kränkelte aber immer."

„Wären das nicht genug Gründe gewesen, Frau Jünemann die Kinder wegzunehmen?"

„Das wollten wir ja. In den nächsten Tagen oder Wochen hätten wir die Kinder abgeholt."

Frau Wieking muss an Otto Jünemanns Worte denken, sagt aber nichts.

Eine zweite Fürsorgerin spricht am Montagvormittag ebenfalls im Büro der Mordkommission vor. Ihre Angaben decken sich mit denen ihrer Kollegin Neiße.

„Die Jünemann war äußerst unsauber", bestätigt die zweite Fürsorgerin. „Deshalb ließ ich eine ärztliche Untersuchung der Kinder anordnen. Ich hätte der Mutter das Pflegerecht für ihre Kinder gerne entzogen. Der Befund des Arztes gab mir aber leider keine Handhabe. Mir waren also die Hände gebunden. Das war im Dezember 1934. Als sie den wiederholten Aufforderungen, den kränkelnden Bernd gründlich untersuchen zu lassen und mit ihm bei der ‚Beratungsstelle für Erb- und Rassenpflege' zu erscheinen, nicht nachgekommen ist, sahen wir uns gezwungen, Zwangsmaßnahmen einzuleiten, und der Mutter das Sorgerecht zu entziehen."

Kaum hat die Fürsorgerin das Büro verlassen, erscheint – ebenfalls aufgrund der Zeitungsberichte über die Kindertragödie – die Hebamme Margarete Brieger. Sie hat alle drei Kinder entbunden.

„Bei der letzten Entbindung vor fünf Monaten", erzählt sie, „war die Wohnung vollkommen verwahrlost. Es war wirklich traurig, dieses Elend mit ansehen zu müssen. Die Kinder der Wöchnerin und auch sie selbst lagen in unbezogenen Betten. Nach der erfolgten Entbindung habe ich meine große weiße Schürze zerrissen, um daraus eine Unterlage für die Wöchnerin zu fertigen. Die junge Frau erschien mir schon mit zwei Kindern völlig überfordert zu sein. Und nun war auch noch ein drittes zu versorgen … "

Die Zeugen geben sich die Klinke förmlich in die Hand. Noch am selben Tag erscheint ein Mann mittleren Alters, der sich als Herbert Schulze vorstellt, ein Freund von Bernhard Jünemann. Er hat die Familie hin und wieder besucht und ist dabei mehrmals Zeuge geworden, wie Charlotte wegen einer Kleinigkeit die Nerven verloren und ihren Sohn verprügelt hat. Er habe mit ansehen müssen, sagt er aus, wie sie den Jungen übers Knie legte und mit einem Lederriemen auf ihn einschlug. Wenn man wagte, etwas dagegen zu sagen, dann schlug sie nur noch kräftiger zu. Außerdem sei Charlotte äußerst unsauber. Die Kinder starrten vor Schmutz. „Ich glaube", sagt er, „sie wusch sie so gut wie nie."

Inzwischen läuft die Fahndung nach der dreifachen Mutter auf Hochtouren. Tageszeitungen und Rundfunk rufen die „Volksgenossen" auf, sich an der Suche nach der „Rabenmutter" zu beteiligen.

Ottilie Kluge pflegt beim Frühstück die „Berliner Morgenpost" zu lesen. So auch am Dienstagmorgen, dem 5. Februar 1935. Da die „Motte", wie die Berliner das Blatt liebevoll nennen, montags nicht erscheint, erfährt sie nun erst einen Tag später von der Kindertragödie. Entsetzt schaut sie zu der neuen Freundin ihres Sohnes Karl hinüber. „Fräulein Meißner, das müssen Sie sofort lesen. Entsetzlich, was da in der Weinstraße 27 passiert ist. In dem Haus wohnen Sie doch zur Untermiete, nicht wahr?"

Sie reicht Lotte Meißner, die seit einigen Tagen bei ihnen logiert, die Zeitung.

„Heißen die Leute, bei denen du logierst, nicht auch Jünemann?", fragt Karl Kluge.

Lotte ist kreidebleich und zittert am ganzen Leib. „Ich gehe mal hin und schaue nach, was da los ist." Sie steht auf und bricht sogleich ohnmächtig zusammen. Mutter und Sohn ahnen die Ursache der Ohnmacht.

Noch am selben Vormittag begleitet Frau Kluge Lotte Meißner, die eigentlich Charlotte Jünemann heißt, aufs nächste Polizeirevier, wo sie sofort festgenommen und ins Polizeipräsidium zu Kriminalrat Ernst Gennat und seiner Kollegin Wieking gebracht wird.

Dort legt Charlotte Jünemann ein Geständnis ab, beteuert aber, den Tod der Kinder nicht absichtlich herbeigeführt zu haben.

„Das verstehe ich nicht ganz", wirft Frau Wieking ein. „Sie mussten doch damit rechnen, dass die Kinder verdursten und verhungern, wenn sie tagelang nicht versorgt werden."

Die Jünemann schüttelt den Kopf. „Mein Mann hat mich und meine Kinder oft mehrere Tage lang hungern lassen, und wir sind ja auch nicht gleich gestorben. Daran habe ich überhaupt nicht gedacht."

Nach dem Grund befragt, weshalb sie ihre Kinder unversorgt zurückgelassen hat, erklärt sie, es sei nur wegen Karl Kluge gewesen, den sie Mitte Januar kennengelernt habe. Seinetwegen sei sie, wie sie es ausdrückt, „kopflos" geworden. Sie habe nur noch an ihn gedacht, habe praktisch schon bei ihm gewohnt und sei am Vormittag des 27. Januar zum letzten Mal in ihrer Wohnung gewesen. Etwas zu essen habe sie den Kindern allerdings nicht gegeben. Dass sie drei kleine Kinder zu versorgen hat, wagte sie Karl nicht zu sagen. Weiter gibt sie zu Protokoll:

„Meine Gedanken kreisten nur noch um diesen Mann. Für mich existierte nur noch er und immer wieder er. Das führte so weit, daß ich alles vernachlässigte, meine Kinder hungern ließ und das Geld ausschließlich für ihn ausgab. Als ich zu seiner Mutter kam, wurde ich auch da mit Liebe aufgenommen. Ich sah und hörte nichts weiter, als immer nur das eine Wort ‚Liebe'. Ich war nur noch von Liebe umgeben."

Gennat und Wieking tauschen verstohlene Blicke aus. Das klingt eine Spur zu wirklichkeitsfern und theatralisch. Charlotte Jünemanne hat es so wohl mal im Kino gesehen. In ihrer Vernehmung am 5. Februar 1935 erklärt sie:

„Mein Wunsch ist, dass ich so bestraft werde wie es mir zukommt und zwar verlange ich die Todesstrafe. [...] Sollten meine Eltern den Wunsch äußern, mich aufzusuchen, so bitte ich Sie darum, sie nicht vorzulassen, denn sie sollen mich so, wie sie mich das letzte Mal gesehen haben, im Andenken behalten. Ich gebe noch hier zu Protokoll, dass ein Mensch, wie ich es bin, dementsprechend behandelt werde, denn für das, was ich tat, gibt es keine Entschuldigung und ich will auch keine Entschuldigung, ich will meine Strafe. Das ist alles."

Am 6. Februar setzen Gennat und seine Kollegin Wieking das Verhör fort. Dabei anwesend ist auch die junge Kommissarin Elfriede Dinger. Mehr und mehr wird jetzt deutlich, dass sich Charlotte der Schwere ihrer Tat keineswegs bewusst war.

„Wie war Ihr Mann zu Ihren Kindern?" beginnt Gennat das Verhör.

„Sehr gut."

„Und Sie? Waren Sie auch sehr gut zu ihnen?"

„Ich bin ein bisschen grob zu meinen Kindern gewesen. Sie hingen aber trotzdem sehr an mir."

„Haben Sie Bernd mit einem Lederriemen misshandelt?"

„Ich habe meine Kinder lediglich geschlagen, wenn sie es verdienten. Ich habe dafür aber nur einen Pantoffel benutzt."

„Sie haben sich mit ihrem Mann häufig gestritten. Ging es dabei nur ums Geld?"

„Mein Mann hat an Inges Vaterschaft gezweifelt und behauptete immer wieder, dass das Kind von einem Juden sei."

„Ihr Mann war Pantoffelmacher, nicht wahr?“, will Frau Kriminalrat Wieking wissen.

„Er war Lebemann“, antwortet Charlotte tonlos.

Gennat sieht sie erstaunt an. „Lebemann? Was verstehen Sie denn darunter?“

„Er hat es mir selbst so gesagt. Er hatte viel Geld und viele Frauen.“

„Wie fassten Sie denn den Begriff auf?“, fragt Gennat nach.

Sie zuckte mit den Schultern. „Ich verstehe darunter nichts.“

„Sie gucken so nach unten, sind Sie immer etwas befangen oder scheu, dass Sie einen nicht ansehen können? Sie sind wohl wenig entzückt von den Fragen, die wir Ihnen hier stellen. Sind Sie ängstlich?“, will Gennat wissen.

„Nein“, sagt sie, ohne den Blick zu heben.

„Oder können Sie einen Menschen nie richtig ansehen?“

Schweigen.

„Es tut Ihnen hier doch keiner etwas“, sagt Gennat in dem ihm eigenen ruhigen Ton.

Erst jetzt nimmt sie den Kopf etwas höher.

Im weiteren Verlauf des Verhörs gehen Gennat und Wieking noch einmal der Frage nach, ob Frau Jünemann ihre Kinder tatsächlich vorsätzlich verhungern ließ. Hat sie mit Überlegung gehandelt? Gennat und seine Kollegin zweifeln offenbar daran.

Umso überraschter sind sie, als sie schließlich erklärt: „Ich bekenne mich schuldig.“

„In wieweit schuldig?“, fragt Gennat.

„Dass ich das gewollt habe, dass die Kinder sterben.“

„Wann haben Sie denn diesen Entschluss gefasst?“

„Als ich Karl kennenlernte.“

„Wie kamen Sie denn zu diesem Entschluss, aus welchen Gedanken heraus, oder aus welchen Erwägungen?“

„Das weiß ich nicht.“

„Sie hatten also damit gerechnet, dass die Kinder sterben werden?“

„Ja.“

„Haben Sie denn gar nicht daran gedacht, dass das für die Kinder eine fürchterliche Qual bedeutete?“

„Nein, ich habe jeden Gedanken an meine Kinder ausgeschaltet.“

„Sie waren doch am Mittwoch noch einmal in der Wohnung, nicht wahr?“

„Ja.“

„Da hatten sie seit vorigen Freitag nichts mehr zu essen bekommen?“

„Ja.“

„Tat Ihnen denn das nicht leid, als Sie sie am Mittwoch so sahen?“

„Doch.“

„Na, aber?“

„Ich habe nur an diesen Mann gedacht.“

„Ihre ganze Handlungsweise ist doch ganz unnatürlich, nicht? Haben Sie

Elfriede Dinger, die spätere Ehefrau Gennats, um 1928. Am 1. Januar 1929 wurde sie zum „weiblichen Kriminalkommissar“ ernannt.

3

Der Polizeipräsident in Berlin

Zeitung/Druckschrift Berliner Volkszeitung

Eingangsstempel:

Datum: 6. Feb. 1935 Nummer: 63

Die Rabenmutter gesteht: Schn…

Zigaretten statt Brot für die …

Unterstützung verjuxt

Die Kinder dem Hungertod preisgegeben

Die gestern bis in die späten Abendstunden fortgesetzte Vernehmung der entmenschten Mutter, der 25jährigen Frau Jünemann, die sich, nachdem sie ihre drei kleinen Kinder hilflos in ihrer Wohnung hatte verhungern lassen, gestern früh selbst der Polizei gestellt hat, enthüllte ein ebenso tragisches wie furchtbares Bild menschlicher Verkommenheit.

Das Motiv zu der beispiellosen gemeinen Roheitstat ist in dem selbstsüchtigen Trieb dieser Frau zu suchen, ein ungebundenes Leben führen zu können. Sie wollte ihre Kinder loswerden lediglich, um keine Verantwortung mehr zu haben und ihrer Genußsucht frönen zu können. Frau Jünemann, die keinerlei Reue zeigt, wird sich wegen Mordes und Mordversuchs an ihren drei Kindern zu verantworten haben, denn neuerdings hat sich der Zustand ihres Sohnes Bernhard bedeutend verschlimmert, so daß auch er voraussichtlich kaum am Leben bleiben dürfte.

In Nachtlokalen und Cafés

Nach eigenem Geständnis hat Frau Jünemann durch die NSV und die Wohlfahrtsbehörden für sich und ihre Kinder stets reichlich genug Bargeld und Naturalien erhalten. So bekam sie erst am 14. Januar eine Unterstützung von 60 RM ausgezahlt. Anstatt aber dieses Geld für ihre Kinder zu verwenden, traf sie sich noch am gleichen Abend in einem Café mit mehreren Freundinnen und blieb mit ihnen in leichtsinniger Gesellschaft bis spät in die Nacht zusammen, wobei sie mehr als 25 RM für Bier, Schnäpse und Zigaretten ausgab. Nach ihren eigenen Angaben hat sie seit diesem Tage nur noch selten ihre Wohnung aufgesucht und fast ausschließlich bei einem Freunde,

Angeblich war sie am 30. Januar das letzte Mal in ihrer Wohnung. Damals hätten die Kinder sie um Nahrung gebettelt, doch hätte sie zu wenig Zeit gehabt, um sich um sie zu kümmern. Ohne sich durch ihr Wimmern irgendwie rühren zu lassen, ließ sie die bereits halb Verhungerten hilflos zurück.

50 Zigaretten pro Tag

Als die Rabenmutter am 31. Januar noch eine Anzahl Lebensmittelgutscheine und Kohlenkarten von der NSV erhielt, gab sie diese in der Pension, in der sie übernachtete, in Zahlung, wie sie überhaupt fast alles Bargeld, das ihr in die Hände kam, ausschließlich für ihre eigenen selbstsüchtigen Zwecke verwandte. Sie war eine starke Raucherin und hat bis zu 50 Zigaretten pro Tag geraucht. Ebenso trieb sie sich viel in Kaffees und Nachtlokalen herum oder besuchte Kinos.

In die Enge getrieben

Ihre Selbstgestellung war, wie sie zugibt, nur deshalb erfolgt, weil sie durch die Veröffentlichung in der Presse und durch die Tag und Nacht fortgesetzten Fahndungen der Kriminalpolizei vollständig in die Enge getrieben war und wußte, daß sie bei ihrem Auftreten in der Oeffentlichkeit sofort verhaftet werden würde. Nach Abschluß der Vernehmungen wird die entmenschte Mutter der Staatsanwaltschaft übergeben werden.

Heftrand

Din A 4
210 × 297 mm
Vordruck
Pol. Nr. 5.
40000 2. 34

denn nicht manchmal, wenn Sie bei Ihrem Freund waren, auch an Ihre Kinder gedacht?", hält Gennat ihr vor.

„Ja, aber ich wollte nicht daran denken."

„Sie mussten sich doch sagen, dass das zu einem traurigen Ende führen musste?"

„Daran habe ich nicht gedacht."

„Sie haben doch Geld von der Fürsorge bekommen. Sie hätten ihren Kindern also etwas zu essen kaufen können", schaltet sich jetzt wieder Frau Kriminalrat Wieking ein.

„Ich brauchte das Geld für mich."

Schlagzeile der „Berliner Volkszeitung" vom 6. Februar 1935

„An Ihre Kinder haben sie überhaupt nicht gedacht?"

„Doch, schon. Aber es war ja kein Geld mehr übrig. Was sollte ich denn machen?"

Charlotte Jünemann ist sich offenbar nicht darüber im Klaren, dass sie ihre Kinder schon lange völlig unzureichend versorgt hat. Ihren Schilderungen zufolge bekam Inge in der Regel nicht viel mehr als Milch und Mehlsuppe. Hin und wieder machte sie aus alten Schrippen, Milch, Wasser, Zucker und Margarine eine Suppe. Bernd bekam hin und wieder eine Zuckerschnecke, aber auch nur dann, wenn Onkel Otto ihm eine mitbrachte. Dass die Kinder vor Hunger weinten, schien sie gar nicht wahrzunehmen. Viel zu sehr war sie mit sich selbst beschäftigt.

Die nationalsozialistische Presse schlachtet den Fall als „grauenhaftes Bild menschlicher Verkommenheit" propagandistisch aus. „Die Entmenschte Mutter stellt sich selbst", titelt das „Acht-Uhr-Abendblatt" am 6. Februar 1935. Die Schlagzeile der „Deutsche Allgemeine Zeitung" lautet: „Abschaum der Menschheit. – Reueloses Geständnis der Mörderin".

Doch am 11. Februar 1935 wartet Charlotte Jünemann mit einer Überraschung auf. Sie behauptet, ihre Kinder vergiftet zu haben, Karl Kluge hätte sie dazu angestiftet. Obermedizinalrat Dr. Weimann kann nur mit dem Kopf schütteln. Dass die Kinder nicht vergiftet worden sind, lässt sich schnell nachweisen.

Auch im Verlaufe des Prozesses am 26. März 1935 vor dem Schwurgericht II beim Landgericht Berlin widerruft sie ihr Geständnis und behauptet, Karl habe sie zu dem Mord an ihren Kindern angestiftet. Er habe ihr sogar die Wohnungsschlüssel weggenommen, damit sie nicht mehr zu ihnen könne. Der Beschuldigte ist über diese Behauptung entsetzt. Charlottes Motiv, den Freund zu belasten, ist offensichtlich: enttäuschte Liebe. Als sie während des Prozesses erfährt, dass Karl sie zwar „sehr nett" findet, sie aber keineswegs die große Liebe gewesen sei, sondern nur eine gute Freundin, bricht für sie eine Welt zusammen.

Ein psychologisches Gutachten wird nicht eingeholt und so wird Charlotte Jünemann am 30. März 1935 wegen dreifachen Mordes zum Tode verurteilt. In der Urteilsbegründung heißt es: „Die Familie ist die kleinste Zelle der Volksgemeinschaft. [...] Wer sich gegen die Familie versündigt, versündigt sich gegen die Volksgemeinschaft." Am 27. August 1935 wird Charlotte Jünemann in Berlin-Plötzensee hingerichtet.

Gennats letzte Jahre

Arthur Nebe soll in den Dreißigerjahren einmal zu Ernst Gennat gesagt haben: „Wissen Sie, dass eigentlich Sie auf meinen Posten gehören?“ Gennat erwiderte daraufhin amüsiert: „Ach Quatsch, Junge, Sie sind fünfzehn Jahre jünger als ich, außerdem sehen Sie aus wie ein junger Gott. Stellen Sie sich mal vor, wenn ich mit meinen zweieinhalb Zentnern Lebendgewicht bei Himmler Meldung mache, dann kriegt dem seine nordische Seele doch jedes Mal Blähungen!“

Das mag gar nicht mal so falsch gewesen sein, wobei weniger die äußere Erscheinung Gennats als vielmehr dessen Skepsis gegenüber den Nationalsozialisten ausschlaggebend gewesen sein dürfte. Jedenfalls wurde Gennat von Himmler, Göring und Heydrich misstrauisch beobachtet, hatte er sich doch gegen ihre Indoktrinierungsversuche als immun erwiesen. Sicher wären die neuen Machthaber den Dicken von der Mordkommission gerne losgeworden, doch auf seine nunmehr 30-jährige Berufserfahrung mochten und konnten sie wohl nicht verzichten. Seine Beförderung zum Regierungsrat 1934 ließ sich nicht verhindern. Er war eben an der Reihe. Dass er aber 1935 „nur“ der ständige Vertreter des Leiters der Berliner Kriminalpolizei geworden ist, lässt vermuten, dass das Misstrauen der nationalsozialistischen Machthaber gegenüber Gennat groß war. Der im doppelten Sinne schwergewichtige Kriminalist akzeptierte keine Bevormundung. Der Erfolg hatte ihm ja auch über drei Jahrzehnte hinweg recht gegeben.

Für Gennats langjährigen Kollegen Bernd Wehner hingegen war die Leibesfülle Gennats der entscheidende Grund dafür, dass er nicht an die Spitze der Kriminalpolizei aufstieg: „Der Mann, der im Charlottenburger Ratskeller so füllig schnarchte, dass er zur Schonung der übrigen Hausgäste in die Privatgemächer verlegt werden musste, konnte in der nationalsozialistischen Polizei nicht gut an prominenter Stelle stehen.“ Zwar sei er in der Berliner Kripoleitung zum Stellvertreter von Liebermann von Sonnenberg ernannt worden, aber wenn das Polizeipräsidium hohen Besuch bekommen habe, habe Gennat gar nicht erst im Amt erscheinen dürfen, berichtet Wehner weiter. Der Dicke habe dann über seinen Akten zu Hause bei seinem Papagei und seiner spindeldürren Haushälterin gesessen.

Nichts war mehr so wie früher, jeder misstraute jedem. Freundschaftliche Kontakte unter den Kommissaren gab es kaum noch. Selbst private Gespräche fanden selten statt. Gennat wurde immer unnahbarer. Es wird erzählt, dass ihm selbst das Essen keinen Spaß mehr bereitete. Zwar stand er als Vorgesetzter seinen Mitarbeitern immer mit Rat und Tat zur Seite, aber bei der eigentlichen Ermittlungsarbeit machte er sich rar. Zudem machte dem übergewichtigen Kriminalisten seine Gesundheit schwer zu schaffen.

Kurz vor seinem Tod gab Gennat ihr das Ja-Wort: Elfriede Gennat, geborene Dinger, im Jahre 1942.

Doch noch einmal schrieb Gennat Kriminalgeschichte: Nach dem Mord an einem Taxifahrer bei Schwanenwerder setzte er auf Anregung eines jungen Kriminalassistenten die erste Ausstrahlung einer öffentlichen Fahndung im Fernsehen durch. Gennat kümmerte sich, bis auf die Vorbereitung der Fernsehsendung, die man seinerzeit nur in speziellen Fernsehstuben

Am 21. August entschlief sanft nach langem schwere
geliebter Gatte

Regierungs- und Krimina
Ernst Genna
ständiger Vertreter des Leiters der Berli

im 60. Lebensjahre.

Unter Zurückstellung seiner Persönlichkeit
bewußt ein Menschenalter seinem arbeitsr

Elfrie

Berlin W 15, den 21. August 1939
Kaiserallee 215.

Die Beisetzung findet Donnerstag, den
Kapelle des Südwestfriedhofes in Stahns
Von Beileidsbesuche

Die Legende der Berliner Kripo starb im Alter von 60 Jahren.

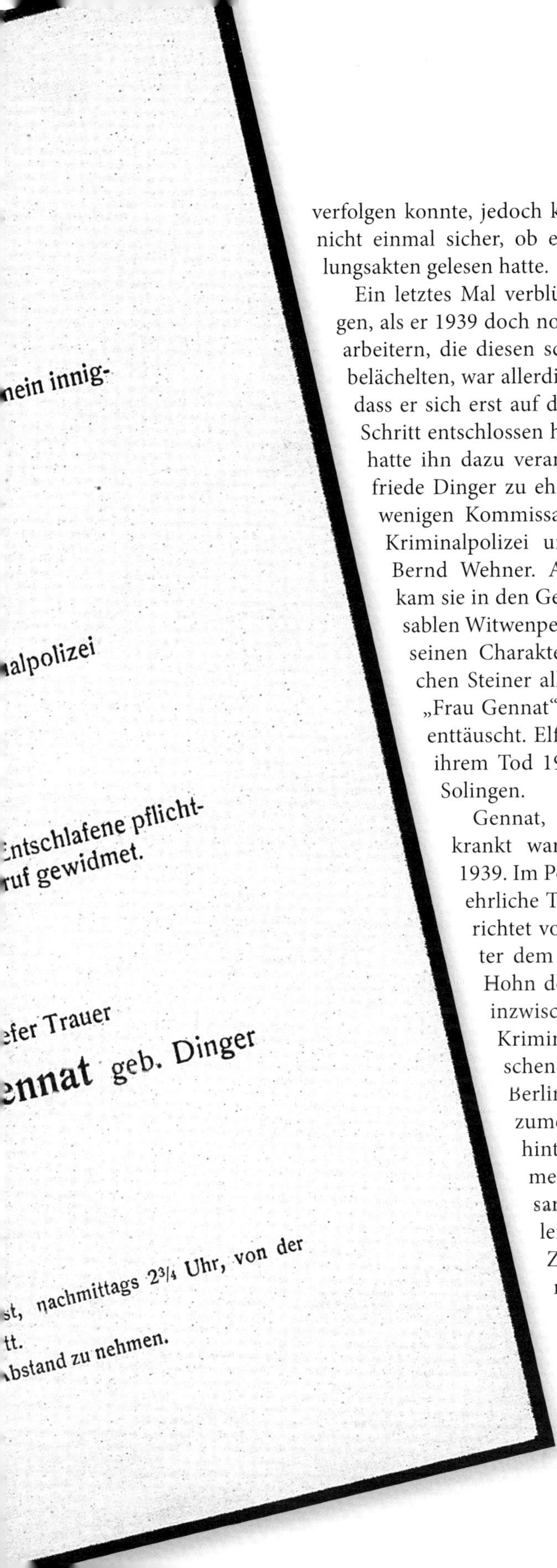
nein innig-

alpolizei

Entschlafene pflicht-
ruf gewidmet.

efer Trauer
ennat geb. Dinger

st, nachmittags $2^{3}/_{4}$ Uhr, von der
tt.
bstand zu nehmen.

verfolgen konnte, jedoch kaum um den Fall. Es ist nicht einmal sicher, ob er überhaupt die Ermittlungsakten gelesen hatte.

Ein letztes Mal verblüffte Gennat seine Kollegen, als er 1939 doch noch heiratete. Seinen Mitarbeitern, die diesen scheinbaren Sinneswandel belächelten, war allerdings verborgen geblieben, dass er sich erst auf dem Sterbebett zu diesem Schritt entschlossen hatte. Seine Gutherzigkeit hatte ihn dazu veranlasst, seine Kollegin Elfriede Dinger zu ehelichen. Sie war eine der wenigen Kommissarinnen bei der Berliner Kriminalpolizei und die Stieftochter von Bernd Wehner. Als Ehefrau von Gennat kam sie in den Genuss einer durchaus passablen Witwenpension. Eine noble und für seinen Charakter typische Geste. Trudchen Steiner allerdings, die selbst gerne „Frau Gennat“ geworden wäre, war tief enttäuscht. Elfriede Dinger lebte bis zu ihrem Tod 1982 in ihrer Heimatstadt Solingen.

Gennat, der an Darmkrebs erkrankt war, starb am 21. August 1939. Im Polizeipräsidium herrschte ehrliche Trauer. Bernd Wehner berichtet von der Beerdigung: „Hinter dem Sarg schritten, wie zum Hohn des humanen Mannes, die inzwischen großgewordenen Kriminalbeamten vom Werderschen Markt und der Leitstelle Berlin, seine einstigen Schüler, zumeist in SS-Uniform. Weit hinten in der Reihe erst kamen seine Mord-Kommissare mit ihrem Inspektionsleiter Werneburg. Alle im Zylinder. Keiner von ihnen war bisher für würdig befunden worden, die Uniform zu tragen. Unübersehbar folgten die Beamten.“

Literatur und Quellen

Literatur

Abegg, W.; Dressler, Oskar u.a. (Hrsg.): Große Polizei-Ausstellung Berlin in Wort und Bild: Internationaler Polizeikongress in Berlin. Wien 1927.

Adlon, Hedda: Hotel Adlon. Das Berliner Hotel, in dem die große Welt zu Gast war. München 1993.

Almanach zum Polizeiball am 2. Oktober 1926. Zu Ehren der großen Polizei-Ausstellung Berlin 1926, des Internationalen Polizei-Kongresses und der Allgemeinen Polizei-Konferenz. Berlin 1926.

Assessor*** (Pseudonym): Die Berliner Polizei. In: Ostwald, Hans (Hrsg.): Großstadtdokumente, Band 34. Berlin 1907.

Böss, Gustav: Die Not in Berlin. Tatsachen und Zahlen. Berlin 1923.

Daluege, Kurt: Nationalsozialistischer Kampf gegen das Verbrechertum. München 1936.

Dobler, Jens (Hrsg.): Großstadtkriminalität. Berliner Kriminalpolizei und Verbrechensbekämpfung 1930 bis 1950. Berlin 2013.

Elster, Alexander; Lingemann, Heinrich (Hrsg.): Handwörterbuch der Kriminologie und der anderen strafrechtlichen Hilfswissenschaften. Band 1, Berlin 1933; Band 2, Berlin, Leipzig 1936.

Elwenspoek, Curt: Mord und Totschlag. Polizei greift ein. Ein Buch vom Kampf der Kriminalpolizei mit einem Vorwort von Polizeipräsident Rudolf Klaiber und einem Bilderanhang. Stuttgart 1930.

Engelbrecht, Ernst: Fünfzehn Jahre Kriminalkommissar. Ernstes und Heiteres aus meiner kriminalistischen Berufsarbeit. Mit 20 Originalphotos und 2 Zeichnungen von Elek Barna. Berlin-Schöneberg o. J. (um 1928).

Engelbrecht, Ernst: In den Spuren des Verbrechertums. Ein Streifzug durch das großstädtische Verbrechertum und seine Schlupfwinkel. Berlin-Schöneberg o. J. (um 1930).

Engelbrecht, Ernst; Heller, Leo: Berliner Razzien. Neu-Finkenkrug bei Berlin o. J. (um 1924).

Engelbrecht, Ernst; Heller, Leo: Kinder der Nacht. Bilder aus dem Verbrecherleben. Neu-Finkenkrug bei Berlin o. J. (um 1926).

Engelbrecht, Ernst; Heller, Leo: Verbrecher. Bilder und Skizzen aus dem Verbrecherleben. Neu-Finkenkrug bei Berlin 1926.

Feraru, Peter: Muskel-Adolf & Co. Die „Ringvereine" und das organisierte Verbrechen in Berlin. Berlin 1995.

Frey, Erich: Ich beantrage Freispruch. Aus den Erinnerungen des Strafverteidigers Dr. Dr. Erich Frey. Hamburg 1959.

Gisevius, Hans Bernd: Bis zum bitteren Ende. 2 Bände. Hamburg 1947.

Gisevius, Hans Bernd: Wo ist Nebe? Erinnerungen an Hitlers Reichskriminaldirektor. Zürich 1966.

Habe, Hans: Meine Herren Geschworenen. Eine Sittengeschichte des Verbrechens. Zürich 1964.

Harder, Alexander: Kriminalzentrale Werderscher Markt. Die Geschichte des „Deutschen Scotland Yard". Berlin 1963.

Hausmann, Hugo: Sensationelle Enthüllungen aus dem Tagebuche eines erfahrenen Privatdetektivs. Berlin 1927.

Heindl, Robert: Der Berufsverbrecher. Ein Beitrag zur Strafrechtsreform. Berlin 1927.

Heinrich, Wolfgang: Meister der Kriminalistik. Berlin, Hamburg 1955.

Heller, Leo (Hrsg.): Das Buch der Kriminalkommissare. Mein interessantester Fall. Aus den Erlebnissen Berliner Kriminalkommissare. Berlin 1927.

Hildenbrandt, Fred: ... ich soll dich grüßen von Berlin. 1922–1932. Berliner Erinnerungen ganz und gar unpolitisch. München 1990.

Hirschfeld, Hans Emil; Vetter, Karl (Hrsg.): Tausend Bilder. Große Polizei-Ausstellung Berlin 1926. Berlin 1927.

Hyan, Hans: Aus dem Berliner Leben. Skizzen. Berlin o. J.

Hyan, Hans: Die Mordkurve. In: Die Weltbühne, 27. Jg., Nr. 37, 15.09.1931, S. 398 ff.; Nr. 38, 22.09.1931, S. 439 ff.

Wehner, Bernd: Die Kriminalpolizei gestern, heute und – vielleicht – auch morgen. In: Deutsche Polizei 1969, S. 110–113; 146–149; 177f.

Wehner, Bernd: Ernst Gennat. Die Verkörperung der vollendeten kriminalistischen Kunst. In: Kriminalistik 6/1972.

Wehner, Bernd: Vom Unrechtsstaat ins Desaster. Die Kriminalpolizei im „Dritten Reich". In: Kriminalistik. Zeitschrift für die gesamte kriminalistische Wissenschaft und Praxis, 43. Jg., Heft 5, 1989 – Heft 12, 1989.

Wirth, Ingo; Strauch, Hansjörg: Ernst Gennat (1880–1939) und die moderne Kriminalistik. In: Kriminalistik 8/1999.

Publikationen von Ernst Gennat

Der Kürtenprozeß. In: Kriminalistische Monatshefte, 5. Jg., 1931, S. 108–111, 130–133.

Der Würger der Geldbriefträger. In: Heller, Leo (Hrsg.): Das Buch der Kriminalkommissare. Mein interessantester Fall. Aus den Erlebnissen Berliner Kriminalkommissare. Berlin 1927.

Die „Mordinspektion" der Berliner Kriminalpolizei. In: Der deutsche Polizeibeamte. 4. Jg., 1936; S. 97 f.

Die Bearbeitung von Mord- (Todesermittlungs-)Sachen. In: Kriminalistische Monatshefte. Zeitschrift für die gesamte kriminalistische Wissenschaft und Praxis. 10. Jg., 1936.

Die Bearbeitung von Mordsachen. In: Kriminalistische Monatshefte. 1. Jg., H. 4, 1927, April, S. 81–83.

Die Düsseldorfer Sexualverbrechen. In: Kriminalistische Monatshefte, 4. Jg., 1930, S. 2–7, 27–32, 49–54, 79–82.

Die Juwelen der Tänzerin. In: Vossische Zeitung (M), 1. Januar 1931.

Eine dringliche Aufgabe der Kriminalpolizei. In: Monatsschrift für Kriminalpsychologie und Strafrechtsreform, 18. Jg., 1927, S. 274f.

Mord. In: Elster, Alexander; Lingemann, Heinrich (Hrsg.): Handwörterbuch der Kriminologie und der anderen strafrechtlichen Hilfswissenschaften. Band 2, Berlin, Leipzig 1936, S. 190–213.

Mord. In: Große Polizei-Ausstellung Berlin in Wort und Bild: Internationaler Polizeikongress in Berlin. Wien 1927.

Rechtsprechung. In: Kriminalistische Monatshefte 3. Jg., H. 2, 1929, S. 45.

Reisende Verbrecher. In: Die Woche, 1927, S. 523f.

Vernehmungen – Kriminalistische Strategie und Taktik. In: Kriminalistische Monatshefte. Zeitschrift für die gesamte kriminalistische Wissenschaft und Praxis. 3. Jg., 1929, S. 101–105.

Was spricht heutzutage dagegen? – Fälle aus der Wirklichkeit. In: Berliner Tageblatt, Nr. 36, 22.01.1927, Ausgabe für Berlin.

Archivbestände

Landesarchiv Berlin: A. Pr. Br. Rep. 030-03, Berlin C, Tit. 198 B (Zentralkartei für Mordsachen und Lehrmittelsammlung), Nr. 407, 432–435, 522, 523, 594–597, 1014, 1176–1180, 1196, 1391, 1432, 1754, 1807, 1814, 1815, 1856–1864.

Zeitschriften

Archiv für Kriminalanthropologie und Kriminalistik
Archiv für Kriminologie. Monatsschrift für naturwissenschaftliche Kriminalistik und Polizeiarchiv
Die Polizei. Zeitschrift für das gesamte Polizei- und Kriminalwesen mit Einschluß der Landjägerei
Kriminal und Abenteuer. Illustrierte Wochenschau des In- und Auslandes
Kriminalistik. Zeitschrift für die gesamte kriminalistische Wissenschaft und Praxis
Kriminalistische Monatshefte. Zeitschrift für die gesamte kriminalistische Wissenschaft und Praxis

Zeitungen

- 8-Uhr-Abendblatt
- Berliner Lokal-Anzeiger
- Berliner Morgenpost
- Berliner Tageblatt
- BZ am Mittag
- Prager Tageblatt
- Vossische Zeitung
- Wiener Montagspost
- Wiener Sonn- und Montagsblatt

Bildnachweis:

akg-images, Berlin: Titelbild unten, 6/7 (Horst von Harbou - Stiftung Deutsche Kinemathek), 22, 51, 56 (TT Nyhetsbyrån AB), 61, 75, 84 (akpool GmbH), 96, 136, 142, 176.

Bundesarchiv, Koblenz: 32 (Plak 001-010-042), 52/53 (Bild 102-03422/Georg Pahl), 54/55 (Bild 102-10838/ Georg Pahl), 150/151 (Bild 102-11502), 154 (Bild 102-14017/Georg Pahl), 155 (Bild 102-14019/Georg Pahl), 160 (Bild 183-R90629), 163 (Bild 101III-Alber-096-34/Kurt Alber), 166 (Bild 102-02460/Georg Pahl), 168/169 (Bild 183-R98680), 173 (Bild 102-03392A).

Landesarchiv Berlin: Bestand A Pr. Br. Rep. 030-03: Nr. 1196: 28/29; Nr. 597: 36, 39, 40; Nr. 1014: 76/77, 80/81; Nr. 1754: 82/83, 88, 90/91; Nr: 1432: 95; Nr. 433: 101, 102, 104, 106/107, 108; Nr. 1858: 111, 112, 115–117, 124; Nr. 1863: 118/119, 121, 122; Nr. 1180: 133, 139; Nr. 1196: 184; Nr. 1815: 194.
Bestand F Rep (290): II12290 (Waldemar Titzenthaler): 34/35; 0072483 (Robert Tropea): 99; 246562 (Ingeborg Lommatzsch): 186.

Polizeihistorische Sammlung, Berlin: Titelbild oben, 2, 8/9, 14/15, 17, 47, 58, 65, 67, 70/71, 149, 157, 192, 197.

sz-photo, München: 129 (Scherl).

ullstein bild, Berlin: 10 (Neudin), 13 (Schnellbacher), 18/19 (Alfred Gross), 24/25 (Süddeutsche Zeitung Photo/Scherl), 27 (Haeckel Archiv), 42/43 (imageBROKER / Rosseforp), 45, 49 (Neudin), 61, 68, 72 (Gircke), 86, 93 (Keystone), 126, 130/131, 135 (Süddeutsche Zeitung Photo/Scherl), 140/41, 144, 147, 158, 159, 164, 171, 174, 179 (Perkhammer), 180/181, 182 (Badekow), 188 (Peter Weller).

Wikimedia Commons: 30/31 (Norbert Radtke (Dramburg)), 198/199.

Impressum:

5., durchgesehene Auflage 2025

BeBra Verlag GmbH, Asternplatz 3, 12203 Berlin.
Für Fragen der Produktsicherheit wenden Sie sich bitte an herstellung@bebraverlag.de.

Gestaltung und Satz: Felgner & Zierke, Berlin
Printed in the Czech Republic
ISBN 978-3-944594-56-9

www.elsengold.de
www.bebraverlag.de

GENNAT-KRIMIS BEI ELSENGOLD

Regina Stürickow
Kommissar Gennat und der BVG-Lohnraub
Gennat-Krimi, Band 1
304 Seiten, 14,5 x 21 cm
Klappenbroschur
€ 18,00 (D) / € 18,50 (A)
978-3-96201-050-8

Regina Stürickow
Kommissar Gennat und die Tote im Reisekorb
Gennat-Krimi, Band 2
272 Seiten, 14,5 x 21 cm
Klappenbroschur
€ 18,00 (D) / € 18,50 (A)
978-3-96201-064-5

Regina Stürickow
Kommissar Gennat und der Anschlag auf den Orientexpress
Gennat-Krimi, Band 3
304 Seiten, 14,5 x 21 cm
Klappenbroschur
€ 16,00 (D) / € 16,50 (A)
978-3-96201-070-6

Regina Stürickow
Kommissar Gennat und der grüne Skorpion
Gennat-Krimi, Band 1
304 Seiten, 14,5 x 21 cm
Klappenbroschur
€ 18,00 (D) / € 18,50 (A)
978-3-96201-111-6

Regina Stürickow
Kommissar Gennat und die Frau am Fenster
Gennat-Krimi, Band 5
288 Seiten, 14,5 x 21 cm
Klappenbroschur
€ 18,00 (D) / € 18,50 (A)
978-3-96201-128-4

Regina Stürickow
Kommissar Gennat und der Mord im Vorortzug
Gennat-Krimi, Band 6
288 Seiten, 14,5 x 21 cm
Klappenbroschur
€ 18,00 (D) / € 18,50 (A)
978-3-96201-138-3